哈尔滨地名
与城史纪元研究

王禹浪 著

社会科学文献出版社
SOCIAL SCIENCES ACADEMIC PRESS (CHINA)

序言：哈尔滨地名"天鹅论"形成的历史经纬

其实，我与哈尔滨这个颇具魅力而又神秘的地名结下不解之缘，是始于 1978 年。

那时，我大学刚刚毕业，被分配到松花江地区文物管理站从事考古工作。由于工作关系，我有幸与哈尔滨地方史研究室主任关成和先生及地方史研究者李述笑先生相识。

同年 9 月，我与关成和先生共同参加了黑龙江省文物管理委员会在佳木斯市举办的省第一届文物考古培训班，并与长我 29 岁的关成和先生同为学员。在培训班即将结束的时候，培训班的主办者安排关成和先生专门为我们讲述了他对哈尔滨地名的研究经过，及其对哈尔滨地名含义研究的最新解释——哈尔滨即女真语"阿勒锦"的音转。我还记得关成和先生在讲述他如何克服种种困难，足迹踏遍内蒙古与黑龙江地区的情景，他的治学精神深深地感动了我。我暗暗地勉励自己，一定要以他为榜样，为弘扬乡邦历史与文化做出贡献。从此，关成和先生成为我心目中值得钦佩的地方史学界的第一位老师。无疑，我对他的"阿勒锦"说除了感到新奇之外，就是确信无疑。现在看来，那时的确信无疑多半带有一点盲目和无知。但是，哈尔滨即女真语"阿勒锦"一说的观点却深深镌刻在我的脑海里。

从那以后，在很长一段时间里我对此说都深信不疑，并在许多场合宣传这一新说。或许是因为我刚刚涉足地方史学界，或许是因为我比较年轻，对于许多观点和学术之争抱有一种先入为主的偏见，因此，很少去认真思考并加以研究。现在回想起来，正因为那时的单纯，后来才使笔者产生了对地方史的浓厚兴趣与激情。

光阴似箭，日月如梭。从 1978 年至 1988 年一晃就是 10 年。在这 10 年的时间里，我因工作的变动，于 1985 年 6 月转到黑龙江省社会科学院历史研究所专门从事金史研究工作，并师从许子荣先生。这是一位黑龙江省乃至东北史学界公认的为人谦和、功底扎实、淡泊名利的学者。我们经常在一起研读《金史》，并对《金史·地理志》中的地名逐一进行考证。其间，在他的指导下我撰写了一些与黑龙江历史有关的文章，并为今后的地名研究打下了坚实的基础。我记得，在1986年初的一天，许子荣老师曾经向我提及哈尔滨地名，可能与《金史》中的"合里宾忒"地名有关，关成和先生的"阿勒锦"说这一观点恐怕要发生动摇。但是那只是一种推测，由于我们还没有更多的证据来推翻"阿勒锦"说，因此，也只能是对我原本坚信不疑的新说开始产生了怀疑。后来，许子荣先生向我展示了1976年3月12日穆晔骏先生写给他的信，信中写到了关于"阿勒锦"一词的解释："'阿勒锦'是'公水獭'，'水獭'一般称呼为'海伦'，公母各有称呼法。如果在'阿勒锦'上面冠上副词，这个'阿勒锦'就发生了在意义上根本不同的变化：如果冠上'萨因'就变成了'雅望'，即好声望；如果冠上'葛布'，就变成了'名望'；如果冠上'扈伦'就成了'威望'；如果冠上'吉拉干'就变成了'声望'。'阿勒锦'一词在女真语里是这样，在满语里也是这样，几乎几百年来没有发生音变关系，只是口语和文语有发音上的差异。文语叫'阿勒锦'而口语叫'霭建'，或'阿锦'。这里为便于口语连用，略去了一个中性的'勒'字音。"这里，穆晔骏先生肯定了"霭建"与"阿勒锦"的关系，并认定"阿勒锦"是文语，而"霭建"则是口语连用的结果。

当我看到穆晔骏先生信中对"阿勒锦"与"霭建"的解释（即文语和口语的区别）后，虽然对此说仍疑虑重重，但因那时的研究兴趣不在哈尔滨地名问题上，而是在金代铜镜的研究方面，所以，也就没有对哈尔滨地名开展深入研究。

1988年4月我因自费赴日本东京留学，便中断了关于地方史的一切研究。从1988年4月到1989年5月，我为了能够在东京生存下去，便不断地打工。那时的生活情景，可用七个字概括："打工—学习—再打工。"我几乎是在麻木的状态下度过了那段自认为是一生中最漫长最痛苦的时光。如果用"度日如年"来形容那段艰难的生活，我想是再恰当不过了。就在我无法摆脱那种痛苦的时候，我的好友石兴龙君（时任黑龙江省海外国际旅行社日本部经理）于1989年5月来东京出差，他冒雨来到我的住处——东京都板桥区小茂根绿庄——看望我，并带来了我的家书。当我们拥抱在一起的时候，我的泪水与他身上的雨水交织在一起，痛苦、烦恼、悲伤、思念一下子涌上心头……稍稍平静后，石兴龙君告诉我说："禹浪，我今天来看你还有另外一个目的，我的一位日本朋友，叫砂村哲也，早年在哈尔滨读过书，现在是日本《读卖新闻》的著名记者。他正在撰写有关哈尔滨内容的书，昨天我们聚会时，他问我：'哈尔滨'是什么意思？我回答不出来。但我想到了你，并介绍了你是这方面的研究者，砂村哲也先生急于见到你，我已约好明天晚上在我住的有乐宾馆的房间见面。也许这是你在日本发展的好机遇，你一定要做好准备。"翌日晚上，又是个细雨蒙蒙之夜，我按照兴龙君的安排放弃了晚间的工作，如约来到坐落在东京都文京区的有乐宾馆，这里是日中交流会馆。在兴龙君下榻的房间内我见到了砂村哲也先生。他给我的第一印象是：目光敏锐、极富心智、喜欢刨根问底、一针见血，是一位令人顿生敬畏的学者。我清楚地记得，我们刚刚见面，他便迫不及待地向我提出了一连串的有关哈尔滨地名的问题：哈尔滨地名的含义是什么？哈尔滨一词来自何种语言？哈尔滨为什么是阿勒锦的同音异写？阿勒锦与霭建的关系是什么？《金史》中的霭建村在哪里？现在的阿勒锦村在哪里？

遗憾的是，当时我只能向他简单介绍关成和先生有关哈尔滨地名的最新考证即"阿勒锦"说的形成过程，以及有关《金史》中有霭建村记载的事实，而对于哈尔滨地名含义更深层的研究几乎是一无所知。然而，我却被这位年近六十的异国学者对哈尔滨地名研究的热情感动了！当然，我对自己不能向砂村先生交上满意的答卷而感到羞愧。但是，由此而生成的想要去研究哈尔滨地名的强烈欲望便油然而生。在回答《金史》中有关"霭建"村的记载时我提道："阿勒锦"是清代点石斋石印本《金史》中的满语注音地名。元刊《金史》写作"霭建"，为女真语译名。砂村先生听了以后似乎很兴奋，并约我第二天一起去日本国会图书馆查阅乾隆年间刊印的《金史》。希望看到我所说的满语译音地名——阿勒锦的注音，我欣然接受了，并于次日与砂村先生一起在日本国会图书馆中国地方文献资料馆中查到了乾隆年间刊注的《金史》。在四大函的《金史》中，我毫不费力地几乎是一下子就翻到了记载"霭建"村和标有阿勒锦注音的发黄的纸页。砂村先生对此十分惊讶，并一再为我对《金史》文献的熟悉程度感到钦佩。我一再向他解释，这完全是一种偶然和巧合，因为我也是第一次翻阅这种版本的《金史》，但是砂村先生依然坚持他的意见，他说："这种事情绝非一种偶然而是一种必然，是你自己平时积累的结果，只是你自己感觉不到的必然。"总之，在日本国会图书馆，我能够顺利地在《金史》中找到了"蔼建"这一普通地名，真的使砂村先生很兴奋。

我们的友谊便从这里开始。与此同时，我与哈尔滨地名"阿勒锦""蔼建"结下了不解之缘。与砂村先生的相识，成为我在日本留学生活的一个重要的转折点。他花费了极大的心血来帮助我摆脱专门靠打工谋生的困境。他为能够推荐我去日本亚细亚大学从事研究工作，专门给当时任亚细亚大学校长、日本著名国际关系研究专家卫藤沈吉先生写了一封长达十几页的推荐信。为此，卫藤沈吉先生还亲自接见了我，最后经亚细亚大学学术委员会决定，吸纳我为该大学亚细亚综合研究所的嘱托研究员。与此同时，日本《读卖新闻》还专门对我的留学经历进行了报道。在砂村先生的引荐下，我还结识了东京都著名的牙科医生小畑典也先生和他的夫人，以及今泉孝二先生和大塚美弥子女士。他们从不同的角度给了我无微不至的关怀。由于砂村先生的帮助和引荐，我开始有足够的时间来读书和进行研究。其间，我几乎每周都从东京乘电车去埼玉县的大宫市，然后换乘公共汽车去三桥区砂村先生的家里。我们只要一见面，便开始进入哈尔滨地名研究这一话题。从早到晚除了吃饭、散步之外，砂村先生不断地提出没完没了的历史问题，我经常被问得哑口无言，窘况横生，砂村先生越是不断地提问题，就越激起我研究哈尔滨地名的兴趣。

开始，我们讨论的话题，多是对"阿勒锦"与"蔼建"和"哈尔滨"之间的音转关系。接着就是讨论《金史·地理志》中的"合里宾忒"的地名。我记得在1989年8月前后，许子荣先生寄来了一篇他从1988年10月12日《新晚报》上剪裁下来的文章，即黑龙江省社会科学院历史研究所高晓燕、张凤鸣两位同志所撰写的《最早驶抵哈尔滨的俄轮》一文，文章是以笔名"严谷"发表的。"1866年7月27日，沙俄军官西尔念瓦斯奎扮作商人，带领俄商4名，船夫30名，乘轮船一艘，栓大船一只，强行沿松花江上驶至三姓，欲购小麦等粮食。遭到拒绝后，俄轮又于8月4日离开三姓上驶，8月7日抵呼兰。8月16日俄轮由呼兰上驶，8月18日驶抵伯都纳于8月20日拔锚返航。俄轮于12日（21日）酉刻由四方台江心下驶经过，于亥时抵至哈尔滨江南下锚停泊一宿，与（于）13日（22日）寅刻，该夷船拔锚下驶。"文中第一次公布了清代档案中所发现的"哈尔滨"地名的事实。作者之所以用笔名"严谷"，而没有用真实的姓名，我想主要是作者考虑这一观点可能要动摇或者冲击关成和先生的"阿勒锦"说。因为从 20 世纪 70 年代末开始，"哈尔滨"一词为女真语"阿勒锦"的"荣誉"之义一直影响到今天。尽管当时人们不了解"阿勒锦"是如何转译成哈尔滨的，但是无论是报纸、广播、电视，以及进出哈尔滨市的列车与班机在介绍和宣传哈尔滨时都是以"阿勒锦"说为定论，而且，这一观点为官方所认可。

然而，高晓燕与张凤鸣的文章一经发表，犹如"一石击水静，洪波后而起"，在哈尔滨地名问题的研究上引起了强烈的震动。正如他们的文章中所述："关于哈尔滨这一名称，在文字记载中的首次出现，过去曾被认为是在 19 世纪末期。近来随着新材料的陆续发现，哈尔滨名称出现的时间不断地被提前。上引俄轮首抵哈尔滨的材料则表明，早在 1866 年就已经有了关于哈尔滨地名的明确记载。当然这绝非哈尔滨名称首次出现的时间，今后随着新材料的继续发现，哈尔滨名称出现的时间还有可能提前。"正如他们所预言的那样，在以后的岁月中，哈尔滨的地名不断在《黑龙江将军衙门档案》以及《阿勒楚喀副都统衙门档案》中被发现。

由于我是 1988 年 4 月离开哈尔滨去日本东京留学的，所以不知道在当年 10 月份的《新晚报》就发表了高晓燕、张凤鸣两位同志的文章。因为在与砂村先生交谈时我依然遵循旧有的观点，即哈尔滨见诸清代文献史料的最早时间是在 19 世纪末。而许子荣先生寄来的剪报当然又引起了我和砂村先生的震惊和兴奋。我在异国他乡与砂村先生认真分析了高晓燕和张凤鸣这篇文章，几乎是彻夜未眠。因为这篇文章的意义不仅在于把哈尔滨地名始见时间提前了，更重要的是为我们寻找哈尔滨地名的清代档案文献找到了出处。依此类推，不但可能继续在《黑龙江将军衙门档案》中发现哈尔滨地名出现的时间，更能将迷失的哈尔滨地名的始见年代的研究突破清代的界限，继而寻找到哈尔滨地名含义的新诠释。

接下来我们便对《黑龙江将军衙门档案》的历史形成过程产生了浓厚的兴趣。许子荣先生又及时寄来了黑龙江省社会科学院历史研究所编辑出版的两册光绪朝《黑龙江历史档案选编》，我们在此书中查到了多处有关哈尔滨地名的记载，证明在清代的《黑龙江将军衙门档案》及《阿勒楚喀副都统衙门档案》中哈尔滨地名已经频繁出现，说明哈尔滨这个地方当时是吉黑两省交界处一个重要的交通枢纽。我把与砂村先生一起研究和讨论的疑难问题写信请教许子荣先生，后来许子荣先生根据他所掌握的大量的资料和雄厚的文献基础，对哈尔滨地名的语源以及与阿勒锦等有关问题作了回答，并撰写成一篇 4000 字的文章，题名为《哈尔滨名称由来新探》，并署上我们两个人的名字。收到此信后，我当即拿给砂村先生看，并就文中提出的一些新观点进行深入探讨。例如：金代"合里宾忒"与元代"哈尔分"、明代"哈尔必"、清代"哈尔滨"与女真语"哈尔温"的关系。文中还提到了我与许子荣先生曾经于 1986 年去北京查阅有关《金史》文献时，复印回来的《女真译语》，许子荣先生首先发现了该书"鸟兽门"的条目中有"哈尔温"一词，并标注有"天鹅"之意的记载。

于是，我们又开始从"天鹅"的角度来释读哈尔滨地名的含义，当然，这是一件非常艰难的事情，几乎在将近半年的时间内我们都没有大的进展。由于线索的不断扩大，我们不断了解和掌握了新的材料，其间，砂村先生购买了有关天鹅及语言研究和元、明、清三代历史文献方面的大量书籍，我的妻子也从哈尔滨寄来了许多文献档案资料。

从 1989 年 5 月至 1990 年 9 月，在一年多的时间里我与砂村先生几乎每周都在他的书房中，围绕着《金史》《黑龙江将军衙门档案》中出现的哈尔滨地名进行着无休止的广泛的讨论。现在回想起来那是我一生中最难以忘怀的时光，阁楼、书房、砂村先生的母亲、他的夫人，还有院中的那只可爱的小狗"太郎"，都成了珍藏在我记忆中最值得怀念的往事！我对那座小楼和院内的一草一木、一砖一石都寄以无限的深情。

1990 年 9 月，因妻子病重，我放弃了在日本的一切，毅然回国。归国后，我一边照料病中的妻子，一边继续深入研究哈尔滨地名的含义以及和哈尔滨地名相关的问题。这期间，我因工作需要，调至哈尔滨市社会科学院继续从事地方史研究工作，并把"哈尔滨"地名含义的研究作为主攻方向，开始了对其语音、语义、语源及其语词性质作深层的研究。

哈尔滨地名研究中存在着两大难题：其一，缺乏有关哈尔滨地名的文献记载；其二，哈尔滨地名的语词性质一直含混不清。这两个问题迫使我不得不对与哈尔滨地名相关的历史文献档案进行认真的查阅和梳理。众所周知，有关记载哈尔滨的历史文献档案，除清代以外，辽、金、元、明四个朝代的档案早已荡然无存。即使现存的清代档案也是残缺不全的，《双城协领衙门档案》《阿勒楚喀副都统衙门档案》中除保留了同治年间及以后的档案外，同治年以前的档案几乎被乾隆年以来的几次大火焚烧殆尽。

这就迫使我不得不对金、元、明三朝所留下的为数不多的历史文献进行认真仔细查阅和小心求证。与此同时，我陆续查阅了自 1985 年以来高晓燕发表在《龙江史苑》的《哈尔滨一名最早使用于何时》、纪凤辉发表在《哈尔滨史志》1988 年第 2 期《哈尔滨一名最早出现的时间又有新证》，以及 1989 年秋由李小菊所撰写的发表在《北方文物》第 3 期的《哈尔滨一名由来已久》、1990 年《北方文物》第 3 期刊载的纪凤辉《再谈哈尔滨地名含义由来》等文章。

1990 年 11 月 23 日由《新晚报》开辟了《哈尔滨寻根》的争鸣专栏，并首先发表了纪凤辉的一篇短文《哈尔滨名称由来之我见》。该文向世人发出了强烈的呐喊。纪文谈道：他对"某些历史史实被随意涂抹，作为哈尔滨人，不能不发出'寻我哈尔滨，还我哈尔滨的强烈感慨'。"

尽管纪凤辉不断利用众多学者在《黑龙江将军衙门档案》中所查到的哈尔滨地名的始见时间资料，作为否定关成和先生"阿勒锦"一说的主要依据。但是他万万没想到，从清代档案中所查到的哈尔滨地名并非什么重大的发现，更否定不了金代阿勒锦村存在的史实。因为，清代《黑龙江将军衙门档案》经历了一些波折，致使关成和先生根本无法看到这批档案，更何况哈尔滨地名的始见时间与哈尔滨地名的含义之间虽然存在着一定的联系，但这是两个完全不同的问题。《黑龙江将军衙门档案》中所发现的哈尔滨地名，只是表明了"哈尔滨"地名的出现时间，对哈尔滨地名的含义则没有任何说明。

90 年代初期，我也积极地投身于《新晚报》组织的"哈尔滨寻根"大讨论之中，并撰写了与纪凤辉争鸣的几篇文章，后来我感到在没有进行充分研究之前，在报纸上争来争去不是解决哈尔滨地名含义的办法，于是就放弃了那场无意义和无休止的争论。

1993 年 2 月，我的好友戴淮明君嘱我，一定要将我的有关哈尔滨地名寻根大讨论的几篇文章编辑在我的第一部论文集《金代黑龙江述略》一书中，并极力催促我将哈尔滨地名含义之"天鹅说"公之于众。当时我考虑再三后，因嫌论据尚不充足，故只将参与"哈尔滨地名寻根"大讨论的几篇文章编入了《金代黑龙江述略》一书的下编。同年 7 月《金代黑龙江述略》一书正式由哈尔滨出版社出版发行，其中下编的前半部，刊载了我的有关哈尔滨地名研究的部分成果，即《哈尔滨地名考释沿革与评估》《哈尔滨地名及历史地理诸问题》《哈尔滨城史纪元的初步研究》《寻根——哈尔滨地名大讨论之我见》等文章，并提出了"天鹅说"的框架轮廓。

1996年夏季，黑龙江省海外国际旅行社韩珍姬女士转交我一册《哈尔滨地名考》，并告知我说，这是日本学者黑崎裕康先生编著并惠赠的。我非常高兴，集中利用两天时间读完了这部哈尔滨地名研究总集，这对我的研究帮助很大，有些我原来想要撰写的题目已经被他完成。总之，其系统性、完整性、真实性的特点都十分突出，这是一部哈尔滨地名研究不可多得的案头书。遗憾的是，我和黑崎裕康先生至今还未谋面，他在书中所引用我的"天鹅说"观点，来自我发表在《新晚报》上最初的关于哈尔滨地名研究的文章。当时，限于报纸篇幅，我没有公布所掌握的全部论据。但是黑崎裕康先生所撰写的《哈尔滨地名考》一书无疑对推动哈尔滨地名研究起了很大的作用。

1996年6月《哈尔滨寻根》一书的出版对我触动很大。因为作者纪凤辉将自己观点以外的一切对哈尔滨地名的解释，进行了绝对的否定，并武断地以"今日此说当休矣"的话来抨击其他学者和作者的研究成果。如果，这种否定是建立在科学论证的基础上的话，可以另当别论。然而，《哈尔滨寻根》一书无论从其科学的严谨性、逻辑的严密性、论据的可信性等方面都暴露了极大的缺陷。尤其是书中的"硬伤"与抄袭令人触目惊心。

下面仅举几个例子来说明这个问题。在《哈尔滨寻根》一书的"后记"中有这样的句子："奔腾湍急的松花江以其巨大的传承力涵盖了悠远而漫长的岁月。"这是作者抄自我的《金代黑龙江述略》"后记"中的句子。原句是："奔腾湍急的黑龙江以其巨大的传承力涵盖了悠远而漫长的岁月。"《哈尔滨寻根》作者只是把"黑龙江"三个字改成了"松花江"三字，其余一字不差。此外，还有《哈尔滨寻根》第36页倒数第10行和第11行："巍巍荒山，目睹了哈尔滨的沧桑巨变，悠悠松花江诉说了哈尔滨的雄壮往事。"这段句子是抄自我1990年发表在《北方文物》第3期《哈尔滨城史纪元的初步研究》一文，该文后又收录于《金代黑龙江述略》一书中。在《哈尔滨城史纪元的初步研究》一文中的"序言"部分，我的原句是："巍巍荒山，目睹着哈尔滨的沧桑巨变，悠悠松花江，倾诉着哈尔滨的悲怆往事。"这里《哈尔滨寻根》的作者只把"倾诉"写成了"诉说"，把"悲怆"改成了"雄壮"。

类似上述的例子在《哈尔滨寻根》一书中随处可见，仅抄袭我的句子就不下十几条之多。《哈尔滨寻根》除了这些大量的抄袭外，几乎到处都是"硬伤"，即非常明显的错误。如作者把哈尔滨地区的古代行政归属错误地划归到"隶属于唐朝的河北道"，这是极为荒谬的。更加离奇的是该书的作者把唐军与黑水靺鞨之战确定在拉林河，更是奇谈怪论。此外，《哈尔滨寻根》一书的作者还随意将哈尔滨地区说成是"高丽"影响的地区，孰不知"高丽"国在朝鲜半岛，今哈尔滨地区与"高丽"势力毫不相干。在《哈尔滨寻根》一书第 19 页倒数第 12 行写道："但今哈尔滨地区却在当时高丽势力影响之内。"这里作者所谓的"当时"，就是公元 7 世纪，而 7 世纪时高丽国尚未诞生，只有高句丽国。高句丽国的北界只到达了今天的吉林市，更与哈尔滨地区无关。作者对高丽与高句丽根本不是一回事的历史常识都不清楚，着实令人遗憾！类似上述的"遗憾"在《哈尔滨寻根》一书中比比皆是。然而就是这样一部多处抄袭、"硬伤"遍布、不伦不类的书，竟然被公开出版，并且被评为哈尔滨市社会科学优秀成果一等奖，真是令人不可思议。由此可见，《哈尔滨寻根》作者的观点不是建立在严谨的科学研究基础之上，并且犯了学术研究上最不道德的"抄袭"大忌。这从反面启示我继续坚持哈尔滨地名研究，我们至少要让世人知道，打着学术研究幌子的学术痞子和科学研究的区别在什么地方。

1993 年之后，我开始潜心研究尚未得到解决的哈尔滨地名的一系列问题。首先，我利用出差去北京的机会，在中国第一历史档案馆查阅《阿勒楚喀副都统衙门档案》，从 1997 年至 2000 年连续 4 年都去第一历史档案馆查阅档案。这期间，我与日本满学家细谷良夫先生多次到北京国家图书馆善本部、中国科学院图书馆古籍部及中国第一历史档案馆等地查阅资料、走访考察，并结识了一批优秀的学者。其中有北京国家图书馆善本部主任黄润华先生、中国社会科学院近代史研究所满学学者刘小萌先生、中国人民大学清史研究所所长成崇德先生、中国第一历史档案馆满文部主任屈六生先生等，他们都给予我莫大的支持与帮助。

对哈尔滨地名的研究我仍然是从分析语词性质和语音学入手，因为只有破译了哈尔滨一词的语音性质，方能找到哈尔滨地名的语源，从而解开哈尔滨地名含义之谜。至于哈尔滨地名的始见时间，随着档案资料的发现将不断提前，这只是个迟早要解决的问题。无论是谁在档案里发现了哈尔滨地名，都只是对哈尔滨地名始见时间的不断补充，这实在算不上什么

"伟大的发现"和所谓的"推向顶峰"的事。

1998年，经我的好友，当时任哈尔滨师范大学副校长、博士生导师的傅道彬教授介绍，我结识了时任哈尔滨建筑大学社会学系副主任的李东教授。在我与李东教授的几次接触交谈中，我对他几年前研究过的"科学语境论"产生了浓厚的兴趣。此时，我的"天鹅论"刚刚解决了语音、语源、语义、语词性质等方面的问题，正在思考如何从理论上加深研究，解决哈尔滨地名释义方面的理论问题。于是李东教授把他在1996年由哈尔滨出版社出版的《科学语境论》一书惠赠于我。此书对我的帮助很大，可谓雪中送炭。我从书中汲取了大量养分，不但充实了我的地名理论，并且开始设计哈尔滨地名"天鹅论"与语境背景的写作方案。最后，我把考古学、宗教学、民俗学及地理环境、生态环境等方面的因素，均归结为语境背景的两大因素，其一，为历史人文背景；其二，为自然环境背景。这是最后完成对"天鹅论"的理解与释义的关键所在。

从1993年到1999年，为了寻找哈尔滨地名研究的新线索和扩大研究领域与范围，我借出差的机会遍访了东北三省和俄罗斯的贝加尔湖、哈巴罗夫斯克、滨海边疆区以及朝鲜和日本的北海道、富士山、东洋文库等处，并在哈巴罗夫斯克所属的黑龙江下游流域，找到了许多与"哈尔滨"音近的地名。例如，在今哈巴罗夫斯克东北方大约170千米的黑龙江左岸博隆湖西北，有哈尔必河之地名，在共青城正北大约100千米处有哈尔滨河，由此向北约70千米处又有两处哈尔滨河的地名，这几条河流均注入科尔河，科尔河又流入黑龙江。共青城西北约100千米处的外贝加尔铁路沿线有哈尔滨站，此处正是哈尔滨河所流经的地方。此外，在共青城沿黑龙江而下约70千米处，黑龙江左岸有哈尔必城名。该城正地处哈尔滨河流入黑龙江的汇合口处。

以今俄罗斯远东地区的共青城为中心的哈尔滨地名，正与金、元、明三朝的"合里宾忒""哈尔分""哈洲""哈尔必"地名所处的地理位置相合，并且这些地名又大都处在黑龙江下游的湿地与河流发育地区。迄今为止，这一地区仍然是天鹅栖息的地方。从上述黑龙江下游地区所发现的大量的哈尔滨地名的事实来看，以哈尔滨（Haerbin）为标音的地名已经形成了一个地名群体，而形成这一地名群体现象的内在原因则是值得我们深思的。

这期间在学术上给我最大支持的是：我国著名的金史女真语言学家金

啟孮先生，著名的东北历史地理学家李建才先生，时任辽宁省博物馆馆长王绵厚先生，时任《历史研究》主编宋德金先生，时任北京文物考古研究所所长齐心女士，中国北方民族文化史专家张碧波先生，辽金考古专家、黑龙江省考古研究所研究员张泰湘先生，东北民族学家波·少布先生，时任黑龙江省民族研究所常务副所长都永浩先生，时任辽宁省社会科学院历史研究所所长满语学家关嘉禄先生等。

1998年，当我将哈尔滨地名研究的新进展汇报给哈尔滨市社会科学院贾云江、鲍海春等院领导后，当即得到了他们的大力支持，把哈尔滨地名研究列入了市社会科学院重点研究课题。在众多学者的帮助和支持下，我才得以顺利完成了"哈尔滨地名研究"的课题。

1999年3月，黑龙江电视台"开心擂台"节目摄制组请我和著名的电影演员丛珊做《金源旅游文化开发》专题的嘉宾主持，并由我撰写节目分镜头的文字材料和问答题。在问答题中我出了一道"哈尔滨地名含义的最新观点是什么？"答案就是女真语"哈儿温"（天鹅）之意。节目播出后，立即引起了社会各界的广泛关注，其中尤为报界所重视。哈尔滨日报社"社会时空栏目"的著名记者王涤尘同志专程来我家中采访，我高兴地把哈尔滨地名"天鹅论"的研究过程及研究成果概要地向他做了介绍。1999年6月8日，《哈尔滨日报》"社会时空"栏目用整版篇幅报道了这一研究成果，题目是《十载求索，破八百年之谜》。文章写道："哈尔滨地名含义有新说，'哈尔滨'——女真语'天鹅'，著名地方史学者王禹浪向本报记者公布10年研究成果！"

1999年8月，著名女真语言学家金启孮先生，在审阅了我的《哈尔滨地名含义揭秘》的书稿后，写下了如下的鉴定：

《哈尔滨地名含义揭秘》读后

早在70年代哈尔滨地方史研究所所长关成和先生，著有《哈尔滨考》一文，考证"哈尔滨"一语，出自女真语"阿勒锦"，所论极为精辟，我曾撰文赞成此说。

20年后的今天，黑龙江满学新秀、同为地方史研究所所长王禹浪先生，又提出"哈尔滨"一语源出女真语"天鹅（哈尔温）"说，同样具有说服力。在迄今为止的"哈尔滨"一语的释义中，只有关、王二氏认为源出自女真语。深佩服黑龙江地方史研究之兴旺及人才之多士也。

盖女真语乃满洲语之祖语，因时代关系及方言关系，金代女真语与清代满洲语之语言，仅十同其七。盖女真语保持女真族北部方言之特点，满洲兴起则在东北偏南之地，此其所以相异。

"天鹅"说，已经诸家鉴定，从民族学、民俗、地域、方言各方面，都具有说服力。且与关氏说并不矛盾，乃其延伸和发展，在今天看，可为定论。

金启孮

1999 年 8 月 15 日于北京梅园

同年 12 月，哈尔滨地名"天鹅论"的研究报告获得市社会科院优秀科研成果特等奖。在市委副书记王华政同志的关怀和支持下，经过科学论证，《哈尔滨地名含义揭秘》一书被市科委列入 2000 年哈尔滨市优秀学术著作出版补贴基金项目。

至此，我将哈尔滨地名"天鹅论"正式公之于众，并开始为撰写《哈尔滨地名含义揭秘》一书继续我的研究和写作。2001 年初，我收到日本东北学院大学的邀请作为客座教授讲学一年，并开始办理赴日手续，同时将我的书稿整理后交付哈尔滨出版社，这就是哈尔滨地名"天鹅论"行程的历史经纬。

2015 年夏季，哈尔滨市委宣传部与哈尔滨市阿城区政府组织召开了哈尔滨城史纪元专家论证会，我有幸被邀请参加了这次论证会，并做了"关于哈尔滨城史纪元的远端与近端"的学术报告。在论证会上，我提出了："哈尔滨城史纪元的远端就是金代上京城建立之时"，而"哈尔滨城史纪元的近端就是中东铁路建设之日"，这一观点得到了与会专家们的一致赞成。会后著名的东北史学家魏国忠先生嘱我，能否把哈尔滨城史纪元与哈尔滨地名含义结合在一起出一部书，因为哈尔滨城史纪元与哈尔滨的地名含义之间有着千丝万缕的联系。回到大连大学后我又结识了刚刚调入大学的于占杰博士，我把重新出版哈尔滨地名含义研究与城史纪元的想法与占杰进行了沟通。他当即帮我联系了社科文献出版社，随即不久我与社科文献出版社签订了重新出版《哈尔滨地名与城史纪元研究》的合同。

2016 年 12 月 29 日，哈尔滨市人民政府在哈尔滨市政府大楼举办了"哈尔滨城市标识专家论证会"，专家们又一致通过了我的关于哈尔滨地名含义的"天鹅"说为哈尔滨城市的标识。

2017年3月，哈尔滨市委宣传部与哈尔滨市文化局举办了首场"一书一城，悦读一部书，爱上一座城"大型公益报告会，我作为首场的《哈尔滨地名含义揭秘》的作者，为广大观众做了首场学术报告《哈尔滨地名含义与城史纪元研究的历程》。

至此，由研究哈尔滨地名开始到今天这部书稿《哈尔滨地名与城史纪元研究》的完成，共经历了整整27个春秋，其间从《哈尔滨地名含义揭秘》一书的出版，再到本书的出版又历时16个春秋。

Contents ← 目录

哈尔滨地名"天鹅论"与诸家
考释及评估

　　实际上对于"哈尔滨"地名的考释与关注，是随着东清铁路的动工兴建和哈尔滨这座城市的声望不断提高而渐渐兴起的。众所周知，19 世纪末至 20 世纪初，由于东北亚地域国际环境的急剧变迁，尤其是中日甲午战争以清帝国的失败而告终之后，清王朝的衰败之势已成定局。清政府为了挽救这种衰败的局面，采取以夷制夷的策略，企图利用沙俄的势力抵御日本的进逼，遂与沙俄签订《中俄密约》。双方共同商定，在中国的满洲北部（东北）修筑了一条"丁"字形大铁路，其目的就是便于向远东地区运送俄军及战略物资。在清政府丧失了朝鲜监国权和对辽东地区的控制、日本的势力威胁东北和山东并直逼京津地区的情势之下，以李鸿章为首的清政府总理衙门在慈禧太后的授意下，企图阻止日本西进与北进的战略。因此，清政府在迫不及待和迫不得已的情况下，宁愿牺牲东北的利益，暂借沙俄的势力以阻止日本的锋芒，决定修筑东清铁路。这条铁路西北起自满洲里，与俄后贝加尔铁路相连，中经哈尔滨，东达俄境的海参崴。可以说，这条铁路是当时中俄两国处于共同利益和不同目的的驱动下的产物。最初东清铁路的中经地，亦即管理中心的所在地，并未选在今天的哈尔滨，而是今吉林省松原市的"伯都讷"。① 东清铁路是一条横贯中国东北部的钢铁大动脉，是连接欧亚交通的枢纽。这条铁路刚刚动工不久，沙俄又开始修筑南支线，即北起哈尔滨，南至旅顺港，成为东北地区贯穿南北的大通道。这就是纵横交错在我国东北地区由当时中俄共管的"大清东省铁路"。后来简称为"中东铁路"。哈尔滨的地理位置恰好处在这纵横交错的"丁"

---

　　① 详见《黑水白山录》，日本作新社图书局，1902。

字相交的路口上。因此，自中东铁路修建以来，哈尔滨作为中东铁路的管理中心，由一个名声不大的集镇一跃而成为国际闻名的大都会。铁路与畅通的松花江水路交织在一起，加快了城市化的进程和近代工业化的发展。20 世纪初期，哈尔滨已经成为市井繁华、商贾云集的大都会行列里的"新贵"。俄语称为"诺普洛特"，即新都会之意。自此以后，形形色色的西方人从遥远的欧洲纷至沓来，或移居哈尔滨，或转道太平洋彼岸。当时的哈尔滨交通运输东抵海参崴，西达里斯本，是连接大西洋与太平洋的大陆桥。20 年代以后，哈尔滨陆续驻有各国领事馆达 20 余家，各国侨民最多时达 20 万之多。

第二次世界大战以后，由于种种原因，这些不同肤色的西方人和日本人又从哈尔滨迁往世界各地，成为今天的国际哈尔滨人。许多日本人、俄罗斯人、犹太人和其他西方人就出生在哈尔滨，或者是幼年成长在哈尔滨。事实上，他们把哈尔滨作为第二故乡，像天鹅眷恋栖居过的故地一样，日益对耸立松花江之畔的名城哈尔滨，生发出无限的憧憬和感怀！我的心曾经被日本东京著名的牙科医生小畑典也先生所作的《我的哈尔滨》[1]一诗深深地感动过，我觉得，这首诗表达出的情怀既真挚感人，又令人感到无限的眷恋和颖悟。他在诗中这样写道：

> 在冰洁的街道的向阳处，
> 旋风画着尘土的圆轮，
> 那是往昔熟识的春风。
> 夏天傍晚的红霞，
> 深灰色天空飞舞的细雪，
> 都是我的朋友。
> 只要四季的循环永无止境，
> 我的哈尔滨，
> 也不会消失。

由于哈尔滨这座新兴城市的知名度与声望及在国际国内地位的不断提高，人们开始对"哈尔滨"这个地名发生极大的兴趣。起初，人们只是想

---

[1] 〔日〕小畑典也：《哈尔滨的诗》，东京都地久馆，1984。

了解"哈尔滨是出自什么语言,其含义是什么",于是,人们习惯从哈尔滨地名发音的角度去寻找与之相近的少数民族语言进行释义,然后,再确定它的含义。这种缺乏深入研究的"地名发声应对法"一直影响到今天。其结果是出现了对哈尔滨地名的种种释义,对哈尔滨地名的考证、释义和揣测便应运而生。在一个多世纪的时间里,尽管有许多人对哈尔滨地名的语义、语源、语音以及始见时间等问题进行过无数次的探讨和解释,但是迄今为止,仍然是众说纷纭,莫衷一是。由此,便形成了对哈尔滨地名考释的不同理解。

为了使读者对哈尔滨地名考释的来龙去脉有比较清晰的了解,笔者将前人的考证归纳到一起,并按照时间顺序进行介绍与评估。需要说明的是,笔者在介绍如下诸种对哈尔滨地名考释的观点时,所遵循的原则是客观和公正,并尽可能如实地加以介绍。然而,在评估的过程中则主要以笔者个人的主观判断对各家学说进行评价。因此,有可能带有片面性,希望读者能够客观地理解和把握如下观点。

择其要者,笔者将前人对哈尔滨地名释义归纳为八种类型。

一 满语"打渔泡"或"晒鱼网"之说

此说最早来源于1898年出版的《1896年吉林下航记录》一书,书中俄国采矿工程师阿奈鲁特认为:"哈尔滨为满语的'晒网场'或'当地某一大地主人名'的称谓。"又据1922年东省特别区东陲商报馆刊行的《哈尔滨指南》一书记载:"哈尔滨三字,系满语译成汉文,即'打渔泡'之意义,或译为'晒鱼网'三字。"1929年出版的《滨江尘嚣录》沿用了此说。

最近又有人根据在《黑龙江将军衙门档案》及《阿勒楚喀副都统衙门档案》中发现的有关哈尔滨历史资料的记载,重提"晒鱼网"之说。这是不足为信的。

据《阿勒楚喀副都统衙门档案》记载,1869年拉林协领永海呈报:"案查拉林原于罗金、报门(又称报马)、烟墩、哈尔滨沿江一带设立官网三处半,捕打贡鲜应进鳇鱼、白鱼尾由来已久,已逾百年。"[①]

---

① 详见《阿勒楚喀副都统衙门档案》,《新晚报》1990年11月至12月"哈尔滨寻根"专版。

这段文献记载，只能说明清代曾经在罗金、报门、烟墩及哈尔滨沿江一带设立过官网渔场，而不能说明哈尔滨地名具有"晒网场"的意思。因为考证哈尔滨地名含义不能仅仅凭借设立过的官网，就将其推断为哈尔滨地名含义。如此推断的话，那么与哈尔滨齐名的"罗金""报门"之地名又应作何解释呢？

我们知道，任何地名都是作为具有一定意义的名词，利用各种文字符号被记录下来的。所以它具有语音和语义的构成因素，这是地名学中的基本前提，即地名的语言性质。因此，解开地名之谜必须从语言学入手，然后再考虑地名的地理环境、民族性、历史性、社会性等诸要素进行综合比较研究，才能得出较为正确的结论。依据《元文类》与《经世大典》记载：早在金、元、明之际，即满族共同体形成以前就存在"哈尔滨"地名一词。显然，哈尔滨一词不是源于满语。至于满语词汇中是否真的存在"打渔泡"或"晒鱼网"就是哈尔滨一词本义的事实呢？回答也是否定的。因为满语中的"打渔泡"和"晒鱼网"的发音与哈尔滨一词的本义及原始发音完全不同。因此"打渔泡"或"晒鱼网"一说与"哈尔滨"一词无关。

1933 年，由日本人编纂的《大哈尔滨案内》出版发行。此书的作者将《哈尔滨指南》中的"打渔泡"或"晒鱼网"一说解释为"晒网场"。从此以后"晒网场"一说讹传数十载，直到 20 世纪 70 年代末 80 年代初，由哈尔滨地方史研究所所长关成和先生对"晒网场"一说深刻剖析，并提出了十分精当、令人信服的论据。现将关成和的原文录下，供读者鉴赏。

　　"晒网场"，满语称 Asuhaolehaobuleba，此外，再没有第二种说法。晒字，满语为 Walegia，晒着为 Wanlegianbi。网字，统称 Asu，因种类繁多，各具专称，如 Nulahan（大围网）、Taihun（兜网）、Saodagu（鱼兜子）、Nimuhabudalaba（鱼亮子）等。场字用作复合词，多用 ba，晒网场的"场"字就是一例。它如场园的场字，亦作 da（Zihaba）。有场字含义的单音词，不用 ba 表示，如园字作 Yafan，等等。总之，满语"晒网场"或"晒"字、"网"字、"场"字的读音里都没有与哈尔滨的语音相近的音素。①

---

　　① 关成和：《哈尔滨考》，1985 年内部出版。

请读者注意，上述这段关成和先生的精辟论述，亦被《哈尔滨寻根》[①]一书的作者原封不动地抄袭在该书的第 10 页第 12～19 行，没有加上任何注释与说明，使许多读者误以为这是《哈尔滨寻根》一书作者的新发现。

二 魏声和蒙古语"平地"说

据目前所知，哈尔滨地名含义为蒙古语"平地"的说法，来源于 1913 年成书的《吉林地志》。据《吉林地志》第 14 页"滨江县"条记载：

> 滨江县，土名哈尔滨（地名释义），往为松花江右滩地，江左傍近郭尔罗斯后旗界（今为黑龙江省呼兰县）。蒙人以此地草甸平坦，遥望如哈喇，蒙语因称为哈喇宾。汉语讹传、又易（译）喇为尔。（土音喇、讷、尔、勒等字，俱无大区别）设治顷以此地临江，且就土人之惯称，故名。（沿革）金为上京会宁府西北地。元明沿革与阿城同。前清宣统元年设滨江厅同知，仅在傅家甸一隅，面积数里。嗣割双城东北境附属厅治，仍嫌褊狭，今改县。[②]

魏声和先生认为，哈尔滨应为土名以及对"尔"字的发音在当地土人中往往与发喇、讷、勒音，"俱无大区别"的考证是正确的。然而，他将哈尔滨一词断然省略滨字，而独以"哈尔"（喇）的发音与蒙古语平地之意的结论则是值得商榷的。因为"哈尔滨"是一个完整的词组，很难否定每一个音节。此外，在说明哈尔滨一词源于蒙语的论证上也缺乏足够的证据。

《吉林地志》的作者魏声和先生，是江苏武进（今江苏省常州市）人，民国初年曾任吉长日报社的撰述，任职期间，潜心研究吉林历史地理，并写成了《吉林地志》和《鸡林旧闻录》。[③]

三 俄国"大坟墓"与满语"贫寒小村"之说

据哈尔滨地方史学者李述笑先生考证，俄语"大坟墓"说，最早见于 1928 年俄文版《商工指南》一书："哈尔滨这几个中国字的大致含义是'安乐的坟墓'。"

---

① 纪凤辉：《哈尔滨寻根》，哈尔滨出版社，1996。
② 详见魏声和《吉林地志》，吉林文史出版社，1995。
③ 王禹浪：《金代黑龙江述略》，哈尔滨出版社，1993。

此说由 1933 年日本人出版的《大哈尔滨案内》一书所载录。在该书中除了上述的"晒网场"一说外，又另立两说：一为俄国语"大坟墓"之意；二为"贫寒小村"之意。现据关成和先生依据日文版翻译原文如下：

> 哈尔滨之字音与俄国语之"大坟墓"相仿，是为俄人命名时业已蓄意永占此地，死后亦埋于此地之意味，世人未审其用意之深沿用至今云。或云原来满洲土话之中指"贫寒小村"称为"哈尔滨"（取音），昔者哈尔滨人烟稀少，遇有渔船漂流至此时，船渔夫指谓（哈尔滨）时标明"贫寒小村"之意，因之传来为此地名称云。①

关于"哈尔滨"一词源于俄语"大坟墓"一说，关成和先生已在《哈尔滨考》一书中从语言学上给予充分的说明和解释，本文不再赘述。然而，根据近年来档案工作者在《阿勒楚喀副都统衙门档案》及《黑龙江将军衙门档案》中不断将哈尔滨地名始见时间提前的事实，说明清代哈尔滨地名至迟在 1763 年就已出现。而此时的俄国人正远在黑龙江以北的西伯利亚地区进行扩张，直到 19 世纪中叶以后才逐步侵吞了中国黑龙江以北、乌苏里江以东的广大地区。所以，哈尔滨一词源于俄语"大坟墓"一说不知从何而言？

此外，在《大哈尔滨案内》中所说的"哈尔滨可能是满洲语'贫寒小村'之意"的说法与《大哈尔滨案内》列举的"渔场"说、通古斯语"渡场"说等都属讹传范围，本文不做评价。

四 "人名"说与"好滨"说

哈尔滨一词可能出自满语中某个强大的统治者的名称一说，来源于 1923 年东省铁路公司编印的《东省铁路沿革史》一书，此书作者为俄国人。②

据《东省铁路沿革史》记载："这个新兴的城市（指哈尔滨）保留了满洲的传统名称——哈尔滨，它无疑是满语的单词，词义在很古远的某个时候便被人们遗忘了。很可能是取自从前某个强大的统治者的名字。"作者在其文章的后面附注有："另有一说，以为这个单词是从汉语的'好滨'

---

① 关成和:《哈尔滨考》，1985 年内部出版。
② 详见〔俄〕尼罗斯撰《东省铁路沿革史》，朱与忱译，1923。

音变而来。"

《东省铁路沿革史》中对哈尔滨一词的解释虽不可信，但作者对哈尔滨词义在很古远的某个时候被人们遗忘了的推断，似乎是合情入理的。事实证明，对哈尔滨地名之所以有种种猜测，其主要原因就是由于年代久远而原意湮没，才导致了直到今天也无人给哈尔滨一词做出明确和具体解释。这也说明了"哈尔滨"一词在语源上是十分久远的事实，作者将其确定为满洲的传统名称的推论是有道理的。① 因此寻找哈尔滨地名的语音、语义应在超出满语范围的民族语言中去追根溯源。因为目前我们所掌握的满语释义都带有当代人的主观意识，很难揭开哈尔滨一词的真正含义！

至于把"哈尔滨"读如"好滨"，这并非是什么音变的原因，而主要是因为中原音韵无颤音"r"音，清末以来，山西、山东、河北等地的大批移民迁居哈尔滨地区，② 他们对哈尔滨的直呼和快读即"好滨"。由于中原地区的汉族人对哈尔滨的"尔"字音（应读如"拉"、"里"或"勒"、"鲁"）发音不清，快读时则由哈尔滨变成了"好滨"。这可能是口语中省略后的发音字形，而对其含义仍不得要领。

五 满语"锁骨"说

把哈尔滨一词解释成满语"锁骨"之意的说法，是出自 20 世纪 30 年代谷英世所撰《满洲地名考》一书。"哈尔滨，满语意即'锁骨'。"此说的误释，主要是把满语中"哈拉巴"（halaba）一词当作女真语"哈尔滨"或"哈儿温"一词的同音异写。其实"哈尔滨"的词义另有其解（意即"天鹅"），"哈拉巴"则是满语，译成汉语为"锁骨"。所谓的锁骨是指人的胸腔前上部，呈 S 形的骨头，左、右各一块，内端与胸骨相连，外端与肩胛骨相连。

谷英世之所以将"哈尔滨"解释为"哈拉巴"之义，主要基于两个原因。第一，哈尔滨（Haerbin）与哈尔巴（哈拉巴）（Halaba）音近，可能为同音异写。然而，"尔"音虽然与"拉"音能够互借互转，但是"巴"与"宾"字的发音截然不同。因为"巴"音的韵母是"a"，而"滨"音韵尾则是"n"。所以，哈尔滨虽然与哈拉巴有音近之嫌，但由于韵尾不

---

① 实际上作者所谓"保留了满洲的传统名称哈尔滨"，并非纯指满族或满语而言，这里的"满洲"之意是对东北地区而言，应是区域名称。

② 在《黑龙江将军衙门档案》中所涉及的民人名字的籍贯多为山西、山东、河北等地的汉人。

同，则两词不能够互转。第二，哈拉巴既然是连接胸骨和肩胛骨的 S 状弯曲的细长骨，那么这种 S 状的细长骨的形状与哈尔滨之松花江或阿什河之水流弯曲形状相合，所以被命名为哈尔滨，这也显得太牵强。

如果不了解哈尔滨一词的语源和语义的话，这种说法至少能迷惑一些对地名学无甚了解的人们。因为地名本身是民族性、语言性、社会性、地理性、历史性及综合文化的复合现象。所以，在解释这一地名时必须符合上述的诸要素方能下结论。更何况哈尔滨这一地名出现的时间是相当久远的，其出现的原因和时间，就目前来看，当然存在着神秘而不可知的因素。

六　满语"哈勒费延"及"扁"说

其实，最早提出"哈尔滨"是满语"哈勒费延"音转这一观点的学者是日本的田口稔先生，他在 1935 年所著的《三角线内的人文地理现象》一书中提道："哈尔滨为'哈勒费延'的音变或转化。""哈勒费延"汉意为"扁"，出自《五体清文鉴》一书。国内最早提出此说的学者，是于 1989 年 6 月作古的黑龙江省满语研究所原所长穆晔骏先生。他曾在 1976 年写给许子荣先生的信中明确提出："哈尔滨一词乃'哈尔芬、哈勒费延'一词的同音异写。"1990 年 11 月初，纪凤辉走访了满语研究所黄锡惠先生后，方知道"哈尔滨"一词是"哈勒费延"一词的同音异写地名。[①] 不久，他便根据黄先生所述的内容写成短文发表在《新晚报》第三版"哈尔滨寻根"栏目中，并一下子成为"哈尔滨"应为满语形容狭长地带、意即为"扁"的发现者。

1990 年 12 月 7 日在《新晚报》第三版同一栏目中，黄锡惠同志又从"哈勒费延"的"扁"意引申到"狭长"之意："关于'哈勒费延'一词来源于哈尔滨、哈尔芬、哈儿边、哈里宾的说法我极表赞同。正因为如此，我认为'哈勒费延'一词应是'哈尔滨'一词语音的变化和发展。因为'哈勒费延'一词可能是清朝政府把原来的女真语'哈尔滨'一词规范后的满语，所以'哈尔滨'应是'哈勒费延'的语源，而'哈勒费延'则是'哈尔滨'的语词现状的延伸形式。"然而，用语词现状即规范后的满语去解释其语源的本义则是违反了词源学的规律。因为任何一种语言都

---

① 〔日〕黑崎裕康：《哈尔滨地名考》，东京地久馆出版社，1995。

是随着历史的发展而发生变化的，实际上摆在我们面前的历史任务，是让我们对"哈尔滨"一词的语源（语义、语音）尽可能做出明确的回答和判断，而不是追溯"哈勒费延"的语源。因此将"哈尔滨"一词的含义无论是解释成"扁"也好，还是"狭长"也罢，这都是对地名语言现状所做出的表象解释，而不是对"哈尔滨"地名语源本义所做出的历史深层的释义。所以，要想对某一种地名语源进行研究，必须明确是在研究它的现状还是在研究它的历史，我们究竟是追溯"哈尔滨"地名的语源呢，还是停留在对"哈尔滨"这一地名语词的现状表面的了解呢？这两种设想终会得出两种结论。

纪凤辉的错误恰在于此，他把哈尔滨地名的现状当作历史的源流来追溯，这就势必导致本末倒置。他认为1864年清代《黑龙江将军衙门档案》中用满语记录的"哈尔滨"地名是最重大的发现，从而终于为自己一直主张的"哈尔滨"为满语说找到了论据。其实，这并非什么伟大的发现，也实在不值得惊叹。因为，"哈尔滨"这一组汉字地名早已经见之于金、元、明、清的历史文献与档案中。即便是在《黑龙江将军衙门档案》所出现的汉字"哈尔滨"地名一词，也较之1864年用满文所书写的"Haerbin"早得多。更何况哈尔滨与阿城地区所使用汉字的历史并非始于清朝，而早在渤海、辽金时期就已经开始使用汉字。可见哈尔滨地区使用汉字历史已达近千年之久。

《哈尔滨寻根》一书的作者纪凤辉再三强调自己对哈尔滨地名研究彻底找到了"金钥匙"，并断言："今日，此说当休矣！"对其他十余种观点做了全盘否定。《哈尔滨寻根》一书的内容毫无逻辑而言，其观点的核心有如下三点：一是提出了"哈尔滨"为满语"哈勒费延"为同音异写地名，其义为"扁"；二是发现了《黑龙江将军衙门档案》中哈尔滨地名的满文记录；三是将金代"合里宾忒"解释成与"哈尔滨屯"同义，均为"扁"意。其实支撑此书命脉的上述三点都是非常肤浅、不值一驳的。

首先，就其发现的角度来看，无论是"哈勒费延"或"扁"意，还是满文书写的"哈尔滨"地名，以及金代的"合里宾忒"均不是《哈尔滨寻根》作者的首创和发现。哈尔滨为满语"哈勒费延"说的首创与研究已如上述。日本学者早于《哈尔滨寻根》作者几十年就提出，国内学者则早于他20年提出。其次，《哈尔滨寻根》一书的作者根本不懂满文，在《黑龙江将军衙门档案》中发现满文"哈尔滨"的书写方式也不是他的功绩，而是依靠原黑龙江省档案馆的满文专业人员的帮助，他才知道了在《黑龙江将军衙门档案》中有满文书写的"哈尔滨"地名。最后，《哈尔滨寻根》作者将"合里宾忒"与"哈尔滨屯"牵强附会在一起，也犯了大忌。因为，金代的"合里宾"为女真语，其意即"天鹅"，而"忒"字是数量词，表示很多或一群的意思。所以，"合里宾忒"一词当为天鹅群之意。然而，清代光绪年间档案中的"哈尔滨屯"的"屯"字则是名词，是村庄、村落的意思，所以"哈尔滨屯"就是"天鹅村"的意思。可见《哈尔滨寻根》的作者将金代"合里宾忒"的"忒"字与清代"哈尔滨屯"的"屯"字相混淆则是幼稚的，因为，他只是望文生义，没有弄清金代"合里宾忒"的"忒"字的含义是什么！请看《哈尔滨寻根》一书的作者是如何描述他所发现的"合里宾忒"与"哈尔滨屯"之间的联系的（详见该书第 340 页倒数第 15 行）：

> 完全彻底破释"哈尔滨"一词百年之谜，"合里宾忒"一词千年之谜，那是在 1991 年 5 月 11 日下午，我清楚地记得，我草草地吃过午饭后，来到办公室研究有关资料。突然，灵感像一道曙光照亮了"哈尔滨屯—合里宾忒"之间的通道，原来满语"屯"音和女真语"忒"音都作汉语"岛"解。

作者没有任何科学的依据和翔实的论据，便得出了如此结论，怎能令人信服？

至此可以断定，《哈尔滨寻根》一书作者的上述三个"发现"，因为缺少科学依据而都不能成立。值得指出的是，此书的作者一直确信"哈尔滨"的地名纯系满语的结论，在这里被自己对"哈尔滨屯"与"合里宾忒"的发现所彻底否定。因为"合里宾忒"地名出自《金史》，无疑是女真语，这是满族共同体形成 500 年前的事情。更何况"合里宾忒"的"忒"（te）音，是属于阿尔泰语系的特殊语音现象，在今天的蒙古语、满语和其他属于阿尔泰语系的语言中，"忒"（te）就是代表复数的意思。《哈尔滨寻根》的作者显然不知道自己在不知其所以然的状态下已经承认了"哈尔滨"与"合里宾忒"一词有着千丝万缕的联系，"合里宾忒"为女真语，是金代地名，而"哈尔滨"则是清代满语地名。作者因认知模糊而最终在客观上承认了"合里宾忒"是哈尔滨一词的事实，也就承认了

"哈尔滨"地名的语源是来自女真语而非后来的满语,可见他的结论与他的论证过程出现了抵牾,也可以说是他自己推翻了原来的论点和论证过程。

七　通古斯语 "渡口" 说与 "船渡场" 说

"船渡场"说最早见于1912年俄国人哈依尼思·瓦托松在《纪念》杂志上所发表的《哈尔滨采风》一文。他认为:"哈尔滨一词,源自通古斯语,其含义为船只停泊之地。"又可译作"船舶地"或"船渡场"。1921年,由日本学者中村义人所撰写的《哈尔滨事情》一书中采用了此说:"哈尔滨,是通古斯语'渡场'的意思。①渡场又称船渡场,是中国东北地区的习惯用语。有'摆渡'、'渡口'、'停泊'之意。"

1959年,黑龙江省博物馆高尔捷耶夫等人沿用此说,并将这一观点发表在《哈尔滨自然地理概论》一书中。

八　女真语 "阿勒锦" 说

"阿勒锦"为女真语,译作汉语有名誉、荣誉、声誉等含义。"阿勒锦"一词出自乾隆十二年(1747)校定、同治十三年(1874)由江苏书局刻印的《金史·太祖本纪》中。原文如下:

> 初,温都部跋忒杀唐括部跋葛,穆宗命太祖伐之。太祖入辞,谓穆宗曰:"昨夕见祥,此行必克敌。"遂行。是岁大雪,寒甚。与乌古论部兵沿土温水过末邻乡,追及跋忒于阿斯温山北泊之间杀之。军还,穆宗亲迓太祖于阿勒锦村(原作霭建)。

据南京国子监明代嘉靖八年(1529)的《金史》版本(又称为"南监本"),此图转引自《哈尔滨地名考》一书,图中右起第8至9行(竖行)之间有"霭建村"三字(见图1)。

上述这段记载,是关成和先生含辛茹苦几乎耗尽了半生的精力,在数种《金史》版本洋洋千万言的浩如烟海的文库中,寻找到的一把打开哈尔滨地名研究大门的金钥匙。阿勒锦村这一地名的发现,使得求证哈尔滨一

---

① 《新晚报》1990年11月至12月"哈尔滨寻根"专版。

图 1 据南京国子监明代嘉靖八年（1529）的《金史》版本，又称为
"南监本"，此图转自《哈尔滨地名考》一书，图中右起
第 8 至 9 行（竖行）之间有"霭建村"三字

图 2 此图依据清朝同治
十三年（1874）重新校堪的
《金史》所拍摄，转自《哈尔
滨地名考》一书，图中左起
（竖行）第一与第二行中写有
"阿勒锦"下注有"原作霭建"

词的语源成为可能。我想，关成和先生发现
阿勒锦村的最伟大之处，并不在于他完全彻
底地解决了哈尔滨地名研究的全部问题，而
是在于他把我们引入了考证哈尔滨地名的一
个崭新的天地里（图 2）。

此图依据清朝同治十三年（1874）重新
校勘的《金史》所拍摄，转自《哈尔滨地名
考》一书，图中左起（竖行）第一与第二行
中写有"阿勒锦"下注有"原作霭建"（见
图 2）。

关成和的《哈尔滨考》最早刊行于 1980
年，作为哈尔滨地方史研究所地方史资料第
一辑印制发行；1985 年由由哈尔滨市社会科
学研究所编辑再版后内部发行。笔者认为
《哈尔滨考》一书的主要成就有四点。

第一，力驳以上诸说之非，将哈尔滨一

词断定为女真语，并将《金史》中表明的"蔼建"与"阿勒锦"为同一地名的事实，从史海中寻找出来，并加以翔实考证，从而在语源上为破解哈尔滨地名之谜开辟了新的研究视野。

第二，在综合研究的基础上，运用了最新的考古资料，将哈尔滨地区拓荒史和城市发展史提到了金代，并以大量的实物资料（考古资料）作为这一科学论断的坚实基础。

第三，关成和先生所采用的研究方法令人耳目一新。关先生的研究方法既不等同于传统的考据学，也不同于片面的语言学上的语音对照，而是集地名学、语言学、民族学、考古学、历史地理学于一体，对哈尔滨地名进行了综合分析与科学求证。

第四，关成和先生在考证过程中，尤为重视实地调查和文献查阅相结合的治学方法。为了求证地名在语音上的突破，他带着重病遍访学者，虚心求教。足迹遍布北京、内蒙古、辽宁、吉林等地。现在回想起来，关先生的那种诚实而认真的精神，可谓嘉言懿行，令人敬佩。

《哈尔滨考》的历史功绩虽然明昭天下，然而，它并非真理的终结。从某种意义上说《哈尔滨考》只是完成了时代所赋予它的历史使命，它将成为哈尔滨地名研究史上的一个新亮点。当然，《哈尔滨考》的"阿勒锦"说不可能不留下一些历史的遗憾。这些遗憾构成了种种疑问，这些疑问正是我们今天所要解答和继续深入研究的新课题。

其一，在关成和先生考证"哈尔滨"地名的那个年代，《黑龙江将军衙门档案》还存放在中国第一历史档案馆的库房内。那时，这批历史档案尚未全面开放，查阅起来极为困难。20世纪80年代中期以后《黑龙江将军衙门档案》才由中国第一历史档案馆返还黑龙江省档案馆，当然是为了编写省志的需要。所以，当时的关成和先生只能就其所查阅到的清代其他文献资料的记载，来确定"哈尔滨"地名在清代档案中的始见时间。由于《黑龙江将军衙门档案》与《阿勒楚喀副都统衙门档案》的客观存在和不断发掘，后人可以不断地将哈尔滨地名的始见时间提前。因此，在档案中不断发现"哈尔滨"地名的记载，就是对关成和先生观点的不断补充。

其二，关成和先生在考证金代的"合里宾忒"、元代的"哈尔分"与现代哈尔滨地名之间的关系时，缺少对元、明、清三朝哈尔滨地名的沿革与断代的接续性研究。当然，在缺乏档案与资料的情况下，这实际上是很难进行的。

其三，20 世纪 80 年代以后哈尔滨地区的金代女真墓葬中出土的大量金代"天鹅"的实物资料以及金代齐国王完颜晏夫妇合葬墓的发现，都为阿勒锦村的位置与哈尔滨的地名含义提出了十分珍稀的新证据。然而，这都是《哈尔滨考》问世 8 年之后的事情了。

其四，在关成和先生的《哈尔滨考》一文中关于阿勒锦村的地理位置为什么没有被确定下来的问题，不也是因为当时没有发现小城子古城和上述的金代齐国王完颜晏的夫妇合葬墓所造成的遗憾吗？

总之，"阿勒锦"说的种种缺陷并非出于关成和先生的忽视和误释。相反，则是因为他所处的那个特殊的历史阶段，因研究条件和手段有限所造成的。我们必须清楚地认识到，关成和先生是从揭示"哈尔滨地名的含义"入手，而不是从寻找"哈尔滨"地名的始见时间开始的。后者只是从不断的新发现中将哈尔滨地名的始见时间提前，但是，这种寻找永远也揭示不了哈尔滨地名的含义之谜的真谛。

笔者深信，科学不仅在于争鸣，更在于孜孜不倦地深入探讨。"阿勒锦"为什么是哈尔滨的同音异写？"阿勒锦村"的存在是否真实？"阿勒锦村"到底在什么地方？金代的"阿勒锦村"与清代的哈尔滨有什么关系？"阿勒锦"是形容词，意即荣誉、名誉，此荣誉与名誉的历史内涵是什么？"阿勒锦"一词的来源是什么？哈尔滨一词的语源、语音、语义到底是什么？诸如此类的种种问题都需要我们再做精深的探讨。

关于哈尔滨地名的考证，除上述八种说法之外最近又有"渔人之滨"说、蒙语"黑色的河滩"说、"达斡尔语"说、"晒网场"说，以及"民间传说"，等等。这些地名释义都没有足够的事实作为依据，多属臆断和传闻，属于趣味性的地名语源议论而不属于学术研究。笔者认为，对地名语源的研究以及从地名的载体中所反映出来的语言、历史、地理、民族、民俗等方面的信息研究，都要避免主观猜测和牵强附会的解释。

哈尔滨地名"天鹅论"与语音符号之谜

　　事实证明，在 100 年以前，人们就在哈尔滨究竟是何种语系语言的问题上产生了种种迷失。现在追溯起来，那时候的人们应该相比于当代人更有条件弄清楚当时哈尔滨地名的含义或源于何种语言等问题。然而，哈尔滨地名的含义真的就在 100 年前被解释成多种多样。尽管如此，在诸多的解释中大多数中外学者依然把"哈尔滨"地名释读为满语。这说明，人们一开始就没有从汉字的地名语言系统中去寻找"哈尔滨"三个字的含义，而是把"哈尔滨"地名的汉字书写方式定位为一种历史语言符号。如果我们在深入思考当时探讨哈尔滨地名的基本依据和线索后，就会发现这样一个规律：即人们总是单纯地从哈尔滨地名的发音角度，去寻找与"哈尔滨"地名相近的少数民族的语言发音，继而沿着其发音的线索进行语义的释读，最后确定其含义。我把这种地名研究的方式称为"地名语音发声对应法"，其实这种方法一直影响到今天的地名研究。现在看来，这种单纯从地名发声角度与相近民族语言对应的方法，虽然是研究地名的一种方式，但是其真正能够解读地名则是不可能的。尤其是在历史上，曾经有很多的民族活跃在这个地区，其地名语言文化则表现出更为复杂的特征。

　　从历史上看，哈尔滨地区曾经是中国东北地区的四大民族系统活跃的舞台。即东胡系统（东突厥、鲜卑、契丹、蒙古），秽貊系统（索离、夫余、秽貊），肃慎系统（勿吉、靺鞨、女真、满族），还有汉族系统。[1]这四大民族系统的语言文化相互交融、碰撞并复合成为新的文化现象。因此，目前的黑龙江流域与哈尔滨地区，所保留下的许多令人百思不得

---

[1]　详见干志耿、孙秀仁等著《黑龙江古代民族史纲》，黑龙江人民出版社，1987，第 84 页。

其解的汉字标音的地名，就是这些民族活动所积淀下来的历史地名化石。从这个意义上讲，这些地名化石的符号实际上是多源多流的民族文化的复合体。例如，"松花江"这个地名符号是用汉字书写成的，具有汉字文化的书写特征，但是其语源则是满语或女真语。因为"松花江"这一地名符号早在金元之际即已出现，金代称"宋瓦江"①，元代又转称"松花江"，满语则写作"松嘎里乌拉"，其本义即"天河"之意。无独有偶，在阿尔泰语系中的蒙古语几乎均把"天"称为"腾格里"或"松嘎里"。上述例子说明蒙古语、满语及女真语之间保留着大量的同音、同义的词汇，这是历史上古代各族长期语言文化交流的结果。因此，我们在研究哈尔滨这类地名时，更应该注意北方民族之间的语言转换关系。由此可以看出"松嘎里乌拉"这个地名符号应该是一种多民族语言文化的复合体。

"哈尔滨"这个地名符号，究竟是否具有民族语言文化的复合特征，还有待于我们进一步考证。然而，哈尔滨这个地名符号的含义，之所以在100年以前没有弄清，就因为它是个相当古老并具有悠久历史传承的地名载体。人们已经远离了这一地名语言符号的语境，更弄不懂其地名的语源和本义。尤其是对上述多源多流的民族语言文化的复合现象的迷离，则更使这一地名神秘莫测。此外，使用汉字为黑龙江流域地区少数民族地名标音，也是造成这种迷失的主要原因之一。因为后来的人们习惯于使用汉字，并多从汉字书写的方式去理解其地名符号含义，就越发使地名的原义与当代人的解释大相径庭。当人们在使用简单的"地名发声对应法"去寻找有别于汉字系统的其他民族语言解释这些地名时，就会导致错误的释读。诸如对哈尔滨地名的误释所产生的蒙古语"平地说"，满语"晒网场""扁""锁骨""渡口""肚囊"说②，俄语"大坟墓"说、"人名"说、"好滨"说，达斡尔语"黑水之滨"说，等等，都是由于没有从语源的角度去探索其本义与其原始发音所导致的结论。

由于人们习惯了轻而易举地从地名语音发声的角度，在蒙古语、俄语、满语或其他民族语言中去寻找与"哈尔滨"相近的词组，所以，一经找到就惊呼是伟大的发现。最为可笑的是，近年来有人竟然把晚于汉文字

---

① （金）王寂：《辽东行部志》，张博泉注释本，黑龙江人民出版社，1994。
② 张凤鸣等撰《哈尔滨地名新义》《新晚报》1991年6~8月"哈尔滨寻根"专栏版。

对哈尔滨地名注音的满文标音，当作哈尔滨地名研究中"最伟大的发现"并冠以"最权威"的字样。[①] 岂不知哈尔滨地名的满文标音，晚于哈尔滨地名汉文标音数百年之久。用晚于哈尔滨地名汉文标音数百年的满文标音文字，去考证数百年前即已出现的汉文字的地名，岂不是本末倒置？如果按照这种逻辑推断，那么，用日文、俄文、英文及其他国家和民族文字所标注的哈尔滨地名又应作何解释呢？是否可以推断"哈尔滨"一词就是日本语地名、英语地名或俄语地名呢？

众所周知，满文的出现与推广是在1636年女真族改称满族之后的事，而哈尔滨地名则在金、元、明三朝即已出现。实际上，将"哈尔滨"视为满语地名的人已经犯了自相矛盾的错误，从语言哲学的角度看，这是一种在解释地名语言中发生了"语源迷失"的误导。因为他们都承认"哈尔滨"与"哈勒费延"有着千丝万缕的关系[②]，"哈勒费延"又写作"哈尔分"或"哈尔滨"，而哈尔分与哈尔滨这一地名语言早在元、明两代即已出现。怎么能说"哈尔滨"就是满语"哈勒费延"地名的延续和转写呢？诚然，在有清一代的历史档案中，虽然出现汉文与满文相互记载的哈尔滨地名，那不过是继金、元、明三朝之后对哈尔滨地名符号现状的续录，而且清代的档案往往有满汉合璧的特征。

总之，以往对哈尔滨地名的考证均没有摆脱上述的"地名发声语音对应法"的范畴。由于哈尔滨这一地名出现的时间距离我们十分久远，所以我们在看似平常的地名面前，若想得出科学的解释，就显得十分的贫乏和无知。因此，弄清哈尔滨地名的根本含义，是一件非常不容易的事情，恐怕永远是个不解之谜，因为是个未解之谜，所以才具有深入考证的魅力和必要。笔者认为，研究哈尔滨地名至少不能仅从"语音对应法"方面去轻易为其释义，因为哈尔滨是个历史地名而不是现代地名。作为历史地名，它是长期以来历史发展和积淀的结果，因此，它具有一定的文化含量。从这个意义上说，哈尔滨这一地名符号具有历史化石的功能。哈尔滨不单单是这一地域的名称代表，而应该从更深层的角度去理解这一地名背后蕴含的厚重的地域文化色彩。所以，研究哈尔滨地名，只有从语境、语源、语音、语义等多层次、多角度入手，进行综合研究，反复印证，依据有说服

---

① 段光远等著《百年回眸·东方珍珠哈尔滨》（上），哈尔滨出版社，1998。
② 段光远等著《百年回眸·东方珍珠哈尔滨》（上），哈尔滨出版社，1998。

力的物证加以科学的推断，才能够寻找到基本接近历史真实的哈尔滨地名之根。这是一种科学研究的态度，而不是轻易的、武断的、急功近利式的、不负责任的态度。可以肯定地说，在 20 世纪 70 年代末至 80 年代初，当时的哈尔滨地方史研究所所长关成和先生，在哈尔滨地名研究上首开了科学研究的先河。

关成和先生从语音、语义、语源的角度入手，并结合考古、民俗、地理环境等方面的资料，对哈尔滨地名进行了深入的研究，最终将哈尔滨地名确定为女真语——阿勒锦，意即"荣誉"。这一考证得到了我国著名女真语言学家金启孮先生的认同。然而，"阿勒锦"说并没有得到大多数人的赞同，多数人认为"哈尔滨"一词与"阿勒锦"根本无法相互转写，人们在面对这两个根本不同的汉字所组成的词组的时候，都采取了否定的态度。这是因为具有现代与当代意识的人们，已经习惯了用汉字去解释地名的思维定式。岂不知这种地名的汉字仅仅是一种标音符号而已，作为汉字本身却毫无意义。关成和先生的"阿勒锦"说除了其自身尚存在不可避免的缺陷外，几乎一直被淹没在一些人的短识与无知中。

哈尔滨这个历史地名，若从语词性质方面来看只是一种标音符号，就其汉字本身来说是没有任何意义的。所以无论我们如何在浩如烟海的汉文典籍中搜寻，都无法找到对哈尔滨一词的解释。因为这一地名语言根本不属于汉语系统，而只是用汉字对少数民族语言地名的注音文字，亦即用汉字对固有的未明的地方民族语言地名的音译而非意译。因此，要想真正了解哈尔滨地名的含义，就必须从历史语言学的语音入手，首先弄清其原始发音，继而破译其历史本义，从而使其语源的本来面目大白于天下。

在笔者看来，"哈尔滨"这三个汉字不过是历史上借用汉字符号为少数民族地名进行注音的标音符号而已，笔者把这种地名称为"借字注音的地名符号"。这种现象的出现有着非常深刻的历史文化背景，至少它深深地透视出，当一个民族的语言还没有发展到足以用自己的文字去记录历史与现实的一切事物时，就要借用文明民族的文字来为自己记录历史。有时这些民族为了保证自己的独立性和表现民族的尊严，往往在使用汉字的同时又根据汉字创造出一种特有的本民族文字系统，例如西夏文、契丹文、女真文就是党项族、契丹族、女真族根据汉文字所创的文字系统，而蒙古文与满文则是蒙古族与满族所创的独立于汉文字系统之外的文字系统，或完全与汉字系统相脱离的一种文字系统。这种情景往往是发生在少数民族入主中原或统治了汉文化比较发达的地区之后，为了便于统治而必须实行的一种（文化）文字双轨制度。在中国古代社会中，统治王朝同时使用多种文字的现象是不足为奇的，尤其是我国黑龙江地区历史上的少数民族政权。例如，契丹人所建立的辽王朝、女真人所建立的金王朝、蒙古人所建立的元王朝、满族人所建立的清王朝，无不是多种文字并存的统治政权。即使是汉人建立的王朝有的也实行这种文字双轨制度，例如，明王朝统治东北后，依然使用女真字，19 世纪黑龙江入海口所发现的明代所立的"永宁寺碑记"的碑文就是用四种文字（女真字、汉字、回文字、藏文字）刻记的。哈尔滨这个地名正处在历史上女真人政治统治中心的地理位置上（金朝初期的都城金上京会宁府就在此地），无疑这是当年受汉文化影响最为深刻的女真人世居之地。因此，利用汉字为自己的民族地名作语言注音是顺理成章的。

然而，由于时代和地域的隔阂，以及各历史发展阶段上的历史人物所掌握的不同的方言，往往对同一个少数民族地名在进行标音的时候，出现不同的汉字符号，也就是说音同字不同的现象是屡见不鲜的，这种现象的出现是因为在汉字的文化系统中客观存在着大量的同音异写的汉字。如果我们不跳出这种汉字包围圈的话，就永远也无法弄懂这些地名的真正含义。哈尔滨这一地名，在不同的历史时期以及不同的地域内，所表现出的纷繁复杂的同音异写的现象就说明了这一点。就目前所知，有关哈尔滨地名同音异写的汉字标音有：哈尔宾、哈尔滨、哈儿边、哈拉宾、哈喇场、阿勒锦、库尔滨、阿尔滨、科儿宾、哈儿分、阿流温、哈儿温、哈兀、合里宾、喀里宾、哈里姆、哈尔浑、科尔芬等。又如阿什河，在《金史》与元、明、清的文献中也有多种汉字符号的写法，如按出虎、按春水、阿注游、阿触游、阿芝川等。我们从这些不同汉字的符号中看到的是对同一地各的不同汉字的标音现象。

从上述的例证中可以清楚地看到：作为"哈尔滨"一词的词头"哈"字，有时也标写成"阿""科""喀""合""库"字。这是因为汉族人在采用中原音韵给北方少数民族的地名或人名标音的时候，往往出现"k、h、g、a"音相混相通的现象。例如，现在内蒙古自治区的地图上"哈尔哈"河，有时又写成"喀里喀"河或"嘎尔嘎"河，"齐齐哈尔"读成"齐齐嘎鲁"，而作为"哈尔滨"一词的词中变化则在"尔、儿、拉、里、

勒、喇、流"之间，出现这种现象的主要原因，就在于中原音韵中没有
"r"这个颤音（又称闪音），所以在采用汉字对这一颤音进行标音时，就
出现了"尔、儿、拉、里、勒、喇、流"等不同的汉字标音。作为"哈尔
滨"一词的词尾"滨"音，则因为是尾音，读音很轻，这是受重音发声规
律的影响，"哈"读作"嘎"音后尾音则发声很轻，其中心音素则落在
"n"音的音节上，例如，"滨、分、边、温、浑"的韵尾相同，均为"n"
音。这说明在"滨、分、边、温、浑"音之间是可以相互通用和互为转写
的汉字符号。其主要原因是受中原音韵规律的影响，即强调韵尾相似的汉
字发音即可入韵的原理。由此可见，以中原音韵为代表的汉族与阿尔泰语
系的民族之间，在语音发声系统上存在着极大的差别。因为这种差别的存
在，才导致了对上述同一地名标音的纷繁复杂现象的发生。

　　值得注意的是，在前述的章节中那些音韵相近的"哈尔滨"地名的种
种汉字注音，都是力图为少数民族地名语词予以准确的标音，但是由于中
原音韵与阿尔泰语系之间的发音音素系统有着截然不同的差别，所以就决
定了用中原音韵的汉字在为阿尔泰语系地名进行注音时，必然要出现这种
现象。无论"哈尔滨"地名在历史上呈现出多么复杂的汉字符号形态，其
语音因素的变化系统都表现出了一种相对稳定的结构。这些有关"哈尔
滨"地名语言的文字记载方面的相似与差异，恰恰显示了地名语言在时空
和历史文化嬗变中的不一致性。

　　假如我们相信这些相似点并不是偶然的巧合，而是由于语言文化之间
习惯的传承结果，那么我们就可以推断近似地名形式之差异，是由于这些
地名语言发音习惯的改变而导致的结果。按照这种情景，我们应该遵循历
史地名语言学的方法，从近似紊乱的"哈尔滨"地名群体的状态中找出古
代的原始语音与现代语音的对应关系。这种语音对应关系的存在，笔者把
它看作两种截然不同的民族语言文化系统的融合现象。从而我们可以清楚
地看到"galouwen"是哈尔滨地名的原始发音，而"haerbin"则是用中原
音韵与之相对应的语音演变后的现代发音。同时这也是移民文化逐渐替代
土著文化的一种语言融合后的语音变异现象。由此可见，我们终于找到了
"哈尔滨"这一地名的原始发音就是"galouwen"，写成汉字符号如下：
"阿勒锦、哈尔温、哈剌场、哈尔滨、哈尔分"等。然而，哈尔滨这一地
名的语源和语义究竟是什么呢？

　　那么，在保存下来为数不多的女真文字中是否有"哈儿温""哈儿滨"

哈尔分"或与之相近的地名呢？笔者在《女真译语》① 和《女真字典》②
中查到了"哈儿温"的女真文的书写方法和发音："哈儿温"为女真语，
其本义为"天鹅"，女真字写作"乐玉"（见图1）

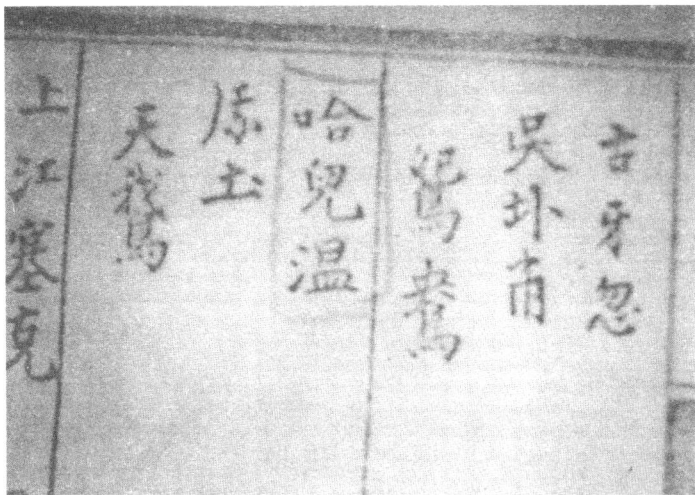

图1　女真字"天鹅"

《女真译语》又名《女真馆杂字来文》，这是明成祖朱棣敕撰的一部官
修辞书（1403~1424），是有关明代东北地区女真人的重要文献档案，为
当时明朝汉人记述女真人的奏章选集，其中保留了大量女真语的常用词
汇，专供女真馆的汉族官吏查阅和常备的官用文书。这部文献是了解女真
人的历史、语言、文字、风俗、习尚的最为珍贵的史料。1986年，笔者与
许子荣先生曾在北京图书馆复印了此书，后来许子荣先生在"禽兽门"第
6页查到了"哈儿温"一词，旁边标有女真字和汉字的意译，即"天鹅"
之意。"哈儿温"则是"天鹅"的女真语发音。至此，在女真语词汇中终
于找到了与"哈尔滨"一词相近名词的语音符号。"哈儿温"一词的发现
奠定了笔者对哈尔滨地名含义研究的基础。

随后，笔者又在著名金史女真史学家金启孮先生所著的《女真字典》
中查到了哈儿温——女真语即天鹅之意的证据。不久经东北史学家孟广耀
先生的指点，笔者又在校勘本《蒙古秘史》第27节中查到了蒙古古语中

①　《女真译语》，北京国家图书馆柏林寺分馆所藏，明代刊本。
②　金启孮：《女真字典》，文物出版社，1984。

称天鹅为"合鹁兀剌"的记载（见图2），插图中的"剌"字音则是蒙古语中复数的意思，有天鹅群之意。著名的蒙古族学者、美籍华人扎奇斯钦在其所著的《蒙古秘史新译并注释》一书中的第27节把"合鹁兀剌"解释成天鹅们。"雁"原文作"合鹁兀剌"ghalaghud。原文旁译作"雁每"，而原文统译作"鹅"。蒙古无家鹅，ghalaghu是雁。农业地区的鹅，称为ger-un。天鹅则为 khang-ghalaghu。由此可知："合鹁兀剌"被译作"雁"，雁即天鹅，而"剌"被译作"每"，在元代杂剧中"每"字就是"们"字的异写。"雁每"就是天鹅们之意思。[1]

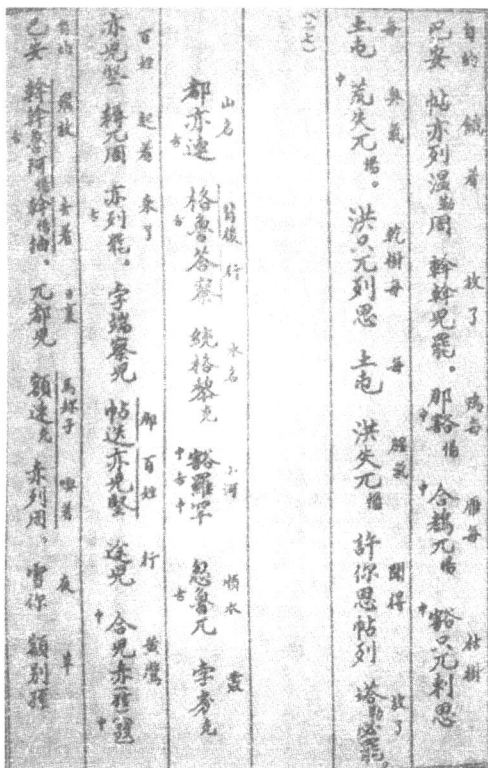

图2　蒙古古语中称天鹅为"合鹁兀剌"的记载

《蒙古秘史》一书是记录我国蒙古族史实的一部近30万字的历史文学著作，"又称《元朝秘史》。原名《忙豁仑·纽察·脱卜察安》（蒙古秘史）。作者佚名。原文为蒙古文，现已不存。传世者为汉字音写本，明翰

---

[1]　扎奇斯钦：《蒙古秘史新译并注释》，联经出版事业公司，1979。

林译员为教习生员，用汉字音标注蒙古语，逐词旁注有汉译音，并分段节译。关于此书的出版年代学术界看法不一，有 1228 年戊子、1240 年庚子、1252 年壬子、1264 年甲子等说。书中记载元太祖先人谱系、元太祖生平事迹及元太宗时事，与《圣武亲征录》《史集》等书互有异同，可资参证，史料价值很高。该书还保存有大量蒙古语词汇、语法，有很多韵文和文学手法描写，历史语言文学价值很高。现藏有明刻本十二卷（现存 41 页残页），《永乐大典》收录本分十五卷，均有抄本传世。全书按明人分段节译共有二百八十二节。通行《四部丛刊》三编本，影印顾广圻监抄本，并配有明刻残叶，为最佳的十二卷本。"①

《蒙古秘史》中的"合鹅兀剔"一词与《金史·地理志》中所记载的"合里宾忒千户"的地名均为同音异写的地名符号。这说明，金代出现的"合里宾忒"地名的含义当与天鹅有关。1998 年 10 月，为了寻找金代"合里宾忒千户"的确切位置，以及证明"合里宾忒千户"的所在地是否有天鹅群的问题，笔者随哈尔滨市社会科学院远东地区学术考察团，专程访问了俄罗斯哈巴罗夫斯克博物馆，并最后认定金代的"合里宾忒千户"即今俄罗斯境内、黑龙江下游哈尔滨河附近的博腾湖金代古城。② 迄今为止，这里依然是天鹅的栖居地。1808 年，日本幕府时期曾派遣间宫林藏到库页岛及黑龙江下游一带进行秘密探察时，还记述了黑龙江下游一带仍保留有"喀尔姆"（又写成"喀尔宾"）的地名。③

根据《金史》记载可知，现在的哈尔滨地名在金代并非写成"哈尔滨"这两个汉字符号，而是被标注为"阿勒锦"或"霭建"汉字符号。关于"哈儿温"与"阿勒锦"及"哈尔滨"的关系，可在元朝人所撰写的《饮膳正要》一书中找到对应的"哈尔温"与"阿勒锦"的关系。在该书中共记载和绘制了四种天鹅，其中一种天鹅被标注为"阿剌浑"（见图 3）。这条记载非常重要，它证明"哈尔温"又可标写成"阿剌浑"。④在元、明两朝的文献中则标注为"哈剌场""哈尔分""哈尔滨"等，到了清代则标注为"哈尔滨"。有趣的是，在清朝末年由屠寄亲自监修绘制的《黑龙江舆图》中，直接把原来的"大嘎拉哈"与"小嘎拉哈"地名，

① 周清树编纂《中国历史大辞典》辽、金、元分册《蒙古秘史》条，上海辞书出版社，1992。
② 王禹浪：《俄罗斯远东地区考察纪行》，未刊稿。
③ 〔日〕间宫林藏：《东鞑纪行》，1985。
④ （元）忽思慧撰《饮膳正要》，内蒙古科学出版社，2002。

标写成了"大哈尔滨"与"小哈尔滨"。① 这充分说明了"哈尔"与"嘎鲁、阿拉、科尔"之间的确存在"h、k、g、a"音是相互通用的事实。我们一旦跳出了汉字语言系统的束缚，就会清楚地看到"阿勒锦"与"哈尔滨"及"哈尔温"之间的那种千丝万缕的联系。如果去掉了所有汉字的表音符号，我们就会看到它们之间有一个共同的原始发音，那就是 galou 和在 galou 后面的那个缀音节，充当韵母的"n"音。

图 3　被标注为"阿剌浑"的天鹅

从历史地名语言学角度考察的结果表明，哈尔滨的原始语音应读作："galouwen"，其语源来自女真语，其本意即"天鹅"之意。

若从《蒙古秘史》中的"合鹅兀剔"一词的符号推断，"哈儿温"不仅仅是纯粹的女真语，很可能是受蒙古语或其他民族语言影响后的复合地名语言符号。历史上东突厥的势力曾于 8 世纪前后控制了黑龙江流域，所以属于东突厥势力范围内的蒙古语言很可能影响到哈尔滨地区。东突厥分前后突厥，均在隋唐年间控制和管辖过中国东北部及黑龙江流域各族，前后达 114 年之久，前突厥 48 年，后突厥 66 年。关于东突厥势力是否影响到哈尔滨地区的事实已无可怀疑，因为据《新唐书》《旧唐书》《隋书》《魏书》等大量文献记载表明，居住在今黑龙江境内的女真先民靺鞨人一直臣服于东突厥。即便在 8 世纪初，在牡丹江流域建立的渤海王国也曾向东突厥讨好，② 并派遣使者往返于东突厥与渤海之间。可见，"哈儿温"与"合鹅兀剔"的语音受东突厥的影响是可能的。

---

① （清）屠寄：《黑龙江舆图》，辽沈书社，1985。
② 金毓黻：《渤海国志长编》，吉林省社会科学院内部出版，1982。

从语言哲学的角度观察,"语义学始终处于中心地位,而语义则始终是语言哲学研究的核心问题"。由于我们长期以来脱离了语言哲学的思维活动,因此在寻找地名语义的领域时,经常迷失在地名的语言符号世界中,哲学家孙慕天先生曾经告诫人们,在语言世界中迷失类型大致有三种:"其一,是称谓迷失,即名实不符,语词、语句与其指称脱离;其二,释义迷失,语言的原义在解释中出现混乱或错误;其三,是转译迷失,即不同文化或不同学科的语言在转译中出现的损失,也就是转译的不确切性。"① 孙慕天先生的这一精辟的语言哲学观点,是破译哈尔滨历史地名语言之谜的神髓。总之,哈尔滨地名符号的历史背景已如前述,而其语源则是女真语或可上溯推断为受东突厥的蒙古语音的影响。哈尔滨地名的原始语义则为"天鹅",语音则为"galouwen"。

为了进一步揭示"哈尔滨"地名符号的本质,有必要澄清金代"阿勒锦""合里宾忒"在语源、语音、语义、语境方面与"哈尔滨"的关系。也就是说"阿勒锦"是如何转写成"哈尔滨","合里宾忒"又是如何与"哈尔滨"有着千丝万缕的联系的。

上述问题正是关成和先生关于哈尔滨地名"阿勒锦"说的薄弱环节。若从语源方面考察"哈尔滨"的古音读如"galuwen","哈尔滨"一词的现代发音则是读如"Harbin"。如果我们把"哈尔滨"三个汉字只看作也是表音符号的话,那么"哈尔滨"一词的汉字本身也就毫无实际意义。也就是说,我们可以使用与"galuwen"或"Harbin"相近的所有汉字为"哈尔滨"地名注音。我们不妨考察一下关成和先生所提出的"阿勒锦"一词是否可以转写成"哈尔滨"。

"阿勒锦"与"哈尔滨"的语音对应关系如下:

阿 勒 锦
a le jin
哈 尔 滨
ha er bin

众所周知:"a"音与"h"音在古阿尔泰语音系统中均可互借互换,

---

① 转引自李东《科学语境论》,哈尔滨出版社,1996。

其原始音读如"ga"音，而"le"音与"er"音则受阿尔泰语系的颤音"r"音的影响，所以在运用汉字为其"r"音注音时，往往使用许多种与"r"音相邻或相近的汉字符号。因此，在哈尔滨一词的三个音节中唯独"尔"音用的汉字符号最多，有时写成"拉""勒""里"，有时又写作"尔""儿""鲁"。哈尔滨一词的最后一个汉字符号的"滨"音与"阿勒锦"的"锦"音的韵尾均是"n"音，按照中原音韵学的规律，作为尾音的韵母相同者即可入韵的原则，哈尔滨一词的尾音符号，既可写成"滨""锦"，也可写成"分""温"。由此可见仅从语音符号的角度来看金代"阿勒锦"一词与现代"哈尔滨"一词是完全可以互为转写的。"阿勒锦"就是"哈尔滨"，无论它们两者之间的汉字符号有什么本质的差别，但它们的古音则是相通的。大多数人之所以不理解这种特殊的地名语言符号的主要原因，是无法摆脱汉字符号的束缚，认为只有汉字标音的符号才是最正确的，更是不可转换和变化的，并把"哈尔滨"当作汉语词汇中的固有名词，岂不知"哈尔滨"一词只是标音的汉字符号而已。

"合里宾忒千户"一词见于《金史·地理志》，"合里宾忒"是地名音译，"千户"则是女真语"猛安"的意译。"合里宾忒千户"，实际上就是"合里宾忒猛安"。"合里宾忒"一词当然是兼用了汉字的符号为女真语的发音而标注的音译汉字地名。因为历史上所保留下来可资利用和考证的女真语词汇和文字太少，所以笔者还找不到直接解释"合里宾忒"这一女真语词汇的含义，因此只能借助其他阿尔泰语系中的民族语言词汇进行相互校对。长期以来由于蒙古语——尤其是东部蒙古语与女真语和满语之间有着最紧密的联系，两者之间的许多词汇都十分接近并可以相互印证。如果我们将《金史》中所保留的女真语"合里宾忒"一词与《蒙古秘史》中所保留的蒙古语"合鹅兀剔"一词相互比较的话，我们就会发现两者不仅语音相通，其语义也可相互印证和借鉴。

金启孮先生在考证女真语与满语、蒙古语关系时有精辟的论述：

> 其实满洲就是女真，满洲语（简称为满语）也就是女真语。至于女真文字与满洲文字（简称满文），也只是古文与今文之别，类似八思巴文与现代蒙文，高昌文与现代维吾尔文的关系。但是女真文与满文既有时间上的不同（也许还有方言的关系），同时二者之间的许多语词并不完全一致。决非如一般想象的："女真语与满语完全一样，

女真文字与满文不过是记录同一语言的两种符号而已。"的确,女真语里的语汇有百分之七十与满语是完全相同的,可是不同的也并不在少数。①

女真语除系满语的祖语以外,它与蒙古语、汉语、契丹语等国内现存语言及古语也存在着一定关系。女真语与满语及蒙古语、契丹语同属阿尔泰语系,又同为北方民族,壤地相接,自古以来接触频繁。两语族既有血缘关系,又有借代关系,语法相似,语汇中相似相同的也极多。② 然而,《金史》中所记的女真语"合里宾忒"只有语音符号的记录却没有含义的表明,而《蒙古秘史》中的"合鹅兀剔"一词的表音符号则有校勘的含义。"合鹅兀剔"一词直译为"雁每"(雁们),也可以直译成天鹅群。"剔"音脱落,"合鹅兀"一词就变成了"天鹅"。无独有偶,女真语中的"合里宾忒"的尾音是一个"忒"音,"忒"与"剔"音均为词尾,当然也可当作复数解。"合里宾"与"合兀"之间按照音韵学的互转规则,可以相互借用汉字符号。其语音和语义又与女真语中的天鹅的发音所标注的汉字符号相近,女真语天鹅写作乐圡,汉字表音符号写作"哈尔温"。由此可见,"合里宾"与"合鹅兀""哈尔温""阿刺浑"均为同音异写的关系。在女真语中的"宾"字发音与"温"字的发音是十分接近的,因为黑龙江流域一带的女真人所发出的清音与浊音往往难以分辨。这在日本学者间宫林藏所撰述的《东鞑纪行》中有明确的记录。③

这一点我们还可以从女真文字的书写方式上得到印证。女真字的"宾"字写作𡰥,而"温"字写作圡,所以,注明金史女真史专家金启孮先生认为"宾"音的女真字,疑是从女真字"温"(圡)派生之字。④ 由此可知,"合里宾""合鹅兀""哈儿温"则是因为使用了不同的汉字标音符号,才出现了上述的差异。从这个意义上说,由于汉字的同音通假的规律才导致了少数民族地名语言的混乱。"合里宾"一词的含义在《金史》

① 金启孮:《爱新觉罗氏三代满学论集》,远方出版社,1996,第10~18页。
② 金启孮:《爱新觉罗氏三代满学论集》,远方出版社,1996,第10~18页。
③ 〔日〕间宫林藏:《东鞑纪行》,商务印书馆,1974。
④ 金启孮:《女真文辞典》,文物出版社,1984;金启孮:《女真语言文字研究》,文物出版社,1980。

中虽然没有注释，但我们可以从蒙古语"合鹅兀"一词的本义以及女真语词汇中"哈儿温"即天鹅的含义中可以推断，合里宾忒的含义就是"天鹅群"。如果意译这一名词，就是"天鹅千户"。

迄今为止，在黑龙江省和俄罗斯远东地区的世居民族中如达斡尔、鄂温克、鄂伦春、赫哲等民族的词汇中以及古日本语、古朝鲜语的词汇中，往往把天鹅的发音读如"galu"，转写成汉字有时写作"嘎鲁"、"哈儿"或"哈勒"。在鄂伦春语中，常把天鹅栖居的河流称为"库尔宾"河，今天黑龙江中游右岸的科尔宾河就是因天鹅栖居而得名。奇怪的是，在这里作为女真语和蒙古语的天鹅的尾音"wun"音已经脱落，这种现象可能与阿尔泰民族之间长期的语言相融相混有关，尤其是在民族杂居的地区，民族语言的音变速度是非常迅速的。由于受到元音和谐律的影响，重音在"哈"音上，而尾音"wun"减轻后脱落。

这种例证很多，如 2001 年 2 月 2 日哈尔滨日报社记者送交到哈尔滨市社会科学院地方史研究所一张《最新详密哈尔滨市街图》，此图为伪满康德 10 年（1943）由日本东京桥区名所图绘社印刷，该图中在香坊车站之西侧标有"旧哈尔滨"之地名。又如清代末年张延厚编写的《黑龙江舆图》中所标注的"大哈尔滨""小哈尔滨"，民国以后则被转写成"大嘎拉哈""小嘎拉哈"。另据哈尔滨市规划土地管理局史志办曲春光同志考证："今香坊车站在中东铁路修建之初的地名曾被称为'西嘎哈'，后来又改成哈尔滨站。1900 年之后，中东铁路又在今哈尔滨火车站新建车站，并被称为哈尔滨新站，遂将香坊哈尔滨站改称老哈尔滨站。"这里值得注意的是：香坊的原始地名被称为"西嘎哈"是颇有趣味的。从"西嘎哈"演变成"哈尔滨"地名的过程看，当与上述的大嘎拉哈、小嘎拉哈、大哈尔滨、小哈尔滨地名相对应，值得我们深思。这充分说明了满语词汇中的天鹅发音"嘎鲁"或"喀楼"是从女真语中的"哈尔滨""哈儿温"直接音变而来的，这种演变主要受重音发声律和元音和谐律的影响所致。

那么，为什么女真人、蒙古人以及阿尔泰的许多民族会把"合鹅兀""哈儿温""哈尔滨""喀楼""嘎鲁"称作天鹅呢？原来在天鹅群体的种类中有一种天鹅会发出一种动听的叫声，在动物分类学中被称为"啸声天鹅"。这种啸声天鹅所发出的声音就是（kalou——kalou!）如果用汉字标音就写成了"喀鲁兀"或"合兀"及"哈儿温"。因为在古代北方阿尔泰语系中，汉字的"哈"与"喀"音是相通的，均读如 ka。而"尔"音与

"勒""鲁"音相通相假，因此又将"鲁"音写成"拉""勒"等不同的汉字标音。而"兀"音则是"喀楼"的延长音后和谐还原发出的"u"音。黑龙江流域的少数民族在发声时因浊音较重，因此在发"u"音时，常带出"n"音。这就是我们常常把最后一个汉字标音写成"浑""温""兀""滨"的主要原因。非常奇怪的是，在古阿尔泰语系中，各民族对天鹅的发音均有一种共鸣音——"嘎鲁"。无论是蒙古语还是满语、女真语或古日本语等，均呼天鹅一词的发音为"kalou"。可见，从地名语源学及发声学上看，"哈尔滨"这类地名名词应归属到"摹声词"类，亦即古阿尔泰语族。人们在长期观察和实践中听惯了天鹅的鸣叫声，便模仿天鹅的发声而称这种洁白如玉的天鹅为"galoun"，写成汉字符号为"哈儿温""合鹅兀""阿剌浑""哈尔滨"。因为阿尔泰民族所活动的地区，正是天鹅春夏两季的栖居之地。今天从我国的西北新疆到东北地区依然是天鹅群体繁衍生息的地方，所以，在我国的西北、蒙古、东北地区保留了许多与天鹅有关的诸如"哈尔""合里""哈儿""哈喇"等地名。

需要说明的是，在将近10年对哈尔滨地名进行苦苦求索期间，笔者不仅在历史地名语言学方面获得了一些进展，同时也寻找到了许多能够认定"哈尔滨"即女真语天鹅之意的物证以及多方面的论据。其中尤为值得在此一提的是，自20世纪80年代以来，在哈尔滨市区以及近郊区内的金代墓葬和遗址中，出土了数量很多的天鹅玉雕以及镏金铜带铐上的天鹅佩饰。这种现象在其他金代文化分布区域内是很难想象的，也是不可思议的。哈尔滨地区出土的大量金代天鹅玉雕和佩饰，为笔者的哈尔滨地名"天鹅论"提供了最有力的物证。此外，800年前的哈尔滨地区，正是辽金两朝皇帝"春水纳钵"之地①。这里的松花江两岸水草肥美、水域开阔，是各种候鸟及雁类迁徙和栖居的理想场所。自然地理环境与出土的天鹅物证及辽金两朝皇帝的春水纳钵习俗，都为哈尔滨即女真语"天鹅"之意的语境情境（地名语言文化背景和社会背景）提供了强有力的证据。地名是不可能随意出现的，尤其是历史地名，它是特定的地理环境在特定的历史文化背景下形成的具有特殊意义的地名。现在笔者感到庆幸的是，终于为哈尔滨地名含义找到了一种新的诠释。尽管还存在着有待继续完善之处，但是这毕竟为阐释哈尔滨地名的含义开辟了一条新的研究之路。

---

① "春水纳钵"之地是指皇帝春天捕猎的地方，这是北方民族皇家春猎的专用名词。

哈尔滨地名"天鹅论"与
地名沿革揭秘

20 世纪 70 年代以来，由于考古工作者的艰辛努力，哈尔滨市及其郊区附近的近代文化遗存不断被发现（包括村落、古城堡、墓葬以及漕运设施，等等），这些遗物与遗迹为我们勾画出了金王朝在这一地区生动活泼的历史画卷。但是，长期以来，对于考古文化遗存的解释与说明却显得十分薄弱，因此，便产生在哈尔滨地名与考古遗存之间存在着必然联系的未知的空间断层。要想解决这个问题，首先要从历史地理学入手，进行慎重的科学分析后，寻找出那些久已湮没在历史长河中的古村落、古城堡的历史地名。这些人类文化活动遗存的客观存在，证明了哈尔滨地域曾拥有过众多的古代历史地名。揭示这些古地名的原貌，采用历史地理学的研究方法，这是地名学研究中必不可少的手段。本章主要讨论与哈尔滨地名有关联性的历史地名问题，为了弄清当今哈尔滨地名与金、元、明、清的哈尔滨地名之间的客观联系与沿革，本章从寻找金代的"阿勒锦村"的位置开始。

一 "霭建"与"阿勒锦村"位置之谜

有人认为，"关成和先生把今哈尔滨香坊区的莫里街古城当作阿勒锦村，则是错误的"。[①] 其实在关成和先生《哈尔滨考》的著述中，根本没有指出阿勒锦村的确切位置。然而，关成和先生却预见到，要想知道阿勒锦村的位置，非得依赖于日后的考古和发现不可。有关阿勒锦村的位置，他在《哈尔滨考》一书中精辟地论述道："在《金史》中已经预示了阿勒锦村的方位。至于它确切村址，虽然从各种文献上不难寻到一些蛛丝马迹，

---

① 纪凤辉：《哈尔滨寻根》，哈尔滨出版社，1996。

但更有说服力的依据，只能从日后的考古工作中去寻找。笔者相信并殷切地期望久已湮没的这一历史名村，终能再现于人间。"① 时隔 8 年以后，即 1988 年 5 月 17～22 日，黑龙江省文物考古工作者在哈尔滨地区所属的东郊，阿城市巨源乡城子村西 400 米处，抢救发掘了一座金代大型贵族墓葬。② 这座金代贵族墓地坐落在阿什河右岸的二级台地上，正南距金上京古城（今阿城市南的白城）约 30 千米，西距哈尔滨市中心约 15 千米。正北 3 千米处是滚滚东流的松花江，东临城子村古城仅 400 米左右。

据考古工作者提供的资料可知：墓葬的土圹呈"凸"字形，为夫妻合葬竖穴土坑石椁木棺墓。木棺内葬法为男左女右，仰身直肢。男性为老年（60 岁以上）、胡须尚依稀可辨，女性则为中年（36 岁以上）。男性腰佩玉柄短刀，双手各握有小型金锭一块，身边置有一根竹杖。头戴黑色帽子，在幞头（帽子）后面佩有白玉天鹅衔莲花纳言佩饰；女性腰置佩饰，项戴玛瑙金丝圈项链。男女各身着精美华贵的服饰。更令人兴奋的是：在男女两者头部下面置放有用墨书写的木牌一块，上书"太尉仪同三司事齐国王"的字样。由于这块木牌的出土和发现，为确定墓主人的身份提供了可靠的依据，从而为揭开"阿勒锦村"的位置之谜打开了大门。

毫无疑问，在考古《简报》中，考古工作者们已经根据"木牌"所揭示的墓主人的线索，查阅了《金史》等有关资料，并简明扼要地阐明了他们的观点："经初步考证，墓主人应是大金开国元勋阿离合懑的儿子完颜晏（本名斡伦）的夫妇合葬墓。"③ 对于这个结论，笔者极表赞同。然而，阿离合懑又是何许人呢？在《简报》中并没有说明。笔者认为这是个非常关键的问题，因为阿离合懑是穆宗的弟弟，这个家族当与阿勒锦村有着极密切的关系，所以弄清了阿离合懑家族的系谱，便能充分理解和识破"太尉仪同三司事齐国王"完颜晏的墓葬所在地的历史地名之谜。

据《金史·阿离合懑传》记载：阿离合懑是完颜部第六位酋长乌古乃（景祖）的第八个儿子，景祖（乌古乃）共有九子。景祖死后，将王位传给了他的第二个儿子世祖劾里钵。世祖死后又传给了他的四弟肃宗颇剌淑，即景祖第四子。肃宗颇剌淑死后又传给了其弟穆宗盈歌，即景祖第五子。穆宗与阿离合懑是同父异母的兄弟。

① 关成和：《哈尔滨考》，1980 年内部出版，第 17 页。
② 金泰顺等：《金源故地发现金齐国王墓》，《北方文物》1989 年第 1 期。
③ 金泰顺等：《金源故地发现金齐国王墓》，《北方文物》1989 年第 1 期。

阿离合懑自幼就英勇善战，聪敏好学。18 岁时就参加了平定腊醅、麻产及乌春、窝谋罕的叛乱，后来又参加了讨伐留可之战和萧海里之战。在伐辽战争中屡战屡胜，立下了赫赫战功。据《金史·太祖事纪》记载：在伐辽战争开始不久，阿离合懑便与宗翰等人力劝阿骨打尽快称帝，"若不以时建号，无以系天下心"。收国元年（1115）太祖阿骨打即位时，阿离合懑与宗翰又一起以耕具九副进献给阿骨打。并祝辞曰："使陛下毋忘稼穑之艰难。"① 这是北方少数民族少有的皇帝登基仪式。这一举动深刻地反映了女真人原始的朴实而真诚的性格。作为阿骨打的叔叔阿离合懑的内心世界极为复杂，阿骨打是否完全理解乃至于理解到何种程度，想必是个十分有趣的问题。

阿离合懑的聪明才智还表现在他对先祖的时事或积年旧事均能默记的能力上。他曾与斜葛负责编修金朝列祖列宗的系谱。在没有文字记载的情况下他竟能倒背如流，其强记的本事在当时没有人能比得上。天辅三年（1119）阿离合懑突患重病，卧床不起，阿骨打亲自前往他的家中探视，并向他请教治理国家的良策。他躺在床上对阿骨打说："马是军队的根本，现在天下未平，而我们女真国俗却以良马殉葬，这是非常遗憾的事，应该立刻禁止。"② 说完便将自己生平所乘的战马献了出来，不久阿离合懑病故，享年 49 岁。阿骨打听此噩耗，痛苦万分，并亲自参加了阿离合懑的葬礼。金熙宗时阿离合懑被追封为隋国王，海陵王时改封赠开府仪同三司并隋国公。关于阿离合懑的葬地所在的位置至今虽然没有发现，但是完颜晏墓地的发现，则为寻找阿离合懑墓地提供了准确的历史坐标。也就是说，阿离合懑的墓地当与其子完颜晏的墓地同处一地。完颜晏的墓地附近很可能就是穆宗的家族墓地。

1. 阿离合懑之子完颜晏其人

完颜晏本名斡伦，是景祖乌古乃的孙子，穆宗盈歌的侄子，阿离合懑的次子，阿骨打的亲叔伯兄弟。《金史》中说，他从小足智多谋，并通晓契丹文。天会初年（1123～1124）阿骨打的兄弟金太宗完颜吴乞买执政时期，混同江下游的乌底改人发生了叛乱，太宗命完颜晏率军征讨。当军队行至混同江边完颜晏便告诉将士们说："现在叛军们凭借山谷布下了阵势，

---

① 《金史》，中华书局，1975，第 1673 页。
② 《金史》，中华书局，1975，第 1673 页。

这里地势险峻，林木深密，我们的骑兵不易展开，在我们已经失去优势的情况下，不能急于进军。如果不用数月的时间是很难攻破叛军的。"于是他一方面命军队渡江，占据高山，连木为栅，并令军士多张旗帜做出要打持久战的姿态，同时声言等待各路大军到达后再举进攻；另一方面他则暗集水军顺江而下，直捣敌营，那些据险顽抗的叛军不战自溃，仅用月余时间便平定了叛乱。胜利还师后，太宗授予完颜晏左监门卫上将军兼广宁尹，不久晋升为吏、礼两部尚书。金熙宗皇统元年（1141），完颜晏任北京留守，海陵王天德初年（1149）被封为葛王，后又晋封宋王并授世袭猛安。海陵王完颜亮将金朝都城从金上京迁往燕京（今北京市）后，命完颜晏留守上京，并授予其金牌1块、银牌2块。以后又累封为豫王、许王，又改越王。贞元初年（1153～1154）进封为齐国王。完颜晏在上京任职5年后，于正隆二年（1157）改任西京留守，同年海陵王下诏削去王爵封号。不久，完颜晏改任临演府尹。

正隆六年（1161），海陵王完颜亮举兵征伐南宋。由于女真将士多数反对这场不义之战，于是，许多女真军队的将士中途叛逃归顺了当时任东京留守的完颜雍（后来当了皇帝，史称世宗）。完颜晏的儿子恶里乃自军前率众投奔了完颜雍。这时任北京的留守白彦敬等人听说完颜晏的儿子恶里乃等人自军前叛逃投奔了世宗的消息后，便命令会宁同知高国胜拘捕了完颜晏的家眷。不久，海陵王完颜亮南伐失败，自己也被叛军杀死在军前。时值金国无主之际，完颜雍在东京称帝即位，并进驻中都（今北京）称帝登基，史称金世宗。世宗即位后立即遣使下诏，命完颜晏入京。同时派遣完颜晏的哥哥赛也之子鹘鲁捕快马驰驿、星夜兼程前往会宁解救完颜晏的家眷。当完颜晏的家眷得救后，完颜晏遂率宗室数人赶往京城入见金世宗朝谢。金世宗拜封完颜晏为左丞相，封广平郡王。不久，又兼任都元帅一职。大定二年（1162）进拜太尉后复致仕，告老还乡返归会宁，不久便病死于故乡（阿勒锦村）。

根据上述《金史》中记载的有关阿离合懑及完颜晏的经历推断，1988年5月，在巨源乡小城子村附近的金墓中所发现的木牌和银牌，上书"太尉仪同三司事齐国王"所显示的墓主人身份，当属完颜晏夫妇无疑。因为完颜晏的父亲阿离合懑曾在海陵王完颜亮时期被封赠为"开府仪同三司"的封号。太尉一职是完颜晏在告老还乡之前金世宗授予他的最高职位，而"仪同三司"则是从他父亲阿离合懑那里世袭的封赠，至于齐国王则是由海陵王于贞元初年（1153~1154）晋封完颜晏的最高王位。太尉、仪同三司、齐国王三者合一便代表了完颜晏一生中最完整的身份称号，即"太尉仪同三司事齐国王"。

既然在巨源乡发现了完颜晏夫妇的合葬墓，那么，巨源乡附近当然就是完颜晏家族的故乡封地。由此推断其父阿离合懑乃至其叔穆宗的墓地也当距此不远。在完颜晏墓地的附近还应有其家族其他成员的墓葬。1998年以来，在哈尔滨市的东郊"荒山"一带，阿什河流入松花江附近发现了多处金代石人和石像生，证明这一带有许多大型金代墓地，这些墓地很可能与阿离合懑的家族墓地有关。而巨源乡古城村古城所在地很可能就是完颜晏的故乡或穆宗及阿离合懑家族的世袭封地。更何况完颜晏本人曾在天德初年（1149）被授予世袭猛安，这座古城或许就是按照猛安谋克城的规模而修建的完颜晏家族居住的猛安城堡，也就是穆宗家族的世袭封地。我们知道，在女真旧俗中有"生子年长即异地而居的习俗"，所以今天的巨源乡小城子村附近当是穆宗年长后与父母异居之地，同时也是阿离合懑及完颜晏的故乡所在地。在完颜家族中，穆宗的地位是极其特殊的，其家族也因此十分显赫。为了说明这一点，有必要再费一点笔墨，介绍一下穆宗的情况。

2. 穆宗其人及名号

穆宗本名盈歌。穆宗之号，是在穆宗死后所追谥之尊号。在金朝建国前的几代完颜世家里他的追谥最多，所得到的追谥之号也最为尊贵和高雅，例如，除"穆宗"之号以外还有"孝平皇帝""杨割太师"（杨割即盈歌同音异写）及"仁祖"等。

如前所述，穆宗与世祖、肃宗均为亲兄弟，穆宗是景祖的第五子。他除了有上述的谥名及众多的尊号之外，还有一个非常值得注意的女真名字，即"乌鲁完"。"乌鲁完"实际上就是女真语"哈儿温"的同音异写之名词，若按照女真语与中原音韵的对应关系，"乌鲁完"的原始发音也应读如"鹘鲁温"，"哈儿温"的原始发音就读如"嘎鲁温"。例如，金代的胡里改江又写成"鹘里改"，可知"乌、胡"的发音又与"鹘、嘎、喀"音相通。所以"乌鲁完"的语音和语义当与"哈儿温"接近。当然"乌鲁完"三个汉字只是标音符号而已，其真正的含义译作汉语即为天鹅的意思。

由于女真人崇尚白色，视天鹅为圣精之灵，并以白色为最高荣誉的象征，便由 "天鹅—哈儿温" 一词派生出形容词——"阿勒锦" 一词。"阿勒锦" 的古音读如 "嘎鲁锦"。语尾的变化始终没有离开作为韵母的 "n" 音。但是，"阿勒锦" 与 "哈儿温" 之间在语尾的变化上已经出现了语音演变现象。尽管韵母仍然保持了原形，然而作为词性来说，已由 "哈儿温" 这一名词逐渐向形容词转化。因此 "阿勒锦" 的 "锦" 字发音，是 "哈儿温" 一词发生演变后而导致的语尾音变。所以 "阿勒锦" 一词的语源可能来自 "哈儿温"，其本义含有 "天鹅" 的意思，并以此形容崇高或荣誉、声望、名誉等。由此可见 "阿勒锦村" 的名字很可能是由穆宗的另外一个女真名字 "乌鲁完" 派生出来的地名。这既是对穆宗故乡及其成长地方的纪念，也是对穆宗本人的崇敬之情的表述。同时也是穆宗之所以将自己家族的世袭之地命名为 "阿勒锦" 村的根本原因所在。

从语音学上观察，"乌鲁完" 与 "哈儿温""哈尔滨""阿勒锦" 之间的确存在着语音、语源及语义的亲缘关系。我们绝不能仅从汉字标音中存在着巨大的文字差异去理解这个问题，因为这只是同音异写现象在同一地名上所表现出的一种正常的差异。"哈""乌""阿" 的语音在阿尔泰语系中均读 "嘎"（ka），而 "鲁" 音、"儿" 音、"勒" 音、"尔" 音则是阿尔泰语族中 "r" 音的中原音韵在利用汉字标音时的不同转写，同时也写成 "拉" 或 "里"。而 "完""温""锦""滨" 的韵尾相同，均为 "n" 音，且又存在着语尾音节上的微妙变化。事实证明：在女真语中的 "滨、温、锦、完" 的书写字形也具有同出一辙的特点。

穆宗出生于重熙二十二年（1053），肃宗时期被辽朝任命为祥稳。大安十年（1084）袭节度使，年 31 岁。中华书局标点本《金史·穆宗传》载：（此处标点有误）"大安十年甲戌，袭节度使。年四十二，以兄劾者子撒改为国相。" 然而《金史·撒改传》记载："穆宗初袭位，念劾者长兄不得立，遂命撒改为国相。" 根据这段记载，穆宗于 31 岁即位，不可能 10 年以后再任命撒改为国相，既然在穆宗即位之初便已经任命撒改为国相，当在 31～32 岁之间，所以《金史·穆宗传》中所记的 "年四十二" 当为 "年三十二"。[①]

穆宗即位的第三年，即寿昌二年（1096）唐括部与温都部人结仇交恶。温都部人跋忒杀死了唐括部人跋葛。这年冬季特别寒冷，阿骨打率领

---

① 《金史》，中华书局，1975，第 13 页。

图1 狗拉雪橇

军队冒着严寒大雪沿着土温水（今汤旺河）过末邻乡（今汤旺河大桥之侧的金代古城）追击跋忒，并在阿斯温山北坡附近将跋忒追杀致死。阿骨打率领军队凯旋，穆宗亲自到阿勒锦村（原写成"霭建"）迎接胜利归来的阿骨打。关于阿骨打率领军队凯旋的时间，当在1096年的年末到1097年的年初。对于阿骨打这次进军与返程的路线与确定阿勒锦村位置有着很重要的关系，这个问题值得研究，因为它关系到确定阿勒锦村的位置问题。笔者认为，阿骨打当时进军与返程的路线主要是依托江河封冻后自然形成的冰道，并利用女真人惯用的狗拉爬犁或雪橇等北方民族特有的寒地交通工具可以快速行进在冰雪路上的特点（见图1），完成了这次冬季的远程奔袭任务。所以，关成和先生所考证的，阿骨打率军的归程是沿着松花江行至阿勒锦村，而穆宗"亲置"的路线则是自南向北沿阿什河的冰道行至阿勒锦村的推断是十分正确的。

今天的小城子村古城恰恰坐落在松花江南岸与阿什河注入松花江右岸的三角地带，而阿骨打率军恰好沿松花江上行至阿什河口后南行可直通阿勒锦村（今小城子村故址）。这与关成和先生考证的"阿勒锦村必在纳葛里村的北部，即在按出虎水下游（左岸）的某个地方"的结论正好相合。这里关成和先生处于从今天哈尔滨市的地理位置的角度，将阿勒锦村位置定在阿什河下游左岸某一位置上的观点虽然有误，但其所确定的大体方位与地望则是无误的。今小城子村在阿城白城（金上京故址）的正北方向上，且又处在阿什河下游与松花江交汇的位置上。尤其是穆宗家族墓地的发现表明，穆宗"亲迓"的阿勒锦村，当与其家族的世居封地临近。可见，穆宗之所以选择阿勒锦村作为迎接阿骨打军还的地点而不选择另外的地点，其原因是值得深思的。

1995年，笔者曾陪同日本NHK电视片摄制组考察了这座古城，它周长近 1600 米,当为猛安一级规模的古城,修建在一条土岗的东端,西端则为完颜晏的墓地,周围是一望无际的草甸子。古城出土了大量的金代文物,证明这是座很繁华的城堡。无论从地理方位上看,还是从穆宗之女真名字"乌鲁完"所反映出的线索上分析,都说明穆宗与阿里合懑成长的地方,就是阿勒锦村的所在地。有人不禁要问,今日哈尔滨市与阿勒锦村相距甚远,怎么能说阿勒锦村就是哈尔滨呢?孰不知历史地名是随着人类群体的迁徙而移动的。历史上经常被侨置和移动的地名例证是屡见不鲜的,何况阿勒锦村与现今哈尔滨之间仅有 10 千米的距离,并且又都位于松花江南岸,处于同样地理环境和区域空间范围内,所以地名的移动是必然的。尤其是到了清朝末年,在不到 20 千米×20 千米的范围内出现了许多哈尔滨地名的直接原因,就是因为哈尔滨这个地名(阿勒锦)太古老,太悠久,在近 800 多年的历史进程中,人们在这个区域范围内无论如何迁徙、移动,都没有舍弃这个具有魅力的地名。人们为了区别哈尔滨地名,还在名词前冠以形容词,如"老"哈尔滨、"新"哈尔滨、"大"哈尔滨、"小"哈尔滨等。实际上哈尔滨地名区域的形成,正是金代阿勒锦地名沿用的结果。

二 金代的"合里宾忒千户"之谜

为了弄清今日哈尔滨地名的位置及语源来自何方,我们还必须对金代"合里宾忒千户"这个地名再进行全面的考察。因为它是最接近"哈尔滨"地名的最早的汉字书写符号。虽然这个地名的位置不是指今天哈尔滨的地方,但其语源、语境、语音、语义都与哈尔滨有着千丝万缕的联系。事实表明,在一个共同地域的方言区域内,具有共同地名语言的分布并非无关紧要,而是毫不含糊地表现了它们之间为什么具有共同的地名语言规律。我们既然清楚地看到了在一个共同地域内所产生的相同的地名语言文化,不妨拿出其中的一个具有典型性的地名进行深刻的剖析后,再与所要求证的地名加以分析和比较。因为这种比较会显示出这一地名群体产生和演变的内在规律。显而易见,这种共同的地名所显示出的规律中最重要的是,其生活区域是在共同的政治统治或宗教影响以及生活环境、生态环境的区域内,才导致地名语音的相对统一的结果。这一切都表明地名语言特征的分布依赖于社会环境和自然环境条件。这方面的因素无疑是因为人们的交际密度和在不同的社团的相互影响中均受到一种自然力量所驱使的结果。

由于金代出现的"合里宾忒"这个地名无论在语言学、地理学还是在地名学及历史学上均与"哈尔滨"一词有着密不可分的关系，所以，对其作历史地理方面的考察是十分必要的。在地名学上，合里宾忒与今天的哈尔滨市虽然不是作为同一地点，但在空间上它仍属于"哈尔滨"一词地名群体中的一部分。因为在这个地域内的古代民族的文化系谱上，属于同一地名文化上的地理分布。从历史语言学角度观察，两者之间则具有共同民族心理作用下所产生的相同地名的条件。

金代的"合里宾忒"来源于女真语的事实已如前述。然而，在它以后的历史发展中则又被汉字记录成种种不同的字形，如"合里宾""哈儿必""哈儿宾""哈尔分""哈尔边"等。至于清代有没有被称为"哈勒费延"的事实则留待下文再作讨论。金代的"合里宾忒"地名在《金史·地理志》中是这样记载的："胡里改路，国初置万户，海陵例罢万户，乃改至节度使。承安三年（1198）置节度副使（注云：'西至上京六百三十里，北至边界合里宾忒千户一千五百里'）。"

从这段记述中我们可以看出"合里宾忒千户"所在的地理位置应在胡里改路治所东北方向或正北方向1500里的行程内。然而，关于金代胡里改路治所的位置，我国东北史学界则一直误认为在今天的依兰县城。一个多世纪以来，国内外的学者也均从此说。笔者认为金代的胡里改路的治所应是今依兰县城南45千米处牡丹江右岸的土城子古城。为什么说土城子古城应该是金代胡里改路的故址呢？原因有以下四点。

第一，《金史·地理志》明确记载，胡里改路治所的正西方向是金上京城所在地，也就是说胡里改路治所应在金上京城的正东方向上。

第二，从金上京城出发至胡里改路治所的距离应是630里。

第三，胡里改路治所，是金代东北边疆区管辖黑龙江下游一带的最大的军事行政机构所在地。金初曾设置过万户，所以路治所的古城规模应当具备金代路一级的建制规模。

第四，胡里改路因地近胡里改江而得名，路治所应当靠近胡里改江（即今牡丹江）。

把上述四个条件综合起来考察，依兰县城的位置并不是金代胡里改路治所的故址。其一，依兰县城的方位不在金上京故址（今阿城市南4华里处的古城）的正东方向上，而是在东北方向。其二，依兰县城内的原金代古城的规模不足4华里，当属于猛安级建制的古城，并非万户建制规模的路一级古城。虽然依兰县的金代古城在距金上京故址的距离上和靠近胡里改江这两点上与文献记载吻合，但是，它却与上述两点相悖，因此确定土城子古城为金代胡里改路治所较之"依兰县城说"更加可靠。

既然我们知道了金代胡里改路治所的确切位置，那么，我们就可以按照《金史·地理志》的记载，在其东北方向的 1500 里范围内寻找"合里宾忒千户"的位置。如按地图求之，合里宾忒千户的位置，大致应在今俄罗斯境内黑龙江下游哈尔滨河注入博隆湖附近。今哈尔滨河注入博隆湖地方确有辽、金、元沿用的古城，当为金代合里宾忒千户无疑。

三 元代的"哈州"与"哈儿分"

13 世纪初，在金帝国的北方蒙古高原上，突然出现了以蒙古族为主体并联合古阿尔泰游牧民族各部组成的一个军事联盟的蒙古汗国。这个军事汗国在一位无敌于天下的英雄成吉思汗的率领下，不到半个世纪的时间就以"神风疾速"的铁蹄驰骋在欧亚大陆的土地上。成吉思汗死后其子孙继承了他的遗愿，先后灭掉了金朝与南宋两个对峙多年的东亚王国，又并合了朝鲜半岛的高丽，建立了一个在世界史上空前绝后的横跨欧亚大陆的蒙古帝国。

不言而喻，当时的整个东北亚地域也被蒙元帝国所占领。蒙元帝国为了便于其对东方和西方的统治，以"元大都"（今北京）为中心，建成了伸向遥远的东南西北四方的无数条交通线。其中最主要的一条就是从元大都出发，直达黑龙江入海口，通往亚洲东北部大陆边缘的交通线。

就在这条通往东北亚地域的大动脉上，即黑龙江下游原金代合里宾忒千户的所在地，元朝建立了哈州城并设立了万户府来管辖吾者、乞列迷等几个民族。哈州是元代"哈儿分"及金代"合里宾忒"的简称和缩写。在《元史》的公文中有多种汉字的写法，如"哈儿分""合里宾"或"合里宾忒""哈儿必"等。元代成书的《经世大典》的站赤条中则有时写成"海里温站"。"海里温"亦即"哈儿温"，"海""哈"皆读如"ka 或 ki"音。在今天的日本语中的"海"字仍然保留了古代的发音，将"海"读如"kai"。这种发音之所以保留在日语中，说明了古代阿尔泰民族之间的文化交流，在语言方面是一脉相承、密切相关的。在今天的日本北海道及俄罗斯的库页岛，以及今黑龙江下游均发现了一种具有共同文化特征的考古遗存，日本考古学界称为"擦纹文化"或"鄂霍茨克文化"，这种文化与俄罗斯境内所谓的靺鞨文化以及中国境内的同仁文化属于同一文化类型。语音上的相通不正是这种具有共同地域共同文化共同心理特征上的一种反映吗?①

从《元一统志》中我们了解到在"上京故城东北曰哈州。"② 而在《元史》中又把"哈州"写成"哈儿分"、"合里宾"或"哈儿必"等。"哈儿分""合里宾""哈儿必"是同一地点的不同写法。这是元朝从金代地名中沿用下来的古称。而"哈洲"则是因为元代在"哈儿分"之地设立了管理这一带少数民族的万户府,因此才把这里简称为"哈州"。可见作为合里宾忒千户的"合里宾"之地,到了元代则升为万户府的所在地。从《元文类》中可以清楚地看到,元朝在"哈儿分"之地设立万户府的时间应该是在元大德元年(1297)。到了元末即元顺帝至正十五年(1355)八月则明确地记载了"立吾者野人乞烈迷等处诸军民万户府于哈儿分之地"。如果我们把《元史》《元文类》《元一统志》所记载的有关"哈州"和"哈儿分"万户府的记载综合起来进行分析的话,可以得出如下推测。

元朝初年(即大德元年1297),在哈儿分之地曾设立过"管兀者吉烈迷万户府"。而到元朝中期的某一年则将万户府改为"州"一级的行政建制。所以《元一统志》中又称:"上京故城东北曰哈州。"到了元朝末年,即元顺帝至正十五年(1355)八月又改"哈州"为"万户府"。关于元代为什么把哈儿分之地的万户府改为"州",再由"州"改为"万户府"的内在原因尚未查清,不过在任何一代王朝的历史上,行政建制的称谓与隶属关系的变更是司空见惯的。

如果我们再深入而仔细地阅读元代成书的《经世大典》,就不难看出早在元朝刚刚在北京定都后,就把黑龙江下游的"哈里宾"之地作为重要的交通驿站和军事行政管理所在地。元朝为了征服居住在库页岛上的民族"骨嵬",实现从朝鲜半岛及库页岛向日本本土实施南北夹击的军事战略计划,曾经在临近黑龙江口之地(即今俄罗斯远东地区黑龙江下游右岸特林地方)设立了"征东元帅府"(即奴儿干城)。而当时的"哈儿分"之地正是作为从内地通往"征东元帅府"的重要交通枢纽中转站。③

---

① 〔日〕菊池俊彦:《北东亚古代文化的研究》,北海道大学出版会,1999。
② (元)孛兰盻等编纂、赵可里较辑《元一统志》中华书局,1966。
③ (元)官修政书《皇朝经世大典》,中华书局,1996。

我们从下列的史料中不难看出上述的推断具有可信性。《经世大典》载：

> 至元二十九年（1292）十月中书省辽阳行省咨：庆云站至哈里宾地面安立二十八站。该八百四十户，除尽用旧站户外，缺少一百零四户，并走递马牛，请照验事，准此。施行间，又准蒙古文字译，该中书省官人每根底剌真哈散言语，塔海的使臣蛮宾奏，塔海奏将来：在先从水达达田地里，海青鹰鹞、皮货出来的一个道子；从女直（真）每的都喜根底来的一个道子；从黑龙江来的一个道子，这三个道子的站户每的站户每的数目要呵，七百三十六户。有从哈儿宾民户每的边界，至这辟（边）站边界站，斟量呵。二十八个站，有每站三十户家，每户一个家马，两个家牛与三立站呵，怎生奏将来，有么道奏呵。剌真平章奏：俺商量来，铺马不立，每站二十户，铺牛三十只，水达达的八个站。三万户的那辟（边）至哈儿宾民户每的边界，交立别列怯里去的站户每根底。三万户的这辟女真站户每根底接着交立。又女真田地裏行的道子上，编排着交立站呵，怎生么奏道呵。那般者么道圣旨了也，钦此，移咨辽阳行省，钦依圣旨事意安立施行。

细细地品味上述这段记载，是十分有趣的。这段公文的书写方式，完全是按照当时的地方方言或元代所流行的蒙古口语的特征而保留下来的。所以，在其行文中虽然有许多令人费解的语言，然而，整个行文的确保留了当时的原始风貌。

根据这段记载我们了解到，在至元二十九年以前，从庆云站（今辽宁省康平县东南35里齐家屯古城）到哈里宾地面共设立了28个驿站，共计有站户840户，而到了至元二十九年时，因站户逃亡等原因，缺少了104户，此外还短少了许多牛马。为了补充这些短缺的站户和马牛，塔海上奏朝廷一方面请求给予补充，另一方面则将原来平均每站30户的数目减少到20户。又因为马匹的缺乏则暂时将水达达中的8个站濒临松花江中下游之地，春、夏、秋三季可用舟船代替马匹，冬季则用狗爬犁代替。这样可以节省马匹的使用量。在元朝人黄结所撰《扎剌尔神道碑》中称："东征元帅府道路险阻，崖石错立，盛夏水治，乃可行舟，冬则以大驾扒行冰上。"可见，从伏答迷站到哈儿宾站的行程，皆因自然地理环境的影响，其交通工具主要利用舟船及"狗爬犁"。

至元三十年（1293）四月，元朝政府批准了塔海的奏请，并将从水达达到哈儿必（宾字的异写）之间的 8 个站内又补充了 20 户，这样每站的站户则从 20 户增加到 40 户。所谓的从水达达至哈儿宾之间设立了 8 个站，就是指从"伏答迷"站到"哈儿宾"站之间的距离。关于"伏答迷"站的位置，据日本学者和田清考证，当在今哈尔滨市宾县境内的鸟河注入松花江的河口西侧，而"哈儿宾"站的位置则应在今俄罗斯境内黑龙江下游支流的推测是令人信服的。

四 元代"哈剌场"与"海西"之谜

"伏答迷"又写成"甫丹迷"、"不选迷"或"伏达迷"。这是元代从庆云站通往哈儿宾站的重要中转站。从庆云站行至"伏答迷"站以后，驿站开始由陆路转为水路，由此沿松花江而下可直达"哈儿宾"城站。因为从庆云站出发到达黑龙江下游的"哈儿宾"站是由陆路和水路组成，所以历史上又称为"海西东水路城站"，意即海西地区通往东方的水路城站。

"海西"是个地理概念，因为东北亚大陆在古代日本海之西，所以在日本人眼里这块大陆被简称为"海西"。

关于"海西"一词的由来，许多东北历史地理学家一直都以为"海西"一词源于元代。其实不然，"海西"一词的概念，最早应源于渤海国时期日本人对日本海以西的大陆的称谓。日本与渤海国之间在政治、文化、经济上的交流十分频繁。日本学者称旅日渤海客人居住地为"海西乡"。据日本史料《文华秀丽集》[①] 卷上记裁，当时作为日本学者和贵官的巨势识人在送给渤海使臣的汉诗《春日钱野柱史奉使存问渤海客》中有"春风千里海西乡"的句子。原文如下：

> 使乎原欲事皇皇，方惜暌离但有觞。
> 迟日未销边路雪，暖烟偏著主人扬。
> 天涯马踏浮云影，山里猿啼朗月光。
> 策骑翩翩何处至，春风千里海西乡。

---

① 转引自金毓黻《渤海国志长编》，吉林省社会科学院（内部出版），1982。

除此之外，当时驻唐朝的新罗使节也称朝鲜半岛一带为"海西"。这可能也是受日本人的影响所致。他们的思乡之情甚重，在他们倾吐怀乡情思中有"还望海西天"的句子。

由此可证，"海西"一词应源于渤海国时期日本人对日本海以西的大陆称谓。后来的元、明两代则借用了"海西"一词，把相当于今天的黑龙江流域的大陆地域称为海西。而"海西东"的"东"字则是个方位名词，喻指通往海西之地的东方。"伏答迷"站则作为海西东水路与陆路城站的分界点站的事实而出现在历史上。

值得注意的是，至元三十年（1293），元朝政府又从"不答迷"站新开辟了一条通往海西西路的重要水路驿道，即从不答迷至赵州的水路城站。

据《永乐大典》所收《经世大典》记载："又从不答迷至赵州，交立三个站者。这三个站的各二十户也，道家奴的收拾来的百姓内交放者。这站每的各站里五个家船交放着，么道圣旨了也。"[1] 这里所说的赵州即金元"肇州"，这是用汉字标音的同音异写的地名。金元肇州城即今黑龙江省肇东县八里城古城。从今天宾县鸟河河口附近的元代"不答迷"站古城，沿着松花江溯流而上，至元代赵州（肇州）城之间共设立了3个驿站。每个站的站户共有20户，按每户6口人计算大约有120口人。每个站内配置有5条船作为往来交通传递文书的工具。这3个站户的站民总和大概是60户，共计360人。我们从这些站民来源的成分上看，当与"哈儿宾"民户有关。因为在通往"哈儿宾"城站的水达达地段内所组成的站户主要有三个来源：一是来源于黑龙江下游奴儿干地方专门从事捕捉海东青鹰和以售卖皮货为生的民户；二是来源于哈儿宾地方的民户；三是来源于黑龙江中游一带的民户。由于这些民户的生活方式是以从事渔猎为主，并分布在黑龙江流域和松花江流域，他们既熟悉地理环境又精通行船和驾驶狗爬犁的技术，所以把他们安置在水达达地段上，并设立城站，以使他们充当站民是符合当时历史情况的。所谓的水达达的民户，主要是指金亡后留居在本土靠近黑龙江流域与松花江流域为生的女真人地区（见图2）。"水达达"并非族名，主要是指地域而言，所以，元朝有时在"水达达"的前面统统冠以"女直"二字，即"女直水达达"（女直即女真）。"女真"为族称，

---

① 引自《永乐大典》所收《经世大典》，第 19423 页。

而"水达达"则是指地域而言。1977 年 6 月，今阿城市阿什河乡白城村（金上京会宁府故城遗址内）出土了一方元代官印，印面铸有八思巴文 4 行，铜印呈方形（6.4 厘米×6.4 厘米），通高 6.1 厘米，重 0.7 千克。印背有长方形印钮，印钮右侧凿刻 12 个汉字："管水达达民户达鲁花赤之印"，当为印面八思巴文之汉译。印钮左侧凿刻有："中书礼部造，至元十五年十二月日"共计 14 字。

图 2 女真人地区

此印的出土证明当时的金上京会宁府遗址可能就是元代管理水达达女真民户"达鲁花赤"衙门所在地。同时该印的发现证明了今天的哈尔滨正是元代水达达女真居住的地区。根据《元史》及《经世大典》、《析津志》所载，女直（女真）水达达的地域范围是十分明确的。水达达的主要地域，当是今东流松花江江段直到黑龙江与松花江的交汇处，当然也包括今天的哈尔滨地区的松花江两岸。

由此可见，元代设立的从不答迷到赵州（肇州）的城站，当包括在水达达地界内，其中的民户来源当然也包括从"哈儿宾"地界迁来的站户。这是我们目前掌握的从金代哈里宾之地迁往今天的哈尔滨地区的唯一史料。虽然仅仅不足 200 字的记述，但是它却为我们展示了今天哈尔滨地区在元代曾经设立过重要城站的证据，为我们寻找元代哈尔滨地名提供了重要线索。

根据元代所设立的驿站之间的距离，应在 100 里上下的事实，我们不妨推测一下从不答迷到赵州（肇州）之间设立的三个城站的位置。

从今天黑龙江省宾县境内鸟河古城沿松花江溯流而上 100 里即到达今大顶子山及老山头附近的松花江右岸，这里有金、元时代的遗址和古城。再从老山头沿江上溯 100 里至今天哈尔滨市道里区顾乡屯一带，这里是金、元时代半拉城子古城遗址，因古城已被松花江水冲刷切割成半，故而得名。从哈尔滨继续沿江而上到达今天双城县境内永胜乡西城子金、元古城，恰好为 100 里，与西城子古城隔岸相望即金、元的肇州城所在地，即今肇东市东八里古城。

依地望观之，从不答迷站起沿松花江上溯 100 里至老山头为第一站，再从老山头上溯 100 里至今哈尔滨顾乡屯半拉城子地方为第二站，继而又从哈尔滨地方上溯 100 里至今天双城县永胜乡西城子古城为第三站，由此渡江便可直达元代肇州。由此可知，今哈尔滨市的沿江某地，当是从不答迷站通往肇州的元代海西西水路城站的第二站。然而，元代文献中没有留下这三个城站的地名，所以对元代哈尔滨地名的考证颇为困难。但是，今天哈尔滨沿江一带在清代仍然保留着重要的渡口遗风的事实，却在清代《黑龙江将军衙门档案》记载中大量存在。例如，光绪二十年（1894）七月二十八日吉林将军为了整顿钱法问题，在写给黑龙江将军的公文中写道：因为吉江两省接界，往来兵勇频繁，并经常因为钱法不整滋生事端，为了整顿钱法，肃正地方，对日益繁荣起来的阿勒楚喀及宾州包括哈尔滨地方的商业贸易十分重视，并准备由省城沿松花江水路用船载钱运往这一地区，以解决铜钱短缺问题。运钱的路线与地点"拟分作三路水运，一路运钱五万三千吊；在距阿什河较近之哈尔滨地方交割……一路运钱一万六千吊，在新甸屯交付；一路运钱三万一千吊，在距宾城相近之鸟尔河地方卸载"。

可见，清代的哈尔滨及鸟河河口之地仍然是商贸往来的重要地区。而从载运钱数来看，则以哈尔滨地方的交钱最多，这说明哈尔滨地方当时商业贸易水陆交通较之其他地方更为繁荣。

元代从"不答迷"至"肇州"之间所设立的三个城站的地名虽然没有被记载下来，这不能不说是件非常令人遗憾的事，然而，在明代的"海西西路"的城站中至今有两个驿站的名称和地点没有落实，即"龙头山"站和"哈剌场"站。仅从地名所显露的汉字语音分析，似乎"龙头山"与

"老头山"、"哈剌场"与"阿勒锦"之间有着十分相近的联系。此外，从不答迷站向西直达元代肇州城站虽属于海西之地，但其方向不是向东方而是向西方的行程，所以这段行程当属于"海西西水路"城站。再由肇州继续从陆路向西或西北方则是"海西西陆路"城站。如果"龙头山"站就是今天的"老头山"即元代"海西西水路"城站中从不答迷通往肇州的第一站，那么"哈剌场"就应该是第二站。据实地调查了解到：今天宾县境内的"老头山"地名，原来并非叫"老头山"，而是称呼为"龙头山"，当地的群众把这个紧紧依靠于松花江的山头称为"龙头"，故而得名"龙头山"。由于"龙"与"老"字的字音与字形相近，久而久之人们把"龙头山"附会成"老头山"。

"龙头山"的下一站为"哈剌场"站，从今宾县的"老头山"古城溯江而上，至今天哈尔滨市道里区顾乡屯的半拉城子古城，恰为 100 里，与上述文献的里数正合。很可能半拉城子古城就是元代的"哈剌场"站，因为明代的海西西路城站就是延续了元代的海西西水路城站。对于"哈剌场"这个地名，很可能就是来源于"阿勒锦"。因为作为"海西西水路城站"的第二站（亦即哈剌场站），地近金代的阿勒锦村（今天阿城市巨源乡之西侧靠近松花江与阿什河交汇处的城子村古城）。两者的直线距离大约为 25 千米。在如此相近的距离上又出现了如此相通的地名，绝非出于偶然。且元代在水达达地域内建立的城站所组成的站户来源，又都是利用金亡后散居在这一地域内的女真旧户来充当站民。或许他们当中就有原金代阿勒锦村的旧户，或者是因为"阿勒锦"这一地名在这一带远近闻名，而一直影响到金亡后的元代。作为地名文化的意义来说，它并不是随着国家与民族的消亡而消失。事实上许多地名（不是全部）在国家与民族消亡以后，却仍然继续保留了上百年甚至上千年。这是因为地名文化具有一种较强的生命力，它是一种极特殊的文化现象。

还有另外一种可能，"哈剌场"也许和金、元的哈儿宾地名有关。因为在"水达达地界"内所设立的民户来源其中有来自"哈儿宾"地界的民户，是不是因为他们怀念黑龙江下游的故地"哈儿宾"，而移动古老的地名随着人口的迁徙一起"侨置"到这个地方呢？而"哈勒场"与"阿勒锦"又都是"哈儿温"与"哈儿宾"的派生词，即由天鹅派生出名誉、荣誉之意。

上述的推断虽然没有像"大哈尔滨"又写成"大嘎拉哈"那样的文献史料作为证据，但是，它们之间所发生的那些历史的偶然性却又不能不使人陷入这种令人深思的巧合中。

五　明代"哈儿分"卫探轶

1368 年，元朝被推翻后，明军乘胜进军黑龙江流域，并平定了故元的割据势力，招抚这一地域内的女真各部，并建立了辽东都司、奴儿干都司以及许多卫所等地方政权，接管元朝在这一地区的全部版图。

洪武二十八年（1395）六月，明朝政府派总兵官都指挥使周兴等率领明朝军队，从开元出发进军呼剌温江（呼兰河）流域的女真酋长西阳哈部。当时明军兵分三路，一路顺脑温江（今嫩江）而下，再沿松花江乘船直抵呼兰河口和戳卢河口（即今巴彦县与呼兰县交界的少陵河口之地），并占领蒙古山城（今木兰县境内），堵截西阳哈沿松花江东窜的线路。另两路从呼兰河上游的通肯河与者迷河（今吉密河）出击，由此向南进军西阳哈。明军对西阳哈施行了南北夹击的战略包抄。西阳哈明知难以抵御明军的进攻，在得知明军的包抄战略情报后，率领部众趁松花江解冻之前，沿左岸逃到了斡朵里（今依兰县附近）。明军得知这一消息后便追击到斡朵里，并从斡朵里一直追至"甫达迷"旧城（即元代伏达迷城站），并擒获了女真部众 600 余人、马百余匹，西阳哈等人逃去。从此以后，呼兰河、阿什河流域以及松花江、黑龙江下游流域的女真各部众相继归服了明朝。

永乐十二年（1414）九月，明朝政府在金、元两代的"哈里宾"（又作"哈儿必""哈儿宾"）之地设立了"哈儿分卫"。这段史料出自《明太宗实录》卷 98 中。明朝仍然将"哈尔滨"地名称为"哈儿分卫"。关于明代对哈儿分卫的文献记载还见于《明太宗实录》卷 3 和《满文老档》等文献。

据《明太宗实录》卷 3 所记：永乐十六年（1418）九月，"奴儿干等处哈儿分等卫女直野人必里答哈等来归，命必里答哈为指挥同知、斡路阔等为指挥金事、哈升哈等为正千户、阿儿帖木等为副千户、余为千户所镇抚"。《满文老档》卷 81 载："海西哈儿分卫都指挥使桑古之子哈尔哈，隆庆三年（1569）四月二十五日生"。①

―――――――――――

① 《满文老档》卷 81，中华书局，1990。

又《满文老档》卷 79 载："哈儿分卫都指挥佥事萨哈兼之子占泰，万历二十五年（1597）五月初一生"。①

根据《吉林通志》卷 13《沿革志》中的注云"哈儿分卫"永乐十二年置，明讹哈尔分，又"正统"后置一，讹哈里分。"正统"为明英宗的年号（1436～1449）。②

在已经出版的一些著作中，大都把上述记载的"哈儿分卫"当作同一地点。其实如果认真地观察其中的细部，便能看出上述的诸条记述中存在着很大的差异。例如，《明实录》中所记载的"哈儿分卫"是永乐十二年所置，而《吉林通志》的注述中则记为"正统"年间所置。"永乐"是明成祖的年号（1403～1424），而"正统"是明英宗的年号（1436～1449）。事实上它们之间存在着不同时代所设置的"哈儿分卫"的问题，这种不同时代所产生的同一地名中蕴藏着不同地点的隐秘。所以永乐年间所设立的"哈儿分卫"与正统年间所设置的"哈儿分卫"未必是同一个地方。此其一。

其二，《满文老档》卷 79 中所记载的"哈儿分卫"并没有冠以"海西"这一地域的名词概念。而《满文老档》卷 81 中却明白地写着"海西哈儿分卫"。这种记述绝非简单地省略地域名词，而是为了区分"哈儿分卫"与"海西哈儿分卫"的不同才这样记载下来的。

其三，海西哈儿分卫的官职及人名也与"哈儿分卫"的官职与人名有着根本的不同。前者为"都指挥使桑古之子哈尔哈"，后者为"都指挥佥事萨哈兼之子占泰"。此外，他们的出生年月也表现出很大的差异。前者为 1569 年出生，而后者为 1597 年出生。

由此可见，明初永乐十六年与正统年间所设置的具有共通地名性质的"哈儿分卫"的不同地点，在明末的《满文老档》中也表现出明显的差异性。于是便产生了明代所建立的"哈儿分卫"不是一地的历史问题。在两者之中，有一个"哈尔分卫"应该是在金、元两代的"合里宾"千户与"哈儿必"万户的故地上建立的。然而另外一个"哈儿分卫"在哪里呢？想要解决这个历史之谜，首先要弄清明代的"海西"一词所指的地域概念是什么。

当历史进入公元 1980 年之际，伴随着区域文明研究的展开，地方史的

① 《满文老档》卷 79，中华书局，1990。
② 《吉林通志》（上、下），吉林文史出版社，1986。

研究应运而生。在史册上早已销声匿迹的"海西女真"的研究热，在吉林师范学院古籍研究所所长李树田先生的倡导下勃然兴起。经过十余年的艰辛考证与求索，"海西女真"的研究已经硕果累累。借助这些浸透了诸多学者智慧和汗水的成果，勾勒出"海西"在明代所指的地域概念已成为可能。

如前所述，关于"海西"一词及名号的来源问题，在本文写作以前，所有的学者都认为"海西"一词源于元代。显然这是个历史误会。然而，在"海西"一词的含义上确有许多学者精辟地论述道："海西之海应为日本海。"[1]

"海西"一词在元代公文档案中已属常见，到了明代方兴盛起来。由于笔者对"海西"在元、明两代地域问题上的研究没有更多的积累，而考证"海西哈儿分卫"的所在地又势在必行，基于这种复杂的客观现实，只能在众多的学说中采纳笔者所倾向的观点，以此作为说明明代"海西哈儿分卫"的位置。因此，在笔者处在无力对元、明两代"海西"地域概念作详密考证的情况下，提出下列似乎近于情理的粗浅认识。

笔者认为元代广义上的"海西"地域概念，应是日本海以西的大陆，其西界可达元代的肇州及泰州西境一带。永乐与正统年间所置的"哈儿分卫"没有冠以"海西"一词，而只有明末的隆庆年间才出现"海西哈儿分卫"的地名。因为明代初年到明朝中期的"海西"地域的概念，是明代"海西"的广义概念，是延续元代"海西"地域概念的结果。到了明代中期以后，明朝的势力逐渐南退，东北亚地域内所居住的女真人分为三大部落，即海西女真、建州女真和野人女真，三大部落的分布大致如下。

海西女真主要分布在今黑龙江以南，嫩江以东，东至松花江下游，南至伊通河流域，其中心主要在松花江大曲折东流段即今呼兰、阿城、双城、依兰沿松花江两岸一带。

野人女真居住在海西女真以东的极东地域。自乞里迷去奴儿干，三千余里，一种曰女真野人，又一种曰北山野人，不事耕稼，唯以捕猎为生。"其地水产海豹、海猪、海牛、海狗皮、海象牙"，以及鲂须等海洋兽类。从地理环境特征上分析，其地域当在今黑龙江省抚远县秦得力附近的东

---

① 王崇实:《海西名号漫识》,《吉林师范学院学报》1990 年第 2 期。

北，一直到达北海的地方，即今鄂霍茨克海沿岸一带。所谓的"野人女真"就是明代没有编入海西、建州两部女真人之外，地处边远、朝贡不常、靠近北海一带的女真人。这部分女真人较之海西女真人与建州女真人的文化落后，所以明朝的汉族统治者随意冠以"野人"二字的贬称。

建州女真主要是以元代居住在今牡丹江流域的女真人，在元末明初之际沿牡丹江南迁至今绥芬河、珲春河、图们江、海兰江、朝鲜半岛的北部及东达日本海的俄罗斯滨海边区一带的女真人。明朝永乐元年（1403）在今绥芬河流域的渤海率宾府建州故地设置了建州卫，于是才出现了"建州女真"的称号。实际上无论是"海西女真"还是"野人女真"乃至"建州女真"的名称都是明朝政府方面对其不同地域内的女真人的不同称谓，而不是这些女真人的自称。

我们从明代女真人的三大部落的分布中可以看出，明朝所设置的"海西哈儿分卫"的地望当在今天的阿什河注入松花江的地域内。海西女真人主要以今天的阿什河与呼兰河流域和东流段松花江两岸之地为中心。

综上所述，"海西"虽然具有更加广阔的地域概念，但到了明中期以后则因为三大部落的形成，从其部落分布的角度，"海西"的地域又变得狭小了。《大明一统志》上说："松花江在开城东北一千里，源出白头山，北流经金故南京城合灰扒江，至海口合混同江东流入海。"明朝人的这段描述把"海西"地域的中心指定在第二松花江下游及今拉林河、阿什河、呼兰河流域。明代所冠以"海西"的诸卫所，大部分分布在今牡丹江至松花江曲折之间。海西哈儿分卫是在明朝末年设立的，这与永乐十二年设置的"哈儿分卫"不是一地。很可能是明朝为了区别海西女真人所居住的范围内的哈儿分之地，与黑龙江下游一带的野人女真的哈儿分卫，才特意在"哈儿分卫"之前冠以"海西"二字。永乐年间所建的"哈儿分卫"是因为沿用了元代的"哈儿分万户府"而得名，其地望当然应在元代"哈儿分"（即哈州）的故地。我们知道，元代的哈儿分万户府性质，主要是为了管辖黑龙江下游直到库页岛上的兀者、野人以及乞列迷等各族。这部分少数民族在明代被统称为野人女真。野人女真与海西女真人部落为邻，其地望在"海西女真人"的东方（极东地域直到大海）。至于"正统"年间所设置的"哈儿分卫"可能就是明朝中期以后至明末出现的"海西哈儿分卫"。因为正统年间正属于明朝的中期以前。那时，明朝还没有把女真人的分布划分成"海西""建州""野人"三大部落。有关女真人分成三大部落的文献记载主要是明中期以后才出现的。正统年间所设立的"哈儿分"可能是沿袭了元代从"甫达迷"站通往肇州城之间的第二站"哈刺场"的地名。因为"哈刺场"是金代阿勒锦村的同音异写,而"阿勒锦"的语源来自"哈里滨",所以明代"海西哈儿分卫"这个地名的出现绝不是偶然的。明代的海西哈儿分卫的地望所在,应该在"海西女真"人部落所居住的范围内寻找。由于文献上没有明确记载,只能依靠其他的旁证材料推定"海西哈儿分卫"的所在地。今哈尔滨地区正处在明代海西女真人的分布中心,所以其位置应当在这一地区去寻找。有人将"海西"比定为"阿什"的同音异写,可能与今天的"阿什河"有关。那么海西女真或可转写成"阿什女真",如果真是如此的话,那么海西哈儿分卫则当在今哈尔滨一带。

《满文老档》卷79中所记"哈儿分卫都指挥佥事萨哈兼"的名字与黑龙江的满语或女真语的称呼有关。女真语满语称黑龙江为萨哈连乌拉。萨哈兼这一人名当与地名萨哈连有关。可知"哈儿分卫"当在黑龙江流域,亦即元代的"哈儿分站"之地,其故址正是黑龙江下游的阿纽依河口或洪加里河口地方。

由此可见,明代所设立的"海西哈儿分卫"与"哈儿分卫"的确是指的两个不同的地方。为了区别永乐年间与正统年间相继建立的"哈儿分卫",才把海西女真人范围内的"哈儿分卫"冠以"海西"二字。而把管理野人女真地方的"哈儿分卫"仍然沿用金、元时代的哈儿宾地名。所以,永乐年间所建立的"哈儿分卫"与万历年间出现的"哈儿分卫"之所以没有冠以"海西"二字,则不是因为"哈儿分"不属于广义的"海西"地域概念,而主要是因为区别海西女真人境内的"哈儿分"地方,才如此记录的。因为黑龙江下游在明代仍然属于广义上的海西地域,其地名的前面也有冠以"海西"二字的可能性。明代在黑龙江下游流域所设立的其他"卫所"中存在着许多这样的例证。然而,明代的"海西"一词的概念确实存在着广义和狭义之别,因此,在文献档案中才出现了"海西哈儿分"与"哈儿分"的不同地名。

因此,笔者认为所谓的海西哈儿分卫当即指元代在海西西水路城站中的"哈刺场"站的所在地,也就是说金代哈尔滨地名,继元代"哈刺场"后,在明代则被标注成"哈儿分"。这与黑龙江下游的金代"合里宾忒"被明代标写成"哈尔芬"是同样的道理。

六　清代哈尔滨地名与"哈勒费延"城之谜

女真族的历史源远流长，明代中期以后东北女真族由众多的部落演化成三大部落联盟。这三大部落联盟经过长期的征战、演化与融合，使得生活在珲江、图们江、绥芬河一带的建州部女真人迅速崛起，并在今珲河流域建立了强大的统治东北亚地域的又一个由女真人组成的"后金王朝"。明朝末年，建州女真更加强大，并吞并了海西女真和黑龙江下游一带的野人女真诸部，统一了原属于明朝控制的广大地域，与明王朝在山海关一线分庭抗礼。1636 年，皇太极登基改称国号为"清"，改民族名为"满族"。

满族勃兴以后，开一代帝国洪业，独领东北亚地域之风骚。清代初年编修明史，蓄意禁毁历史图籍，隐晦先清的史实，致使当年曾经活跃的海西女真在史册上销声匿迹。作为海西女真之地的"海西哈儿分卫"以及黑龙江下游的"哈儿分卫"及其诸多的历史，由于文献难征而湮没在茫茫的林海雪原之中。然而，作为历史存在过的"地名化石"，不管经历过多少次草翠花黄，或风剥雪埋，它却都能够放射出令人不难寻觅的历史异彩。蓦然回首，哈尔滨地名化石正耸立在那历史的灯火阑珊处！

关于清代"哈尔滨"地名的初现时间问题。由于对《清代黑龙江将军衙门档案》以及《阿勒楚喀副都统衙门档案》的整理工作正在进行，档案整理工作者们一再将"哈尔滨"地名的始见时间提前，这是一件非常令人欢欣鼓舞的事。就目前所发表的资料来看，"哈尔滨"地名在清代乾隆年间即已出现。当然，这绝不是"哈尔滨"地名在清代历史文献中最初出现的时间，它深刻地预示着哈尔滨地名的始见时间会比"档案"上记载的时间更早。因"档案"本身仅仅记载了地名文字的历史，至于地名本身出现在何时以及地名的含义是什么，"档案"并没有明确的记载，也不可能回答清楚这一地名始见时间的准确年代。从明末清初到乾隆年间的历史间距不过近一个世纪的时间，他们的历史间距跨度不大的事实表明，清代的哈尔滨地名完全可能是从明代的"海西哈儿分卫"演变而来的。"海西"作为大的地域概念早已在明末清初之际被满族统治者所废弃。因为"海西女真"并非其自称，相反它是明王朝为了区别当时出现在东北亚地域的各部女真人，而沿用了元代的地域概念而起的名字。清朝统治者意在统一女真诸部，当然就取消了"海西""建州""野人"的不合时宜的称号，并统一在"女真"称号的旗帜下，1636 年皇太极在政治统一的基础上自称

"满洲"。

虽然还没有发现清朝初期在今哈尔滨地区设立行政建制，但是在清代的历史档案中，哈尔滨地名多次出现的事实说明，当时的哈尔滨是连接松花江南北及松花江上下游流域的一个十分重要的交通枢纽。从清代档案资料中得知，哈尔滨地段的松花江在清初曾经是专门为朝廷捕捞贡鱼的场所。清代中期以后随着对黑龙江地区的土地开发和利用，以及旗人和民户的不断增多，哈尔滨地区逐渐繁荣起来。清末在原哈尔滨的南部，出现了"大哈尔滨"与"小哈尔滨"的村落，这说明哈尔滨的区域概念事实上已经形成，哈尔滨是这一带最古老的地名。最有趣的是清末民初以后"大哈尔滨"与"小哈尔滨"的地名突然转成了"大嘎拉哈"与"小嘎拉哈"。对于这种变化的原因，一直没找到确切的答案。其实哈尔滨之所以变成"嘎拉哈"，这正说明了"哈尔滨"一词的原始发音到了清末依然保留着"哈尔滨"的古音。这与"哈尔滨"一词又演化为"嘎拉哈"有着密不可分的关系。其中"嘎拉哈"一词的尾音"哈"字则是受"嘎拉"字头的重音影响的结果而使尾音发生了变化，这种变化导致了人们对"哈尔滨"一词的误解。

近年来，一些研究者想利用满语解释整个东北地区的地名，笔者不知道这种方法是否能真正完全彻底地恢复地名本身的历史原貌。然而，我们知道满文是 17 世纪以后才形成的，而东北地区的许多地名的始见时间非常久远，所以仅用满语来解释满语形成以前的地名历史现象，则是一种本末倒置的研究方法。也就是说在中国东北地区的地名研究，想用满语概括其全部内容的想法实际上是不可能的。例如，今天的阿什河，早在北魏时期就有"按车骨部"，金代称"按出虎水"，本义为"金"，而用满语解释则成为"耳状弯曲"。再如，"松花江"，若只从字面上解释则为"松花树江"，其实元代即已出现了"松花江"地名，其含义为天河之意。又如，"呼兰河"早在金代就有记录，文献上记为"忽剌浑"或"忽剌温水"，而满语研究者则解释为"烟囱河"，其真实含义尚不可知。

总之，上述的地名，其音其义都早于满语形成数百年。对于地名的寻根最主要的是寻找它的语词地名的语源，近世有人用满语解释"嘎拉哈"为"乌鸦"之意，这只是指出了它的语言现状，而没有讲清其语源的本义。"哈尔滨"的原音是"哈儿温"读如"嘎鲁温"，是天鹅的意思。"哈尔滨"一词形成于金元之际，从语言学上看，要早于满语形成时间几百年。所以作为"哈尔滨"一词的原本之汉译应该是"天鹅"。而"哈尔滨"被译写成"嘎拉哈"则是近世人的注音误释。但是，其中的语音却仍然保留了古代的原始发音即"嘎鲁"，而"嘎鲁"有时就写成"嘎拉"，在满语中就是"天鹅"的发音。所以"大哈尔滨"与"小哈尔滨"应该译为"大天鹅"与"小天鹅"。然而，为什么要把"大嘎拉哈"与"小嘎拉哈"亦即大哈尔滨与小哈尔滨误写成"大嘎哈"与"小嘎哈"呢？其主要原因是由于清末以后来到今哈尔滨地区的人们，除旗人外多数是从山西、山东、河南、河北等地迁移过来的大批汉族流民，由于他们不懂得满语地名的语音和语义，就根据其发音而用汉字想当然地为地名注音，才出现了这种奇怪而复杂的现象。

清末学者屠寄等曾于 19 世纪末考察了哈尔滨地区，并在其所绘制的《黑龙江舆图》中明确标出了"哈尔滨"、"大哈尔滨"及"小哈尔滨"的三个不同位置。当初的"哈尔滨"位置在今阿什河注入松花江口的左岸，北至松花江。这个"哈尔滨"亦即清代同治五年（1866）七月十三日的《黑龙江将军衙门档案》中所记载的：沙俄军官西尔粘瓦斯奎等人曾于当年八月乘江轮抵达江南岸的哈尔滨之地后，在此抛锚停泊一宿又于次日离开的"哈尔滨"。

清光绪六年（1880），吴大澂奉使筹办东北边务。于 1880 年旧历四月二十一日从北京启程，五月十七日到达吉林城。后又乘船沿松花江而下经伯都讷、哈尔滨、三姓等地。此间吴大澂于旧历七月十八日申刻到达哈尔滨，戌刻泊于北岸黑龙江地界。据吴大澂所撰的《奉使吉林日记》载：旧历七月十八日"申刻行至哈尔滨，戌刻泊北岸黑龙江界，距呼兰城三十五里。读《国朝先正事略》第四册"。这是目前所知的清朝末年巡边大臣亲自乘船泊于哈尔滨的唯一史料。它有力地证明了早在沙俄"进占哈尔滨之前，哈尔滨即已有了能够停泊大船的港口，说明哈尔滨地方并非是贫寒的小村"。

在清代档案中"哈尔滨"地名多次出现的事实和"哈尔滨"地名群体的出现，恰恰证明这一地名是经历了无数个历史春秋而逐渐固定下来的。在人们心目中"哈尔滨"地名已成为一个习惯用语。据《黑龙江将军衙门档案》光绪八年三月二十四日的档案记载：当时哈尔滨人姜有仁伙同强盗去江北呼兰一带抢劫，结果被官府捕获。在审讯的供词中姜有仁顺口说道:"去年十二月,我到江南哈尔滨屯……"当时审讯姜有仁的是呼兰副都统,归属黑龙江将军管辖。而哈尔滨之地则是吉林将军阿勒楚喀副都统管辖范围。"江南哈尔滨屯"则是当时松花江南北亦即吉、黑两省对哈尔滨之地的习惯称谓,说明哈尔滨之地名在这一带早已远近闻名。

近年来,有人为了考证"哈尔滨"一词的含义,硬是把"哈勒费延"与今天的"哈尔滨"市地名附会到一起,并用满语解释为"狭长"或"扁"之义,这种猜测有待于进一步论证。因为今天的"哈尔滨"地名,在历史上从来也没有被写作"哈勒费延"的记载。即使是"哈勒费延"与金代的"合里宾忒",元代的"合里宾""哈儿宾",明代的"哈儿分""哈儿必",清代的"哈尔滨",在语音上有一定联系,然而"哈勒费延"作为今日之哈尔滨市的地名在各类历史文献档案中仍未被发现。因此,很难断定"哈勒费延"就是指今日之哈尔滨市所在地。

关于"哈勒费延"一说由来的主要依据是《吉林通志》卷 12《沿革志三》中所载:明代有"哈勒费延卫"(注云:"永乐十二年置,明讹哈尔芬。又正统后置一,讹哈里芬。案混同江中有哈尔费延岛,岛上有城,周二里,名哈尔费延城,在吉林府界内"),又卷 24《舆地志》十二城池引《盛京通志》卷 31:"哈勒费延(注云:旧志作哈儿边),城(按指吉林城)东北混同江中哈勒费延岛上,周围二里。"目前史学界人士多数认为《吉林通志》中所载的"哈勒费延城"或云"哈勒费延岛"及"哈勒费延卫"均为一地,这是毫无疑问的。因为"城"和"卫"是因"岛"而得名。"哈勒费延"在满语中译成汉语具有"狭长之意"。然而,其语源则与"哈儿分"有关,应为"天鹅岛"之意。狭长之意源于"扁"或"扁豆",或者说"狭长"是从"扁豆"一词引申而来。然而,地名的命名必须依据地理环境和民族心理的作用。就"扁豆"而言,在东北亚古代民族的心目中并不存在以此命名的必然心理作用。因为"扁豆"既不是东北亚地域的一种特殊的植物(不具有图腾的意味),也不代表地理环境的显著特征。从《吉林通志》所记载的哈勒费延岛的位置上看,应是指今松花江下游到黑龙江下游某一段江中的大型岛屿,即周长近二里,其上可筑城池的岛屿。因为古代人常把今第一松花江和第二松花江加上今黑龙江下游看作一条水系,即黑龙江,所以《金史》称"混同江亦号黑龙江"。①

---

① 《金史》,中华书局,1975,第 2 页。

哈勒费延城在吉林城东北的方位，即今抚远县以下的黑龙江某段，正属于清代吉林将军管辖的混同江之范围内。这段黑龙江水系纵横，从古至今是天鹅栖居的场所，也是天鹅每年春季迁徙的必经之路。由于黑龙江下游一带天鹅非常多，所以在元、明、清三朝才出现了众多的"天鹅"地名，如哈儿分站、阿鲁必卫、哈儿分卫、哈里分卫、哈儿蛮卫、阿儿温河卫、科尔滨、哈剌滨河等。这些地名的历史文化之根都与"天鹅"有关。

因为北方民族崇尚天鹅，视天鹅为最神圣的天鸟，在人们的原始思维中，才产生了以"天鹅"命名为地名的必然心理。这与古代民族质朴而纯真的自然崇拜意识是不可分割的。然而，他们并非对所有自然物种都带有这种特殊的情感。只有那种最美好的、在他们的思维意识中能深深地形成印象的、具有一种神秘而又能抒发他们情感的动物或植物，才能在他们的心目中产生出这种特殊的具有普遍性意义的图腾崇拜。"天鹅"与"扁豆"，究竟哪一个物种更能引发人类的万般情思呢？一想到这些，笔者就犹如置身于古代民族历史情景之中，每当看到那些酷似朵朵白云的"天鹅"展翅翱翔在蔚蓝色的天空，听到它们发出那优美而动听的鸣叫声："Kaloun-kalou！"时，笔者就会情不自禁地为它们那洁白的色彩、优美的身姿和动听的长鸣而动情……"嘎鲁"的声音像血液一样输入笔者的血管，凝固在笔者的记忆中。

然而，哈勒费延岛在哪里？它能否就是元代的"哈洲"或明代的"哈儿分卫"呢？在今天黑龙江下游之地的江中共有上百个岛屿，究竟在哪座岛屿上有周长二里的古城呢？由于目前没有考古资料发表，仅能从地望上推断，哈勒费延岛大致在今乌苏里江与黑龙江汇合口之地的黑瞎子岛以下，或许就是黑瞎子岛。因为黑瞎子岛是目前所知的黑龙江中最大的岛屿。20世纪，当时的苏联远东科学院进行了考古调查和发掘，在岛上出土了大量的辽、金、元、明、清代的古代遗物。遗憾的是，至今没有古城被发现的报道，这个问题只好留待今后的考古发现去解决。不过明清两代修的所谓城，并非与辽、金、元三朝时期所修筑的城池一样。前者是用木栅栏围绕起来的木城，很难保留下来，而后者则往往是用夯土板筑而成，因此容易保存下来。哈勒费延城很可能是清代所建的木栅栏城，因此没有遗迹可寻。由此我们还可以看出，把金代的"哈里宾忒千户"、元代的"哈洲"及明代的"哈儿分卫"与"哈勒费延"岛等同起来的推断缺乏足够的论据。因为它们之间虽然属于同一语音系统的地名，但未必是同一地点。就"哈尔滨"地名场的群体而论，其分布的空间地域是很广阔的，我们没有理由把这种同音的地名勉强叠压在同一地名点上，更何况在今哈尔滨市的松花江中根本没有容纳周长二里之古城的江中长岛。除了随季节性变化隐约可见的沙洲之外，有谁能在今哈尔滨市所属的松花江段上看到长岛的存在呢？《哈尔滨寻根》一书作者忽而将哈尔滨地名解释成"哈尔滨地形犹如'狭长'和'扁状'"，忽而又说江中的沙洲呈"扁"状，哈尔滨地名的含义到底是什么？就连作者本人也稀里糊涂，前后矛盾。事实上在今天的哈尔滨市所属的松花江段上，我们根本看不到长岛究竟在哪里。

在清代的地图上以及今天的地图册中，作为"哈尔滨"的同音异写的地名还有许多。如黑龙江流域的"阿尔滨""库尔滨"以及蚂蜒河流域的"哈尔滨"① 等。由于这些地名语音相近，所以都可以用同音相假的汉字标注成"哈勒费延"一词。可见，作为同音不同字的"哈勒费延岛"的确不能等同于"哈儿分卫"。

事实表明，清代的《黑龙江将军衙门档案》等文献告诉我们，哈尔滨在清代除了被写成"哈拉滨""哈尔滨"之外，从来没有被书写成"哈勒费延"，但这并不能说明哈勒费延就与哈尔滨地名无关。两者之间的关系不在于是不是处于同一地点，而是在于语音之间的关系。哈勒费延很有可能是对金代"合里宾忒"，元代"哈洲""哈儿分"，明代"哈尔芬"的记录。"哈尔滨"则是金代的"阿勒锦"，元代的"哈刺场"，明代的"海西哈儿分卫"的清代注音。综上所述，我们在同一条水域中的下游所发现的两个不同地点的同一地名均有清晰的历史记录。然而，由于不同的时代在不同的环境下使用了同音不同字的汉字符号，这是造成哈尔滨历史长期混乱的主要原因。

---

① 在 20 世纪 50 年代中国人民解放军总参编绘的 1/10 万地图中可见到。

哈尔滨地名"天鹅论"与
清代的历史档案

20 世纪 80 年代以来，由于人们先后在《黑龙江将军衙门档案》及《阿勒楚喀副都统衙门档案》中发现了哈尔滨地名的记载，引发了哈尔滨地名大讨论的高潮，于是有些人惊呼，这是 20 世纪以来哈尔滨地名研究中最伟大的发现！① 其实，在清朝地方历史文献档案中发现哈尔滨地名这件事，早已被地方历史研究者们所言中。只不过由于清代《黑龙江将军衙门档案》及《阿勒楚喀副都统衙门档案》曾一波三折，并沉睡了将近 100 年后才得以重见天日的缘故，人们认知清代哈尔滨地名几乎延误了百年。由于清代哈尔滨地名在档案中的发现，哈尔滨地名始见的时间被一再提前。在档案中所发现的哈尔滨地名，为我们今天深入研究哈尔滨地名的历史和解释清代哈尔滨地名与金、元、明三朝的"哈尔滨"地名的关系提供了可靠的依据。然而，在将近 100 年的时间里，无数关心和研究哈尔滨地名的人们，为什么没有想到在清代《黑龙江将军衙门档案》与《阿勒楚喀副都统衙门档案》中寻找哈尔滨地名呢？难道他们真的那么轻率地忽视了历史档案的重要意义了吗？从这个问题出发，我们应该深刻地反思近百年来哈尔滨地名研究的历史过程。

为了便于人们充分认识这一历史过程，笔者把这一过程分为三个阶段。第一阶段，是对哈尔滨地名的语言、语音、语义的揣测阶段，人们根据简单的语音对应法进行揣测和释义，结果得出了五花八门的误释。这段时间延续较长，大致在 1898～1960 年。

第二阶段，是 20 世纪 70 年代中期，关成和先生对哈尔滨地名语源进

---

① 纪凤辉：《哈尔滨寻根》，哈尔滨出版社，1996。

行深层结构研究阶段。关成和先生将"哈尔滨"地名确定为女真语"阿勒锦"音转的关系,并提出了金代的"合里宾忒"和元代的"哈儿分"等问题。他从寻找哈尔滨地名的语源入手,把当代哈尔滨地名引入历史的空间中,对其语音、语义和语境进行了深入的研究。但是,由于人们对理解由"阿勒锦"音转为"哈尔滨"的进程是一种不可能的事情,更不了解这种音转实质是一种同音异写的结果,所以对"阿勒锦"始终抱有一种怀疑的态度。

第三个阶段,就是《黑龙江将军衙门档案》中哈尔滨地名的发现所引起争议阶段和哈尔滨地名再研究阶段。人们开始利用清代档案进行研究,并依据在清代档案中所发现的满语哈尔滨的书写方式,而认定哈尔滨地名应为满语地名。由此出发,对哈尔滨地名进行满语对音便产生了诸如"扁"说、"肚囊"说、"狭长"说等。与此同时,这一阶段还产生了由日本学者黑崎裕康先生所撰的《哈尔滨地名考》一书,这是近 100 年来研究哈尔滨地名主要的成果之一,或者说《哈尔滨地名考》一书实际上是一部近 100 年来关于哈尔滨地名研究的观点与资料的总汇。但是,黑崎先生最终对哈尔滨地名究属何种语言并没有做出结论,而是期待着哈尔滨地名研究的继续深入。《哈尔滨寻根》一书出版之后,人们一直误认为是此书的作者发现了清代《黑龙江将军衙门档案》和《阿勒楚喀副都统衙门档案》中的哈尔滨地名。其实不然,应该说最早接触和整理《黑龙江将军衙门档案》并从中发现了哈尔滨地名的学者是原黑龙江省社会科学院历史研究所的夏家骏先生(原中国政法大学教授,全国政协常委)。80 年代初期,黑龙江省社会科学院历史研究所为了深入研究清代黑龙江及哈尔滨地方志编写工作,便制定了与中国第一历史档案馆合作的项目,即整理编辑出版《黑龙江将军衙门档案》的计划,并将这一计划交由夏家骏先生落实。夏家骏先生便从 1984 年至 1986 年长期住在北京,查阅《黑龙江将军衙门档案》。1986 年 8 月,由黑龙江人民出版社出版发行了由中国第一历史档案馆满文部、黑龙江省社会科学院历史研究所合编的《清代黑龙江历史档案选编》光绪朝元年至光绪十五年部分的两册。在该书的《前言》中是这样说的:

> 为了给编写地方史,致力和专门从事清史研究的广大同志提供方便,中国第一历史档案馆和黑龙江省社会科学院历史研究所经过协

商，自 1984 年 2 月 22 日开始，正式投入了这一艰难繁重的选编和选译工作……黑龙江省社会科学院历史研究所的夏家骏先生负责主编并汉文部分的选编。

在夏家骏先生主编的光绪元年至光绪十五年的两册《清代黑龙江历史档案选编》中共有四处提到了"哈尔滨"的记载。① 实际上，这是在《黑龙江将军衙门档案》及《阿勒楚喀副都统衙门档案》中最早发现哈尔滨地名的开始。1989 年，笔者在日本留学期间曾给夏家骏先生写信请教了《黑龙江将军衙门档案》中所记录的哈尔滨地名的问题。砂村哲也先生还专门为此事到北京拜访了夏家骏先生。可以说，是夏家骏先生首先发现了《黑龙江将军衙门档案》中有关哈尔滨地名的记录。《黑龙江将军衙门档案》（光绪朝选编）于 1986 年出版后，并没有立即引起哈尔滨地名研究人员的关注，当时（1985 年）高晓燕同志在《龙江史苑》（内部发行）第二期已经发表了一篇《"哈尔滨"一名最早使用于何时》的文章②，开始引起了人们对《黑龙江将军衙门档案》的注意。1985 年以后，因夏家骏先生调离黑龙江省社会科学院到北京工作，又因为《黑龙江将军衙门档案》已于 1985 年从北京运回黑龙江省档案馆，因此黑龙江省社会科学院历史研究所才重新调整人员，继续整理《黑龙江将军衙门档案》的工作，并选派高晓燕、张凤鸣两位同志继续完成《黑龙江将军衙门档案》的其他朝代的选编工作。因此，高晓燕、张凤鸣二人合作并会同省档案馆编研处的其他同志一起开始整理《黑龙江将军衙门档案》。

由于他们有便利的条件，并在《黑龙江将军衙门档案》中一再发现哈尔滨地名，才于 1988 年 10 月 12 日《新晚报》发表了张、高二人署名严谷的文章《最早驶抵哈尔滨的俄轮》③。自此之后，纪凤辉等才相继在《黑龙江将军衙门档案》中查到了有关哈尔滨的满语地名，并将查阅的线索逐步扩大。

综上所述，从《黑龙江将军衙门档案》中发现哈尔滨地名的起始时间是从 1984 年开始的。然而为什么在 1984 年以前则没有人注意到这个问题的存在呢？人们不禁要问，在《黑龙江将军衙门档案》中，既然有如此详

---

① 《黑龙江将军衙门档案选编》，黑龙江人民出版社，1986。
② 载《龙江史苑》1985 年第 2 期，黑龙江省社会科学院历史所编（内部刊行）。
③ 载《新晚报》1988 年 10 月 12 日。

细和具体的有关哈尔滨地名的多处记载，为什么迟迟没有被人们从档案资料中发掘出来呢？难道那些探讨过哈尔滨地名的先辈们都忽略了档案资料的重要性吗？都不是。原来，《黑龙江将军衙门档案》这批资料有着一段不同寻常的经历。

所谓的《黑龙江将军衙门档案》就是指原清代黑龙江将军衙门内保存的全部公文档案（或称官文书）。这批档案包括从康熙二十三年（1684）黑龙江将军设立开始直到 1900 年沙俄侵入东北，共计 4000 余卷。其原档现藏于黑龙江省档案馆，档案全宗代码是："旧 20"号。档案的主要性质是清代驻守黑龙江地区的八旗将军衙门，所掌管辖区内的旗务、军务、边防以及地方行政司法和财政、民政与职务。此外，该全宗有满文档案 21700 余卷，其中乾隆朝部分档案仍在北京中国第一历史档案馆保存。

卷帙浩繁的《黑龙江将军衙门档案》中保存了二百余年来清代经略黑龙江流域的政治、经济、军事、外交、民族、地理沿革等诸方面的极为丰富的史料。然而，1900 年 8 月，沙俄在侵入我国东北进占齐齐哈尔（原黑龙江将军衙门所在地）的时候，抢走了这批珍贵的历史档案，并用火车将这批档案运往彼得堡。俄国十月革命胜利后，这批档案又转归苏联国家档案局保管。1956 年，在周恩来总理的积极努力及坚决要求归还的情况下，由苏联部长会议做出决定，将这批档案归还我国，并通过西伯利亚铁路用火车运往北京直接存放在国家第一历史档案馆，即今天北京故宫西华门内侧。直到 1985 年，经黑龙江省政府与国家档案局协商，同意将这批档案归还黑龙江省档案馆。黑龙江省政府派专人用汽车从北京运回黑龙江省档案局保管。档案运回之后，黑龙江省政府十分重视这批档案的整理和保管工作，并成立了专门整理小组，开始继续整理各朝代的选编工作。目前已经出版了部分同治朝和光绪朝的档案共计 5 册。遗憾的是《黑龙江将军衙门档案》的继续出版工作已于 1993 年以后基本停止，其主要原因是经费短缺和满语人才的匮乏，这就是《黑龙江将军衙门档案》的不同寻常的经历。

由于沙俄于 1900 年入侵东北，导致了《黑龙江将军衙门档案》遗失国外，至今恰好一个世纪。这批档案在苏联保存期间，苏联的汉学家们将这批档案进行了初步整理。1956 年，归还我国后又长期存放在中国第一历史档案馆内而无人问津。1984 年，中国境内掀起了编史修志的热潮，而黑龙江省政府深感清代黑龙江的历史沿革及修志工作因缺乏史料而无法进行，于是就想到了这批档案。在黑龙江省政府陈雷省长的主持下，经与国家档案局协商，决定将这批档案由国家第一历史档案馆转交黑龙江省档案馆。这个契机使得《黑龙江将军衙门档案》在沉睡了近一个世纪后，才开始发挥其独特的作用。

根据目前所查到的《黑龙江将军衙门档案》中关于哈尔滨地名的始见时间，大致可以推到乾隆年间。由于乾隆朝的部分满文档案及康、雍年间的档案尚没有人认真查阅和整理，我们期待在上述档案中还会有更多的哈尔滨地名的发现。继续整理档案工作将是一项长期而又繁重的任务。

根据目前整理出的黑龙江将军衙门档案资料所知，哈尔滨地名出现的时间可确定为 1722 年。但是，这也绝不会是哈尔滨名称首次出现的时间。今后随着档案资料的不断整理，哈尔滨名称出现的时间将还会不断被提前。笔者认为，从目前的新资料不断被发现这一点来看，除《黑龙江将军衙门档案》之外，在《阿勒楚喀副都统衙门档案》中也保留了许多哈尔滨地名。大家知道，当时的黑龙江与吉林两省是以松花江为界，江北为黑龙江将军管辖，江南则归吉林将军管辖。不幸的是 1900 年庚子之变时，《阿勒楚喀副都统衙门档案》也随同《黑龙江将军衙门档案》一起被沙俄抢夺到彼得堡，后来于 1956 年随同《黑龙江将军衙门档案》一起被运回北京。1985 年，中国第一历史档案馆在归还《黑龙江将军衙门档案》时，《阿勒楚喀副都统衙门档案》则不在其列，现在仍然保存在中国第一历史档案馆。不过，需要说明的是，《阿勒楚喀副都统衙门档案》所保留下来的历史档案仅存有同治五年以后的档案，而同治五年以前的档案几乎荡然无存。这是因为在同治十二年六月六日阿勒楚喀副都统衙门被城内一场大火烧毁，衙署及八旗官房和档案损失殆尽。关于《拉林协领衙门档案》及《呼兰城守卫档案》迄今为止尚未发现，不知这两处的清代档案归于何处。在今后一旦发现上述两部分档案，肯定会有更多的有关哈尔滨地名的记载。另外，现在双城县档案馆保留有 4000 余卷清代《双城协领衙门档案》，这部分档案尚未被认真整理和查阅，或许在这批档案中也保留着有关哈尔滨地名的记载。

根据已经发表的《黑龙江将军衙门档案》及《阿勒楚喀副都统衙门档案》的资料，笔者把连续四次赴中国第一历史档案馆调查中所获得的有关哈尔滨地名的史料加以整理，并将《黑龙江将军衙门档案》与《阿勒楚喀副都统衙门档案》以及其他文献档案资料中有关哈尔滨地名的始见时间，按先后次序及年代排列介绍如下。

有关清代哈尔滨地名出现时间的下限限定在 1900 年，因为 1900 年以后，尤其是 1907 年哈尔滨开埠前后，这座城市逐渐成为世界瞩目的大都会，哈尔滨地名不存在迷失的问题。此外，1900 年以后有关日文和俄文资料中所记述的哈尔滨地名的相关书籍报刊，则在黑崎裕康所编撰的《哈尔滨地名考》一书中已有非常详细的记录，此不赘述。①

据 1826 年《阿勒楚喀副都统衙门档案》记载：

> 窃远年间，经小的先人在哈尔滨与王姓等四家合伙开设永兴德烧锅（中略）迨至同治年间（1862～1874）小的父故。②

分析与注释

这里"小的先人"一句，是指永兴德烧锅合伙人的第三代田姓家族中的田保珠的先人而言，"王姓等四家开设"说明田姓与王姓等四家合伙开办了烧锅。此永兴德烧锅是否就是"田家烧锅"呢？尚有待考证。然而，哈尔滨永兴德烧锅出现在档案上，要早于 1898 年 6 月东清铁路工程局初设哈尔滨田家烧锅 36 年。此间，是否永兴德烧锅在市场竞争中，由原来田、王等四家合伙经营，而逐渐被田姓家族代替，的确是个值得研究的问题。

> 同治元年（1862），据"巡查松花江沿岸网厂渡口官员报称，他尔珲处江之北岸，原有渡船一只，（略）对面江之南岸哈尔滨亦有渡船一只，其中有沙洲一道，两岸之渡各摆各岸。今年以来，沿江私渡过多，行人厌其繁，所其便，多有其渡稍上之爱尔珲渡口所过，故其处之私渡为要区"。③

分析与注释

这条档案资料出自《黑龙江将军衙门档案》，江省方面的巡查官在巡查松花江沿岸网厂渡口时报称：江之北岸的他尔珲地方有渡船一只，其对

---

① 黑崎裕康编著《哈尔滨地名考》，东京地九馆出版社，1995。
② 北京中国第一历史档案馆所藏《阿勒楚喀副都统衙门档案》胶片第 103 卷（号）。
③ 选自同治元年《黑龙江将军衙门档案》，转引自张凤鸣、高晓燕《清代哈尔滨方位》，《新晚报》1991 年 5 月 17 日。

面江之南岸哈尔滨也有渡船一只。此他尔珲渡口即今哈尔滨市之对面江北的太阳岛上坞地方，包括江桥以西，此处有三条河流，即上坞地区的蛤蜊河（今改名为"金水河"）及江桥以西的头道沟与二道沟，这三条河流发源于上坞以北、以西的湿地中，属于季节性闭流河。三条河流的对面就是今道里区顾乡屯半拉城子至九站之地。这三条河口究竟哪条河流属于他尔珲渡口，尚无定论。然而，张凤鸣、高晓燕同志 1991 年 5 月 17 日发表在《新晚报》上的《清代哈尔滨方位》一文中所谈到的头道沟上口为他尔珲渡口的观点，笔者极表赞同，其江南对岸便是顾乡屯半拉城子附近。此处正是元代哈剌场站渡口，明代"海西"哈儿分卫所在地。1862 年即同治年间前后，由于过往行人私渡过多，船只有限，行人多有不便，许多行人沿江上溯改渡爱尔珲及四方台之间渡口，证明哈尔滨与爱尔珲是私渡的要区。有趣的是，此"他尔珲""爱尔珲"之地名均与"哈尔滨"的地名有关，从语音学方面分析，"他尔珲"与"爱尔珲"及"哈儿温""哈尔滨"的语音接近，并可以互为转写之名称。众所周知，松花江北岸之地是一望无际的大湿地，这一天然的地理环境与生态环境为各种候鸟、水禽提供了最便利的条件。他尔珲与爱尔珲的原始发音和语义当与这种生态环境息息相关，很可能也是为了对天鹅的描述而保留下来的古老地名。当然，这也是江南哈尔滨地名历史语音符号的又一种表现形式。

此时，距 1898 年东清铁路修建尚有 36 年，但是，哈尔滨地方已经成为松花江南北两岸、吉黑两省行人摆渡的主要船口（或称渡口之地）。

> 同治三年（1864），"墨尔根船只修补完（毕），并在哈尔滨的地方过冬"。[1]

分析与注释

此条记载是依据原黑龙江省档案馆编研处李书同志由满语翻译转写成汉字而成，其中的"墨尔根"为清代黑龙江将军所辖之地名，是清代黑龙江重要的军事重镇和政治统治中心，地处嫩江上游左岸之地。康熙二十五年（1686）始筑墨尔根城（今嫩江县城），二十九年（1690）黑龙江将军自黑龙江城（今黑河市爱辉镇）移驻墨尔根城。康熙三十七年（1698）墨

---

[1] 选自《黑龙江将军衙门档案》同治三年，据满文所译。转引自《北方文物》1992 年第 1 期。

尔根副都统移驻齐齐哈尔城,翌年黑龙江将军亦移驻齐齐哈尔城,墨尔根城由将军衙门和副都统衙门降至协领衙门。康熙四十九年(1710)复设墨尔根副都统衙门。光绪八至二十年(1882~1894)清政府为了加强北部的防务,又在墨尔根副都统辖区内的小兴安岭西麓太平湾另设兴安城,置副都统衔总管,直属于黑龙江将军。光绪三十三年(1907)裁黑龙江将军,改设黑龙江行省,墨尔根副都统归其管辖。1908年裁墨尔根副都统,改设嫩江府。"墨尔根"为蒙语,即善射之意。1864年正是墨尔根副都统衙门时期,由嫩江转至松花江的哈尔滨修船过冬,说明哈尔滨地方早在东清铁路修建以前的34年,便有能修补官船的船坞。

同治四年(1865)九月,"墨尔根上年新造船只于哈尔滨,住冻今年挽回,为此呈报事"。①

分析与注释

此文继接上年之墨尔根的船只已在哈尔滨修补完了,待解冻后驶回墨尔根。这也为向黑龙江将军衙门作呈报之文。但是,不知是由于从满文转译的问题,还是档案中记载有别或有误的原因,此处所说的"墨尔根上年新造船只于哈尔滨"的字样与上年墨尔根船只修补完的记载完全不同。如果这段满语翻译无误,那就说明,哈尔滨地方当时不仅能够修补船只,并且已有能力打造新船。

同治五年(1866),七月二十七日,沙俄军官西尔粘瓦斯金扮作商人,带领俄商4名,船夫30名,乘轮船1艘,综栓大船1只,强行沿松花江上驶至三姓,欲购小麦等粮食。遭拒绝后,俄轮又于八月四日离开三姓上驶,八月七日驶抵呼兰。(中略)八月十六日俄轮由呼兰上驶,八月十八日驶抵伯都纳……于八月二十日拔锚还航。"于十二日酉刻由四方台江心下驶经过,于亥刻抵至,哈尔滨江之南岸下锚停泊一宿,于十三日寅刻,该夷船拔锚下驶。"②

分析与注释

俄人为何能在 1866 年随意将船只开进黑龙江将军及吉林将军共管的内河即松花江、嫩江一带呢？国人在以往的论述时，多有对俄人之入内河事，做入侵解。然而，俄人之所以能驶入内河的原因，则与 1858 年清俄签订的《瑷珲条约》及 1860 年签订的《北京条约》中的个别条款有关。据《呼兰府志》第 179 页载："光绪七年一等义勇侯曾纪泽与俄大臣改订中俄条约二十款，其第十八款按照 1858 年 5 月 16 日即咸丰八年在瑷珲所定条约，应准两国人民在黑龙江、松花江与乌苏里河行船，并与沿江一带地方居民贸易。……松黑两江行船论者，……奕山草约所许分与俄人公共之航权，固自黑龙江顺流而下，东南至于松花江，又由松花江顺流而下东行至乌苏里江口……若夫由松黑两江交汇处，逆流西上至于哈尔滨则奕山草约所无，而后来疆吏熟视默认不加阻禁者也。"此后，同治九年二月在清朝总理衙门照会俄使公文中有这样的记载："由黑龙江、松花江、乌苏里河（行船），此后只准大清国、俄罗斯两国行船；其他外国船只不准由此江河行走。"

此条中所提到的"三姓"即今依兰县，"依兰"满语即"三姓"之意。"伯都纳"即今吉林省扶余县的伯都纳镇，又称伯都、伯咄、伯多。此地名甚古，最早见于《新唐书》和《旧唐书》，为勿吉靺鞨七部中之最西的一大部落，史书写成"伯咄部"。"四方台"即今日哈尔滨市西郊的四方台，仍名至今。"哈尔滨"当即指今日之哈尔滨市的道里区九站一带。

> 同治五年，续经复查沿江两岸渡口差员查明，呼兰站地界他尔珲，江南岸哈尔滨拉林所属民人，付正已设渡船一只，其江北岸有本站丁于得花，自乾隆年间设渡船一只，以济本省差往返渡摆贸易商民。（中略）哈尔滨民人傅成德有渡船一只，此渡于乾隆四十二年（1777）发给印票为证。[①]

分析与注释

此条档案所记录内容是复查呼兰站地界他尔珲及哈尔滨的渡口，查明后禀报江省衙门。经查，江南哈尔滨的渡口付正已是吉林将军管辖下

[①] 选自《黑龙江将军衙门档案》，转引自《新晚报》1991 年 7 月 8 日。

的拉林协领衙门所属之民，江北他尔珲渡口为黑龙江将军管辖下的呼兰站丁于得花设渡船一只（按：江北所属各驿站设立站丁，又称站人。至今在肇源、肇州、呼兰地界依然有人自称为吴三桂部下者及"站人"的称谓，并有云南段氏之后裔）。这些南方人在标注江北之地名时，常常不同于江南之旗人及山西人的地名标音。或许"他尔珲"与"爱尔珲"及"哈尔滨""哈尔温"之间的汉字符号的差别，主要是因江南江北所居住不同口音的人，使用了不同的汉字对同一地名作了不同汉字符号的标音。

由此条记载可知，自乾隆年间或许更早就有他尔珲与哈尔滨渡口，而乾隆四十二年（1777）即发给哈尔滨民人傅成德摆渡印票，允其在哈尔滨正式营运，这恐怕是目前所知官方认可的哈尔滨最早的渡口。从"以济本省差往返"的记载上看，说明黑龙江将军衙门与吉林将军衙门的公差往来也走此渡口。

同治五年（1866），"四方台网户王尚德禀称：窃因网户自道光二年（1823）间江水涨发，冬网碍难捕打。当经报明衙门，饬令于罗金、报马、哈尔滨等处设立鱼圈，修造渔船，着夏秋捕鱼上圈，备输贡鲜"。①

分析与注释

"四方台"即今哈尔滨市西郊之四方台，"网户"则是专门从事捕鱼之民。"罗金""报马"均为地名，地在哈尔滨之西郊沿江一带。所谓的鱼圈，则是指专为捕捉鳇鱼而修建的"鳇鱼圈"，此鳇鱼是专事供给皇上享用的松花江贡品之一。此条记载说明，哈尔滨早在道光年间就设立了捕鳇鱼用的"鱼圈"，由此可以推测，19世纪末曾有人解释哈尔滨为"捕鱼场""晒网场"之说可能来自于此。

同治六年（1867），"为札割饬事同治六年六月初六日，据拉林属界哈尔滨地方民武文选迎（拦）舆控称情：因小的在家中耕种，忽于五月十七日，乡约张越青，地方赵福，拉林民役李亮、张姓等，向小

---

① 选自《黑龙江将军衙门档案》，转引自《北方文物》1990年第3期。

的要钱五十吊，小的问其情由，乡地声张'委员老爷下牌劝捐'。小的回家说：'家中贫寒，当时措办不及'，于十八日乡地率领十余人硬将小的之马自地内拉去三匹，小的看其势众，不敢阻拦。延止二十五日有邻人宋广幅、张花、钱永说合，令小的出钱二十五吊，并送烟土二十两，小的畏惧久诺，当即将钱交钱永、张花送去，烟土交宋广幅，送讫即将小的马送回，小的伏思劝背之则，必须甘心乐捐，岂能率众逼捐"。①

分析与注释

该条档案明确说明哈尔滨地方属拉林地界，武文选为哈尔滨地方的丁民而非旗民（旗民即满洲族人、丁民或民人一般指汉族人）。尤其是档案中提到的"哈尔滨地方"值得深思，哈尔滨在同治六年已有"地方"之概念，说明哈尔滨地处吉、黑两省的交通要道上，而远近闻名。档案中称作"乡约""地方"均为哈尔滨地方官吏。档案中称作"乡地"当为"乡约"与"地方"的官吏合称。"委员老爷"则是"乡约"和"地方"的上级官吏。

后来武文选受不了乡约与地方官吏的气，亲赴吉林将军衙门（今吉林市）拦截时任吉林将军的富明阿，并呈上纸状。富明阿大怒，并将此状交由右司，责成拉林协领，如果属实，立即法办。

同治五年（1866），"巡查松花江沿江渡口辩兵报称，江之南岸扬风羌、四方台、哈尔滨、大岔沟等处设有渡船五只，摆济来往行人"。②

分析与注释

"辩兵"可能就是巡查松花江沿江渡口的办事人员，而上述档案记载中，与同治五年巡查松花江沿江渡口者被称为"差员"，当即派人之意，而此处的"辩兵"则为具体对"差员"的称谓。从同治元年至六年，吉、黑两省经常派员巡查松花江渡口的事实，说明清代黑龙江与吉林将军地方政府巡查松花江沿江渡口已有定制。"扬风羌""四方台""大岔沟"均为哈尔滨东、西两侧的沿江地名，并均为渡口。

---

① 见中国第一历史档案馆藏《阿勒楚喀副都统衙门档案》第 11 册，胶卷编号 1。
② 选自《黑龙江将军衙门档案》，现藏于黑龙江省档案馆。

据《阿勒楚喀副都统衙门档案》载，乾隆三十四年（1769）拉林协领永海呈称："秉查拉林原于罗金、报门、烟墩、哈尔滨沿江一带设立官网三处半，捕打贡鲜应进鳇鱼白鱼尾由（来）已久，已逾百年。"①

分析与注释

此条档案中所记："捕打贡鲜应进鳇鱼白鱼尾由（来）已久，已逾百年。"大白鱼原盛产于松花江，白鱼尾鲜嫩、肉肥，与鳇鱼同为清代贡品之一。此处所说的"已逾百年"，究竟是指由乾隆三十四年上溯100年呢，还是指由1869年上溯100年呢？这个问题尚有待推敲。若以乾隆三十四年上溯100年的话，则为1669年即康熙八年，并可由此推测，早在康熙八年就有哈尔滨地名，说明哈尔滨地名的始见时间更加久远的事实。

此外，哈尔滨、罗金、报门（即报马）、烟墩之松花江段的官网，归属于拉林协领管辖。

同治八年（1869），"哈尔滨、烟墩二处原即沿江沙滩晾网，本无土地"。②

分析与注释

哈尔滨与烟墩之地，原来就是沿江的沙滩晾鱼网的地方，并无土地。19世纪末20世纪初，"哈尔滨"地名曾有"晒鱼网"或"晾网场"之说，当与此档案之记录有关。然而，哈尔滨"本无土地"之说却与上述记载的（同治六年《阿勒楚喀副都统衙门档案》）"哈尔滨地方丁民武文选曾因耕种土地时，被乡约等欺诈威胁"的事实完全不符。这里究竟是单指哈尔滨的沿江沙滩，还是指整个哈尔滨地方，则有些不明。笔者认为，此处的哈尔滨可能专指沿江渡口沙滩之地的哈尔滨。在哈尔滨渡口之外当会有"哈尔滨"之地名。后来1897年编撰的《黑龙江舆图》中，真的就标注有"大哈尔滨"与"小哈尔滨"之地名。

同治九年（1870），"哈尔滨地方开设当铺生理人许成谟，系伯都

---

① 选自《阿拉楚喀副都统衙门档案》，转引自《新晚报》1990年12月10日。
② 选自《阿拉楚喀副都统衙门档案》，转引自《北方文物》1992年第1期。

纳民。雇工常锡正，系山西太原府太谷县民；张儒，系吉林永吉州民。共计伙计一名，雇工二名"。①

分析与注释

此条记载证明哈尔滨地方已开设当铺，当铺开设在中国自然经济发达地区和交通便利、人口稠密的地方，是商品经济发达的产物，只有非农业人口的大量涌现，商业贸易繁荣，才有必要开设当铺。当铺的经纪人是伯都纳人许成谟。伯都纳即今天吉林省扶余县的伯都纳乡，其雇工有来自山西省太谷县的民人，也有来自吉林永吉州（现称永吉县）的民人，可见哈尔滨地方之经济发展已具备吸纳外地民人来此打工的能力。当铺的出现更能证明，哈尔滨早在1870年就已经不是"荒漠的渔村"或萧瑟贫寒的小村屯，而是农工渔商俱全的集镇，所以"荒漠渔村"等观点是不可取的。尤其是此档案中出现了"哈尔滨地方"的称谓，更是治史者应予以注意的。

据《黑龙江将军衙门档案》载：光绪三年（1877）先夏"阿勒楚喀副都统转报黑龙江将军，为护送英国医生很德（Hende）赴呼兰、齐齐哈尔等地游历，即由哈尔滨过江，送往江北，奔赴黑龙江界呼兰去施"。②

分析与注释

（光绪三年）（1877），英国医生很德由吉林将军所管辖之地的阿勒楚喀城出发，经由哈尔滨过松花江奔赴呼兰，去黑龙江将军辖境内游历，证明哈尔滨已成为吉、黑两省护送重要人物及公差往来的交通要道。英国医生很德由吉林将军之地入黑龙江将军辖境考察，途经哈尔滨，这恐怕是来到哈尔滨最早的英国人。

据《黑龙江将军衙门档案》记载，光绪元年（1875）护栏城守尉为追缴土匪，派官兵至松花江南岸"距江沿二三十里永发源、哈尔滨、大坝、马刚烧锅、爆马、烟墩一带搜捕土匪"。③

---

① 中国第一历史档案馆藏《阿勒楚喀副都统衙门档案》微缩胶卷。
② 《黑龙江将军衙门档案选编》黑龙江人民出版社，1986。
③ 《黑龙江将军衙门档案选编》，黑龙江人民出版社，1986。

分析与注释

"永发源" 即今阿城市的永源镇，"爆马" 则与前述的 "报马" "报门" 同为一地，当为同音异写之地名。烟墩也是接近哈尔滨地方的地名，此次护栏官兵追剿土匪的路线，是由东向西追剿，其第二站就是哈尔滨。在哈尔滨与 "爆马" 之间又出现了两个新地名，即 "大坝" "马刚烧锅"，说明哈尔滨周边地带的人口和村屯在不断增加。

> 光绪元年（1875）元月初二日，左司为审扰呼兰 "金匪" 已被官军击败潜逃等事咨将军衙门军文 "其呼兰以西，哈尔滨烟屯（以南，编者注）等处，亦经双城堡总管、拉林协领衙门各出派官兵堵截"。①

分析与注释

"哈尔滨烟屯" 一句，属于 "句读" 错误，哈尔滨与烟屯是两个不同的地名（详见前述 "烟墩" 之地名），烟屯亦即 "烟墩" 的同音异写之地名。此外，"以南" 两字是作者标注的，因在《清代黑龙江历史档案选编》中脱落两字，没有印刷，故笔者特注明 "以南" 字样。双城堡总管，即今天的双城市；拉林协领衙门，即今天之拉林镇所在地。

> 光绪五年（1879）十月初五日，阿勒楚喀副都统衙门所报，拉林地方街市村屯开设铺户商民籍贯姓名清册中记载："哈尔滨地方开设当铺生理人姜全仁，系山西太原府盂县民，伙计郭逢禄系山西太原府交城县民。共伙计二名，雇工一名。"②

分析与注释

此处所记的哈尔滨地方开设的当铺是否与同治九年（1870）为同一当铺，还是另外一处当铺，有待于进一步研究。此外同治九年当铺的经理人是伯都纳人，而光绪五年开设当铺的经理人则是山西太原府人，其伙计两名，雇工一名均为山西人。有人推断光绪五年的哈尔滨当铺可能就是同治九年的当铺，姜全仁可能是从伯都纳人许成谟之手接管而来的当铺。这种

---

① 《清代黑龙江历史档案选编》光绪元年，第 34 页，选自《阿勒楚喀副都统衙门档案》。
② 《黑龙江历史档案选编》第 295 页第 1 段，选自《阿勒楚喀副都衙门档案》，光绪五年。

推测是否属实，尚待续考。不过从当铺经理人及开设的年代上看，当为不同的两个当铺。

> 光绪八年（1882）三月二十四日，呼兰副都统博为拟将"盗匪"姜仁有表首事咨将军衙门文。据姜仁有供：小的年三十六岁，原籍长春厅属界农安城北赵家沟子屯居民。父母俱在，弟兄四个，小的居次。无有妻室。练习木匠手艺为生。情因去岁十二月间，小的到至江南哈尔滨屯，小的族叔姜红发家看望，族叔即向小的商议过江北抢夺得财俵分的话。①

分析与注释

此处出现了"哈尔滨屯"的字样，至此有关哈尔滨地名的记录主要有如下几种："哈尔滨渡口""哈尔滨地方""江南哈尔滨""哈尔滨""哈尔滨沿江""哈尔滨屯"。"小的到至江南哈尔滨屯"，这是一句完整的口语；哈尔滨屯就是哈尔滨村之意。有人牵强将"哈尔滨屯"与金代"合里宾忒"联系到一起，则是毫无道理的。在黑龙江历史档案中对哈尔滨的称谓日显多样性，说明哈尔滨地域（地方）概念已经形成。哈尔滨屯当然有别于哈尔滨渡口。

> 光绪六年（1880），清朝巡边大臣吴大澂途经哈尔滨时的记录："八月二十三日申刻，行至哈尔滨，戌刻泊北岸黑龙江界，距呼兰城三十五里，读《国朝先正事略》第四册。"②

分析与注释

清朝末年巡边大臣吴大澂于1880年奉旨巡视吉黑边界，并乘船沿松花江而下，于八月二十三日申刻行至哈尔滨，戌刻停泊在北岸黑龙江界，说明哈尔滨在巡边大臣的眼里是非常重要的渡口之一。

> 光绪二十年（1894），"查夹板站地方，在厅之东南隅，相距已六

---

① 详见《清代黑龙江历史档案选编》光绪八年下册第 7 页，选自《黑龙江将军衙门档案》。
② 详见《奉使吉林日记》。

十余里，距阿什河则几及二百里，与别处集镇则相距远者，且均须折回行走，颇行不便，现经卑职等悉心公议，拟分作三路水运，一路运钱五万三千吊，在距阿什河较近之哈尔滨地方交割"。①

分析与注释

夹板站即今宾县境内夹板河入松花江之地，"厅之东南" 系指呼兰厅之东南。哈尔滨则距呼兰较近，并已成为吉、黑两省官方公差往返的主要交通要道，黑龙江省将距阿什河较近的哈尔滨地方作为两省交割运钱的地点，说明哈尔滨作为交通枢纽的位置日渐突出，"哈尔滨地方" 的地域概念已在官方公文书中正式出现，此时距 1898 年中东铁路修建仅有 4 年。

光绪二十一年（1895）六月初十，"出立社绝卖契文约人，镶白旗西丹杨连荣因手乏度日维艰，将祖遗坐落拉林界哈尔滨南白旗窝堡处丈明共计熟地三十垧，房基一所，旧草正房九间，地基四址注明列后，一概诚心出卖，作价市钱七百三十五吊，恐后无凭，特立杜绝卖契存证"。②

出立杜绝卖契文约人，镶白旗西沟屯西丹玉山，今有祖遗坐落哈尔滨南白旗窝堡熟地四段，房基场院一段，计六十垧，草正房二间，一概诚心出卖，作价一千二百吊。③

分析与注释

此为土地转让契约，转让人为镶白旗西丹杨连荣和西沟屯西丹玉山，将祖遗土地转让给民人。所谓祖遗，是指祖先留下的财产。旗人的土地和房产，大多是乾隆九年（1744）从北京顺天府宛平县迁来的京旗苏拉满洲，即闲散满洲旗人，从八旗衙门（清政府）手中所获得的。哈尔滨以南的镶白旗西沟西丹均是乾隆二十一年（1756）的第二拨旗人移民。据档案记载，说明哈尔滨附近也有旗人地亩，旗人地亩是旗人生计的重要来源。

① 选自《黑龙江将军衙门档案》。
② 选自中国第一历史档案馆藏《阿勒楚喀副都统衙门档案》第 17 盒 326 册，同见《哈尔滨寻根》第 98 页。
③ 选自《阿勒楚喀副都统衙门档案》，中国第一历史档案馆所藏，同见《哈尔滨寻根》第 98 页。

清朝末年这种转让旗地的现象层出不穷，八旗衙门与地方官吏已无法控制。档案中所谈到的"白旗窝堡"非"镶白旗"之正屯，窝堡是随着旗地的不断增多，旗人的生齿日繁而在官衙指定之外，由旗人自己开荒辟地的地方，土话称为"窝棚"，即在新辟土地旁歇脚"打坐"之地，搭上简易房舍。这种房舍为半地穴式，其上棚以蒿草苫盖呈 Λ 字形，旁开一门，俗称窝棚。白家窝铺现已成为哈尔滨市南岗区学府路的一部分，俗称白家铺。清朝末年哈尔滨依然归属拉林协领管辖。但是哈尔滨不仅是吉、黑两省的交界点，也是双城、宾州、阿勒楚喀、拉林、呼兰五个不同地方辖区的交会点。

据《吉林通志》载：

> 西北到松花江哈尔滨船口双城厅界九十里。

分析与注释

"哈尔滨船口"为"哈尔滨"又一新的名词概念（"船口"即摆渡口之意，土语称为"船口"，实为"渡口"之意——编者注），哈尔滨地名曾有"渡口"说，当来源于此。

> 据《黑龙江志稿》载："塔尔珲托辉，县西南（呼兰县）松花江支汊也。东流经双口西北，对青山南，分一支先入江，其正流东行至哈尔滨北，注入松花江。"

分析与注释

塔尔珲即上述之"他尔珲"，为松花江支汊，由此可知"他尔珲"是一条江汊河流，流经今日之对青山村南后入江，并在哈尔滨北注入松花江。此河应在今日哈尔滨江桥两侧的北岸河流中求证，或许就是今日上邬金水河，或许是江桥之西侧头道沟。而"双口"当为地名，距对青山较近。

据《黑龙江舆图》载：1897 年哈尔滨已存在三个冠以"哈尔滨"的地名，即"大哈尔滨"、"小哈尔滨"与"哈尔滨"。根据舆图所标注的里程计算：大哈尔滨屯距江岸哈尔滨渡口约 30 里，小哈尔滨距江边哈尔滨渡口则为 40 里。依地望诊之，当在今成高子及新香坊附近。据目前所知，有关清代历史档案中的"哈尔滨"地名的记载，当有数十条之多，这里仅就近年来在《黑龙江将军衙门档案》与《阿勒楚喀副都统衙门档案》及1900年以前的清代档案中所记载的哈尔滨地名，辑录已如上述。值得注意的是，哈尔滨这个地名一直归属于拉林协领衙门管辖区内。拉林即今黑龙江省五常市的拉林镇，这里曾经在乾隆九年升为副都统衙门，想必在拉林协领衙门档案中也有哈尔滨地名的记载。但迄今为止拉林衙门档案始终未见，究竟是全部遗失还是部分遗失尚不可知。2000年6月在阿城市永源镇双兴村满族后裔富察氏付瑞彦的家里，发现了一册《拉林阿勒楚哈（喀）京旗原案》的手抄本，这是目前所见拉林原案手抄本的首次发现。为此，笔者与哈尔滨市社会科学院地方史研究所特邀研究员伊葆力先生，日本东北学院大学文学部部长、著名清史专家细谷良夫先生于2000年9月3日对档案收藏者进行了调查。在永源镇诊所采访了付瑞彦的哥哥付瑞忠，并看到了他们收藏的富氏家谱。根据家谱的记载可知：此支付氏又写成"富"，"原系京都（北京）顺天府宛平县，右翼末甲喇，齐林宝佐领下，苏拉满洲。于乾隆二十四年拔至阿勒楚喀，洼浑厢白旗金阶佐领下旗务交差，现居阿城县北，顺凝社一甲成发沟屯"。上述《拉林阿勒楚哈（喀）京旗原案》是如何保存下来的，有待于继续探讨，我们期待着在清代档案中继续发现哈尔滨地名。

总之，在清代档案中不断发现哈尔滨地名，不仅能够使哈尔滨的地名始见时间一再提前，更主要的是研究清代哈尔滨的地理位置、发展状况以及与吉、黑两省的关系，哈尔滨的性质、渡口的方位等，都是非常有意义的。

归纳起来，哈尔滨在东清铁路修建以前，至少具备了较为集中的区域性质的集镇。其功能与内容可谓一应俱全：有烧锅，有村屯街道，有当铺，有网场，有渡口，有卡官、官人、乡约、地方，有土地买卖，有吉、黑两省货币交割之功能，等等。

上述这些都可以证明，哈尔滨早在东清铁路修建以前，根本不是一个"萧瑟寒村"和"荒漠村屯"，可以确定，清朝光绪年间以后哈尔滨地区的非农业人口开始大量涌入，其人口的来源主要是非旗人的民人，亦即汉民。大量的汉民族人口的进入打破了由旗人独霸一方的局面。由于不善于经营和耕种，旗人将旗地开始转让民人之手。尤其是光绪末年所出现的三个哈尔滨的村屯，证明哈尔滨已经形成了一定的区域和范围。

有人试图否定 1897 年开始绘制的《黑龙江舆图》是毫无根据的,① 因为 1897 年开始编修绘制的《黑龙江舆图》是一本官修地图,为有清一代关于黑龙江地方最为精确的地图之一,所测绘之方法均属当年最先进的方法。尤其是在绘制《黑龙江舆图》时,特意将吉林所属的哈尔滨地方绘制得十分精确。以当时历史背景诊之,屠寄等人在绘制此图时,是从多方面考虑了复杂的国际背景,否则是绝不会在《黑龙江舆图》的首页中就以"哈尔滨"地方为本舆图的开篇第二页,可见其意义是何等的重大。当时中俄之间的密约已经签订,东清铁路修建已成为清朝政府内部的公开秘密。在这样的历史背景下,清朝政府选派要员,花费巨资绘制黑龙江舆图则是有其更为深远的意图。在《黑龙江舆图》序中,屠寄讲述了绘制地图的前后经历及所用时日和花费白银的数量:

> 图凡六十一幅,每方十里,径始于丁酉(1897)六月,告成于己亥(1899)三月。用经费白银三万二千余两,其测绘考订之艰难详……会典馆原颁格式太小,山川地名不能一一详载,则阙略惜,比据第三次底稿详校,付之石印。缩小十分之七……此图详于江左而略于江右。是图凡车马可通之地,则步步详测,呈车马难通而人迹犹可至者,莫不穷幽凿险,而探绘之。②

当然,我们了解清代哈尔滨地名,主要是为了深入理解"哈尔滨"为什么在清代又写作"哈尔滨",而没有写成"哈尔费延岛"。释哈尔滨为"扁"意从何而来,难道就凭松花江中的几座沙洲就可以解释哈尔滨出自满语地名吗?在清代的所有档案记载中的哈尔滨地名没有一处是定位在沙洲上的,从来所有有关哈尔滨村屯的所在地均是明确标定在松花江的南岸。他尔珲、塔尔珲与爱尔珲这些临近哈尔滨地名的出现,不仅证明了哈尔滨地方是主要的渡口,更为重要的是它们为印证哈尔滨就是"天鹅"之义,提供了最有力的旁证。通过展示上述清代历史档案与文献对哈尔滨地名的记录,我们不难看出,为什么在后来产生的众多的解释中,会出现"渡口"说、"晒网场"说、"贫寒小村"等说法呢?除了其他原因,我们

---

① 纪凤辉:《哈尔滨寻根》,哈尔滨出版社,1996。
② 张延厚:《黑龙江舆图》序,辽沈书社,1984。

还忽视了哈尔滨在清代同治年间之后,已经形成了区域。所以,人们在档案中才把靠近松花江的地方称为"哈尔滨渡口""船口",而把离江稍远的哈尔滨村称为哈尔滨屯,并将哈尔滨地方的几处村屯分别称为"大哈尔滨"与"小哈尔滨"。清代哈尔滨地名的大量发现,不但否定不了金、元、明、清四朝的"合里宾忒""阿勒锦""哈剌场""哈儿分"的存在,相反,更加缩短了金代阿勒锦与清代哈尔滨地名之间的历史空间距离。

哈尔滨地名"天鹅论"地名语境的人文背景

——来自考古学的证明

黑龙江流域的地名极具鲜明的地域文化特征，若从"科学语境论"的角度看待历史地名的话，我们就会从其简单的地名外壳中透视出丰富的文化内涵。也就是说，构成历史地名的成分绝不仅仅是文字符号和地名语音的发声，在看似简单的地名背后蕴含着复杂的语境背景。某个历史地名的形成过程就是某个地名语境背景的历史发展过程，任何一个存在的历史地名都离不开历史时空的社会背景与生态环境。历史地名诞生的过程并不是随意的，而是受到社会与自然力综合作用于人的思想观念中，这里包括宗教信仰的因素，自然环境中最突出的有影响力的因素。组成历史地名的科学语境背景的因素主要包括地名的语音发声和为发声所标注的文字符号，以及人们的思维方式、哲学观念、宗教信仰、民族文化与传统、自然生态环境中的诸要素等。上述的因素也都是作为地名形成的最初的信息，不断地刺激并潜移默化地影响而逐渐形成最终的地名符号，久而久之便被人们固定下来。

哈尔滨这个历史地名就具有鲜活的历史文化特征，应该说它是黑龙江流域乃至中国北方地区少数民族历史地名中最具特色的代表。在这一历史地名的结构中包含了历史地名语境背景要素所具有的全部特征。在本书前几章里，我们主要讨论了"哈尔滨"这一历史地名语言的语词性质，并就其语音的原始发声和其语义、语源进行了深刻的剖析与探讨，从而使我们最终走出汉字圈的重重包围，认清了"哈尔滨"这一历史地名语言形成和演化的全部过程。"哈尔滨"地名一词，并非是其历史地名语言的原貌，不过是利用汉字对其原貌所进行的标音文字或可称之为"地名语音符号"。也就是说，作为"哈尔滨"一词的汉字本义的确毫无任何意义。它的原始发音是"galuwun"，"HareBin"只是对哈尔滨的原始发音的现代标音。哈尔滨的语源来自女真语或阿尔泰语系中的蒙古语系统，因为女真语与阿尔泰语系的蒙古语有着密不可分的联系。清代历史档案中所出现的用满文书写的 "哈尔滨" 地名文字不过是一种新的标音符号。满文不过是 1599 年后参照蒙文的 "畏兀儿" 字创造出的一种拼音文字。此外，满文所记录的 "HareBin" 地名既晚出于金代的 "合里宾忒"，元代的 "合里宾" "哈里滨"，明代的 "哈儿分"，也晚出于金代的 "阿勒锦"，元代的 "哈剌场"，明代的 "海西哈儿分"，"哈尔滨" 一词的真正含义就是 "天鹅"。

　　然而，"哈尔滨" 这一历史地名语词的本义为什么是 "天鹅" 呢？这是个颇难回答的问题，我们为了弄清哈尔滨地名的真正含义，不得不从其语音、语源的角度来探索哈尔滨地名的语义。然而，不能因此就轻而易举地表示出 "哈尔滨" 地名的含义之谜已经得到了彻底的解决。因为，我们还没有对其为什么是女真语 "天鹅" 之义做出解释。也就是说，对一个地名的释义，并非仅仅是破译语音系统，更主要的是要对破译的地名语词做出合理科学的解释，当然这要涉及解释学。李东教授曾在其所著的《科学语境论》中精辟地论述道："解释学认为：在人文科学中，理解是先于释义的，但又包含着释义。只有理解了才会有释义，理解是释义的前提；反过来释义又会加深理解，这是一种循环关系。"① 我们所要理解和释义的对象是 "哈尔滨" 地名，哈尔滨地名具有历史化石的功能，既承载着历史，又承载着传统与文化。我们在破解了哈尔滨地名的语音、语源后，才能对其地名的含义有充分的理解和解释。正如语言学家帕默尔（L. R. Pamer）所说："地名的考察实在是令人神往的语言研究工作之一，因为地名本身就是词汇的组成部分，并且地名往往能提供重要的证据来补充证实历史学和考古学家的论点。"②

　　为了使读者更能加深理解笔者对哈尔滨地名语言含义的释义，我们不妨循着 "哈尔滨" 这一历史地名语言的语境背景，去搜寻一下根植于历史情境中的真实场景。迄今为止，能够为 "哈尔滨" 这一地名语词的 "天鹅" 释义并直接提出依据的，莫过于近几年来在今天的哈尔滨市及其周边地带的金代遗址中出土的大量天鹅玉雕佩饰和各种天鹅文物饰件。可以毫不夸张地说，哈尔滨市与毗邻金代上京会宁府故址是目前我国出土天鹅饰件最丰富最集中

---

① 李东：《科学语境论》，哈尔滨出版社，1996。
② 转引自赵阿平《哈尔滨地名含义》，《哈尔滨师专学报》1999 年第 4 期。

的地区之一。然而，这样一种奇特的历史文化现象，并没有引起考古工作者和历史地名研究者的充分注意。为什么能够在哈尔滨市区及其周边一带出土大量的金代天鹅饰件呢？这些天鹅佩饰与哈尔滨地名之间究竟有着怎样的一种文化传承的联系呢？这正是我们所要寻找的"哈尔滨"历史地名语言的语境背景的核心问题。自20世纪90年代初期以来，笔者便开始注意收集有关哈尔滨地区所发现的各种金代天鹅玉佩、镏金铜带铐、玉带板等实物和照片，越发从中感受到"哈尔滨"地名含义的天鹅"视界"已经形成。为了便于读者与笔者一起对出土的"天鹅视界"的观察与理解，笔者将公布这10年来在哈尔滨市区及其周边地带所发现的"天鹅"文物出土的信息。

一　哈尔滨市新香坊火车站附近金代墓葬中所发现的"玉质天鹅"

1983年8月31日，在哈尔滨新香坊火车站铁路危险品仓库的施工中，突然发现了地下埋藏的"石棺"，施工部门当即报告黑龙江省博物馆。省博物馆获悉后，立即选派了考古部主任安路及贾伟民二同志奔赴现场，进行实地勘察和发掘。经过近两年的科学发掘查明，这是一处金代早期的古墓群。

古墓群位于哈尔滨市的东南郊，阿什河左岸的二级台地上。西距张家油坊屯1千米，南距哈尔滨市绢纺厂1.5千米，东侧为阿什河河谷的漫滩地。东北3千米处便是哈尔滨市香坊区幸福乡莫力街古城遗址。其东南30千米处便是金上京会宁府遗址，西距香坊车站亦即1898年修筑中东铁路时的田家烧锅仅6千米[1]（此地原称老哈尔滨站）。此地原属哈尔滨市香坊区幸福乡幸福村四队的农田，现已被哈尔滨铁路分局征用，并在这里新建成一座危险品仓库，金代古墓群就坐落在这一仓库的院子内。许多金代墓葬至今仍压在仓库的房基下，考古工作者仅仅清理发掘了部分金代墓葬。[2]

安路与贾伟民两位同志对这群金代墓葬连续进行了长达两年的发掘工作。笔者曾多次到达发掘现场，并对1984年金墓中所出土的两件用白玉雕琢成的天鹅玉饰产生了浓厚兴趣。天鹅玉饰呈三角形，据省博物馆保管部主任田华同志告知，天鹅的尺寸为2.1厘米×3.8厘米，其正面为天鹅浮游于池塘的莲叶之中，天鹅口衔含苞待放的莲花，双翅与尾部翘起，背面平整无

---

① 李述笑编著《哈尔滨历史编年》，哈尔滨市人民政府地方志编纂办公室，1986。
② 《黑龙江史志》1983年第10期。

纹饰,当为"天鹅"衔莲花纳言佩饰。玉呈牙白色,并浸有骨色。雕工精湛,技术娴熟,均为透雕的手法。这两件天鹅衔莲花纳言饰件当为佩带在男性死者头部幞头后面的纳言无疑。但是,其玉质、大小以及雕工的精美程度都不如完颜晏夫妇合葬墓中出土的同类天鹅佩饰。说明墓主人的身份与地位可能不如前者,但是,若从新香坊墓群为金代早期墓葬的特点分析,金初的玉质雕工技术等均不如大定年间的娴熟。在墓葬中除出土玉雕天鹅外,还有玉雕凤鸟佩饰、金耳坠及镏金龙凤纹图案的鞍桥等(见图1)。

图1 金代玉质天鹅衔莲纳言佩饰

二 哈尔滨市东郊金代完颜晏夫妇合葬墓中出土的一对金代玉雕天鹅

1987年5月下旬,黑龙江省阿城市巨源乡城子村村民在村西岗地上平整房基地时,发现了一座金代墓葬。黑龙江省文物考古研究所随即派王永祥、金太顺等人对此墓做了抢救性的清理工作,并出土了一批较为完整的金代服饰和罕见的金、银、玉器。墓葬位于黑龙江省哈尔滨市东郊与阿城市巨源乡相比邻地区。其地处于松花江南岸,阿什河与蜚克图河下游入松花江之间的位置上。城子村坐落在由西南呈东北走向的岗地上,岗地东端为金代古城,西端则为此墓葬所在地。古城周长1200余米,南距金上京古城约40千米,北距松花江仅6千米,岗地的北侧是一望无际的河漫滩地。该墓为竖穴、土坑石椁木棺葬,在朱漆木棺内葬有男女二人,即金代完颜晏夫妇合葬墓。位置为男左女右。男女二人所着衣裳各为九层和八层,这是目前为止金代考古中最为丰富和惊人的发现,对此学术界素有"北方马王堆"之称。完颜晏夫妇合葬墓的发现，的确轰动了中国的北方考古学界，尤其是对黑龙江流域的历史与文化开始引起了人们的广泛关注。

　　关于完颜晏夫妇合葬墓的发现经过，及其墓葬中所出土的丰富的文物已有论述，此不赘述。① 下面仅就墓中主人完颜晏所带的"皂罗垂脚幞头"后所缀饰的"白玉天鹅衔莲纳言佩饰"（见图2、图3、图4）作一介绍。

图2　金代玉质天鹅衔莲纳言佩饰

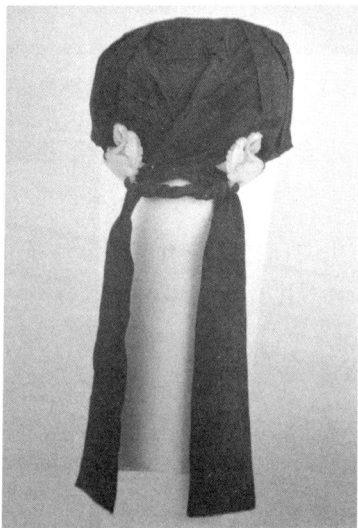

图3　金代齐国王墓出土"皂罗垂脚幞头"所缀白玉
天鹅衔莲纳言佩饰

---

　　① 详见赵评春等《金代服饰》，文物出版社，1999。

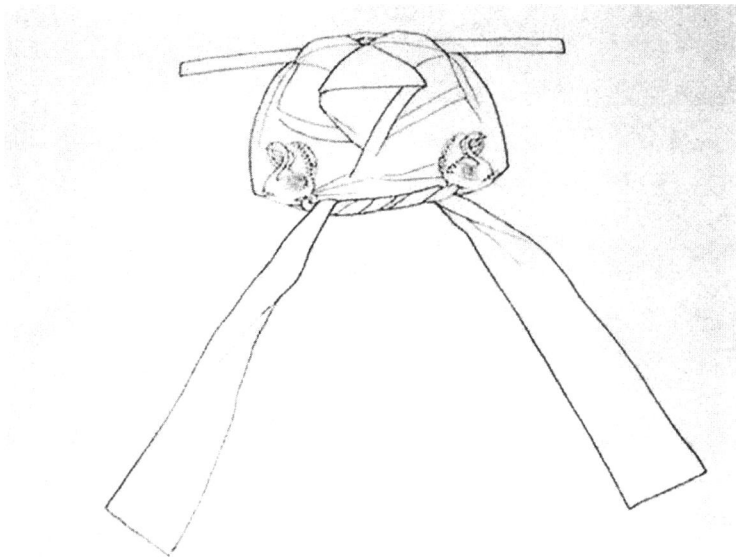

图 4　此图为上图的线描图

两只白玉天鹅通体纹理清晰，高 4.47 厘米、胸尾长 3.96 厘米、厚为 0.7 厘米。据赵评春等人在其所撰写的《金代服饰》一书中考证："《后汉书·舆服志》曰：巾，'合后施收'，'尚书帻'，收方三寸，名曰'纳言'，示以忠正，显近职也"，唐代亦承袭此说，宋诸臣冠舆金皇冕，后冠等皆后有纳言。又《宋史·舆服志》载：所谓施收，即纳言；其分三寸，表明纳言定制尺寸。宋仁宗时，造冠冕，减珍华，以"纳言"，"元（原）用玉制，今用青罗来画出龙鳞锦"，可见纳言本为玉器，而南宋"减珍华"之际，正是金国初求中原典章之期。故此幞头巾子后合施系玉为"纳言"无疑。鹅为冠鸟，《本草纲目》卷四十九引《禽经》："冠鸟性勇。"白玉天鹅口衔莲花，其意应在表现物主其德如玉，忠勇守职，从谏纳言。①

笔者认为，赵评春的考证颇有道理，所谓的"纳言"就是纳谏者之言的意思，幞头后缀有"纳言"者，便是皇帝对其敢于纳谏直言的大臣的最

---

①　赵评春等：《金代服饰》，文物出版社，1999。

高奖赏。用洁白如玉的天鹅配以出淤泥而不染的莲花，是正直廉洁、高贵品格的象征。

以白玉天鹅为纳言之饰物可能始于金代。因为女真人对天鹅的生活习性及性格崇拜之极，故将天鹅作为表现"纳言"的信物。此外，完颜晏的幞头后缀系白玉天鹅除了具有纳言之意外，当与女真族崇尚天鹅有关，想必是其家族对天鹅情有独钟，不然穆宗的女真名字不会用"乌鲁完"（天鹅）之义来表述，恐怕"天鹅"早已成为完颜氏家族族徽的标志。

两只白色玉雕天鹅曲颈昂首，浮于水面，双翅顶端露出水体之外，口衔莲梗，莲花反转于颈后。天鹅腹下雕刻出水流浪花。匠人巧妙地利用了水流浪花的镂空技术雕出两孔，用来缀系天鹅饰物于幞后。"从总体上看，天鹅、莲叶和水波等设计精巧，结构严谨，三者关系处理十分得体。从细部雕刻手法上看，用阴线刻饰天鹅的羽毛，莲叶的叶脉，水的波纹，均较逼真，与工笔翎毛相通，都是写实的精神产物。在艺术处理上，天鹅与水流以及莲叶的曲线象征简洁，主题突出，自有其独到之处。从碾工对形象处理的熟练程度来看，显然是金代玉匠高手。"

三　1990 年阿城市杨树乡一农民在自己的院子中挖出了一条金代玉制"吐鹘带""吐鹘带"出土后即被收藏家所收藏

因偶然机会，笔者目睹了这条稀世珍宝玉制"吐鹘带"，并拍下了一组照片。"吐鹘带"为 12 块玉带板组成，其中两端为铊尾，中间为10 块玉带板，每 6 块玉带板分为一组，其图案为正反相对应。每块玉板背面均有琢碾凹槽，四角有"V"形孔，孔中用纯金钉穿缀，有的带板尚保留有金片。每块带板正面琢碾成海东青抓天鹅的图案。实为海东青与天鹅搏斗的惨烈场面，天鹅正引颈高亢长鸣，双翅做奋力搏击状。海东青牢牢地用双爪抓住天鹅的脖颈，正用嘴噙啄天鹅的头部。天鹅伸长脖子回首猛力地挣脱，并奋力用双翅扑打，企图摆脱海东青鹰的追捕。这种图案既表现了女真人以小搏大、以弱胜强的精神，同时，也表现了天鹅不畏强暴、顽强抗争的勇气。玉雕主题的陪衬为镂空的祥云图案。铊尾的图案均为海青拿天鹅，亦称"吐鹘"，这是新中国成立以后唯一发现的最完整的金代玉吐鹘带，玉制吐鹘带为新疆和田青白玉质。铊尾长 5.2 厘米，宽 3.3 厘米，厚 0.5 厘米；带板尺寸为 3.7 厘米 × 4.3 厘米；凹槽为 0.25 厘米，整个玉带长为 49 厘米（残长），实际长度应为 53.3 厘米。共有 10 件带板，两块铊尾组成，共计 12 件，现残缺一件，仅剩 11 件（见图 5、图 6、图 7、图 8）。

图 5　金代早期"玉叶鹊带"左侧铊尾

图 6　金代早期"玉叶鹊带"铐板

图 7 金代早期"玉叶鹘带"右侧铊尾

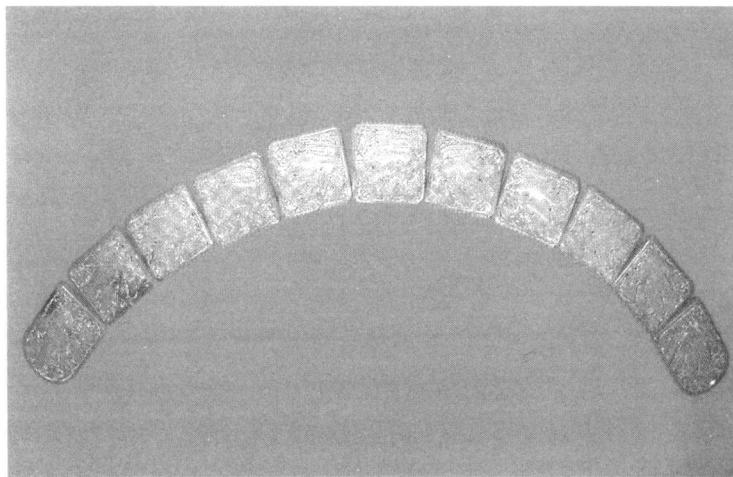

图 8 金代早期"玉叶鹘带"

四 阿城县发现镏金铜"吐鹘带"

1980 年，黑龙江省阿城县（今改称阿城市）阿什河乡白城村三队及四队农民，在金上京古城（俗称白城）东侧 1.5 千米处挖沙时，发现了一处女真人的墓群。根据阿城市文物管理所原所长阎景全先生整理发表的墓地清理报告得知，在墓葬的随葬品中发现了"海青拿天鹅"的镏金铜带锌（实则为金代官员所佩带的"吐鹘带"），现将阎景全先生所发表的有关"海青拿天鹅"的镏金铜带锌描述的原文附录如下：

鹘捕鹅纹鎏金铜带3件，现存5节。其中3节完整，2节残断。有3节是以鹰鹘海东青捕捉一只展翅飞翔的天鹅为纹饰，背有嵌钉。每节长12.9厘米。其中1节，于鹅下铸环。另2节的纹饰作小天鹅回首安卧状，背有嵌钉。每节长3.2厘米。其中1节，1只小天鹅至今仍与背面的铜片铆合着，中间夹的一段皮带也被保存下来，带宽2.2厘米。[①] 这件鎏金吐鹘带仅剩5节，如按照玉制吐鹘带分析推断，当遗失了7节。其中与玉"吐（兔）鹘带"所不同之处有如下几点：

其一，其中一节于鹅下铸环，当为"吐鹘带"上所悬缀其他佩件之物。

其二，此鎏金吐鹘带的"海青拿天鹅图案"天鹅呈一字形展翅飞翔，海东青鹰则伏在天鹅的头上，正在啄天鹅的头部。若与上述"玉吐鹘带"相比，海东青鹘与天鹅均无动态的感受，或许因为鎏金吐鹘带为冶铸制成，在铸范上匠人很难像玉匠技法，可以用刻刀在玉板上灵活表现自己的艺术手法。

其三，鎏金铜"吐鹘带"上的节板之图案区别很大，玉"吐鹘带"所表现的均为一种图案，即海青拿天鹅。而铜"吐鹘带"则表现的图案除了海青拿天鹅之外，尚有可爱动人的小天鹅卧伏回首的形态，并独自占据一节图案。这说明在"吐鹘带"上除了表现海青拿天鹅的主体外，还将天鹅以令人喜爱的体态表现得淋漓尽致。（见图9、图10）

图9　金代鎏金铜"兔鹘带"

---

① 阎景全：《黑龙江省阿城市双城村金墓群出土文物整理报告》，《北方文物》1990年第2期。

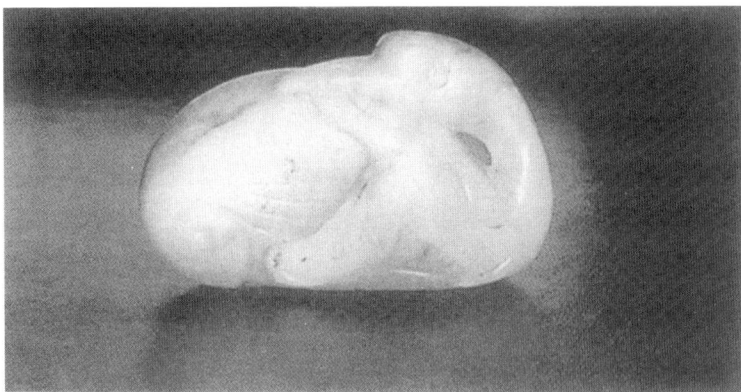

图 10　金代玉质天鹅衔莲佩饰

显然，上述出土的两件"吐鹘带"并非一般的带铐，而是两位地位非常显赫的女真贵族所使用的束带，即女真人常用的专门束腰带，据《金史·舆服志》载："金人之常服四：带、巾、盘领衣、乌皮靴。其束带曰吐鹘……其从春水之服则多鹘捕鹅，杂花卉之饰……"又载："吐鹘，玉为上，金次之。"玉质的"吐鹘带"为最上品，铜质的"吐鹘带"则在玉、金、犀象骨角之后。"其刻琢多如春水……之饰。犀象骨角又次之"。①由此可知，这两件"海青拿天鹅"的吐鹘带正是女真人常服中的"吐鹘带"，又写作"兔鹘"，"吐鹘"为女真语，其意就是海青拿天鹅之图案的专用名词。参照上述《金史》记载可知，这两件吐鹘带的出土，不但说明了女真匠人制作的工艺水平和写实的技巧，而且深刻地表现了女真人的内心世界，体现了女真人为之骄傲的神奇力量。天鹅已成为女真人心目中最崇高、最勇敢、最坚强、最善良的象征。

此外，在哈尔滨市区的道里区、太平区、香坊区、动力区以及沿江一带的金代古城、古遗址、古墓葬中出土的天鹅饰件，不断被耕作的农民和建筑工人所发现，其中多数流传到了民间的文物市场上。近年来，笔者在金代考古学者张泰湘老师的帮助下，看到了许多哈尔滨地区出土的金代玉雕天鹅饰件。同时在好友——金代文物鉴定专家伊葆力先生的帮助下，笔者结识了许多哈尔滨市及阿城市金源文物精品的收藏家。在他们的帮助下，笔者才得以见到许多旷世珍宝及非常稀有的玉天鹅饰件。兹将笔者所见之天鹅玉件介绍如下。

---

① 《金史·舆服志》，中华书局，1975。

1. 金代春水玉佩

直径长 4.7 厘米，宽 4.3 厘米，厚 0.4 厘米，玉佩近似方形，白玉质，光润而娟秀。为透雕技法，呈现出两只天鹅悠然自得的形态，正口衔莲梗交颈嬉戏徜徉在池塘的荷叶中，尤如一对不知疲倦的爱侣在碧波荷叶中结伴，划游在寂静的池塘中，令人愉悦神往。其姿态婉转而媚人，线条柔美，当为碾玉高手之作。此春水玉佩出土于哈尔滨市郊区古城附近，现收藏于阿城市民间（见图 11）。

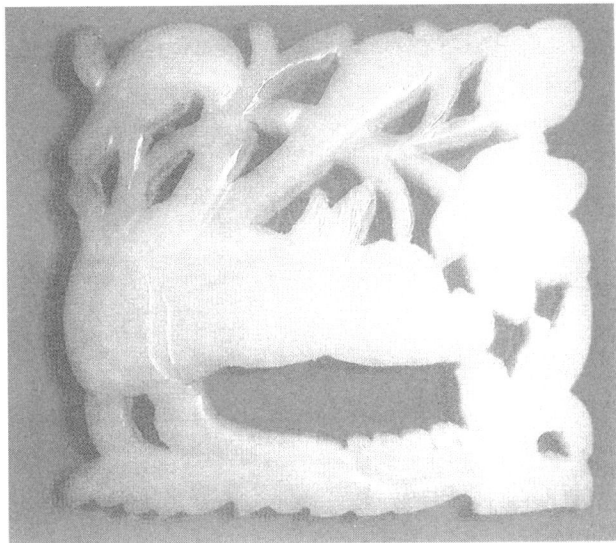

图 11　金代春水玉佩

2. 金代海东青拿天鹅玉佩饰

直径：5.4 厘米 ×3.4 厘米，玉佩呈椭圆形，白玉质，光泽温润，为镂空透雕技法。正面为一只海东青鹰正擒捉天鹅头颈，一只硕大的天鹅在荷叶中奋力反抗与搏击，海青鹰与天鹅的比例为 3∶1。玉佩背面有凹槽，当为镶嵌在玉带上的带板。此玉出土于哈尔滨郊区的金墓中，现藏于民间（见图 12）。

3. 金代白玉镂空透雕环托海青拿天鹅玉佩饰

直径：6.7 厘米 ×6 厘米。白玉质，椭圆形，环衬以水波荷叶为背景，主题突出天鹅与海东青鹰搏击的场面。玉制晶莹剔透，凸显出天鹅的高洁与海东青鹰的凶猛。玉匠刀工娴熟，雕刻精当有致。此玉出土于哈尔滨市太平区，现收藏于民间（见图 13）。

图 12　金代海东青拿天鹅玉佩饰

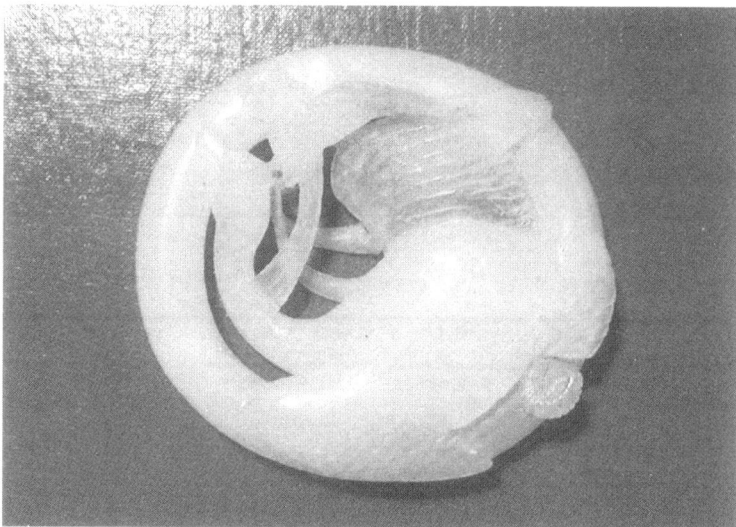

图 13　金代白玉镂空透雕环托海青拿天鹅玉佩饰

4. 金代白玉天鹅衔水草玉佩饰

直径长 4.2 厘米，高 3 厘米。白玉质，通体呈浑圆三角形。天鹅嬉戏于水中，正回头衔水草，鹅嘴与水草的梗恰为白玉的"瑕疵"之处，匠人巧妙地利用了这块"瑕疵"，黑色的尖嘴正叼着一支水草的梗，给人一种巧夺天工之感。天鹅的颈、胸、腹部玉质光泽圆润，正表现了天鹅的妍丽与温和的性格。尤其是天鹅的羽翅雕制得极为细腻精致，羽翼的每一根鹅毛都刻画得栩栩如生，刀法繁缛而不乱，整齐而不呆板。此件白玉天鹅佩饰为目前所仅见，是一件极为珍贵的稀世珍品。现收藏于民间（见图 14）。

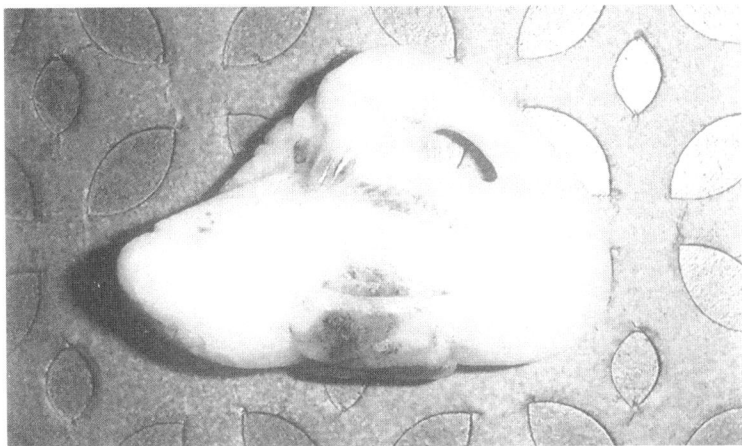

图 14　金代白玉天鹅衔水草玉佩饰

5. 荷花纹白玉天鹅带板

直径长 3.3 厘米，宽 5.3 厘米，厚 0.9 厘米，长方形，玉带板上图案为青玉质。为浅浮雕技法，天鹅正引颈轻展双翅，尾部翘起，酷似刚好落在湖面荷叶丛中之状。天鹅形体充满玉带板的正面图案，间衬以荷叶、莲花及莲梗。整个画面表现出天鹅的神态优雅、安逸和谐的情景。带板背面为一凹槽，四角有"V"形孔为缀系在革带之。

6. 金代白玉天鹅母子嬉水佩饰

直径长 4.2 厘米，高 2.9 厘米，白玉质，呈长方形。一大一小两只天鹅正嬉戏于水中，大天鹅口中吐出一串水花，正回首悯望着小天鹅。小天鹅则引颈回首，表现出与大天鹅的亲昵之情。小天鹅恰是大天鹅比例的三分之一，表现了浓郁的天鹅母子之情。天鹅的雕工技法简洁明快而又生动，此玉为腰间所缀之佩饰，出土于哈尔滨市区，现收藏于民间（见图 15）。

7. 金代墨玉浅浮雕天鹅带板

直径长 6 厘米，宽 3.3 厘米，厚 0.6 厘米呈长方形。墨玉质呈绿色，正面图案为一只天鹅蜿蜒划开厚厚的绿色苇草，美丽的长颈正从水中钻出，屈伸于荷叶丛中。优美的曲颈与浮雕般的羽翼展现在人们面前。天鹅那种悠闲自得的神态，犹如一缕青绿的长发飘逸在水中。听流泉，划水波，赏荷花，天鹅其乐融融，在这水天一色的空隙中，唯有天鹅才能达到

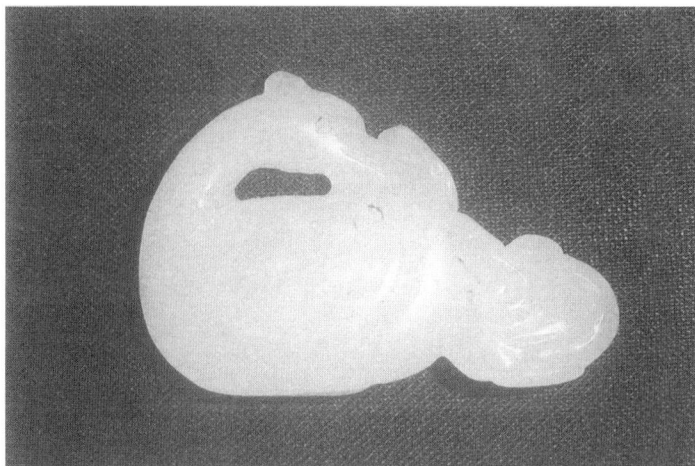

图 15　金代白玉天鹅母子嬉水佩饰

如此高超的雅性,这正是女真人为什么如此厚爱天鹅的根源所在。此件天鹅墨玉带板出土于金上京古城,现收藏于民间(见图16)。

图 16　金代墨玉浅浮雕天鹅带板

8. 明代碧玉镂空春水纹如意饰件

直径长7厘米,宽4.5厘米,厚1.2厘米,呈椭圆形,通体为碧绿色。正面采取多层次镂空的技法,呈现出天鹅隐藏于荷塘苇丛间的景况,配衬以天鹅的图案,主要有荷叶、盛开的莲花与莲梗。整个玉佩外环绕玉托,此件收藏于金上京历史博物馆内(见图17)。

9. 元代玉质荷叶双鹅镇纸

直径长6.3厘米,宽4厘米,略呈椭圆形,正面为两只回首相望的天

图 17　明代碧玉镂空春水纹如意饰件

鹅，各口衔水草叶，背面为一荷叶，天鹅犹如镶嵌在荷叶之中。此件玉饰出土于哈尔滨市，现收藏于民间（见图 18）。

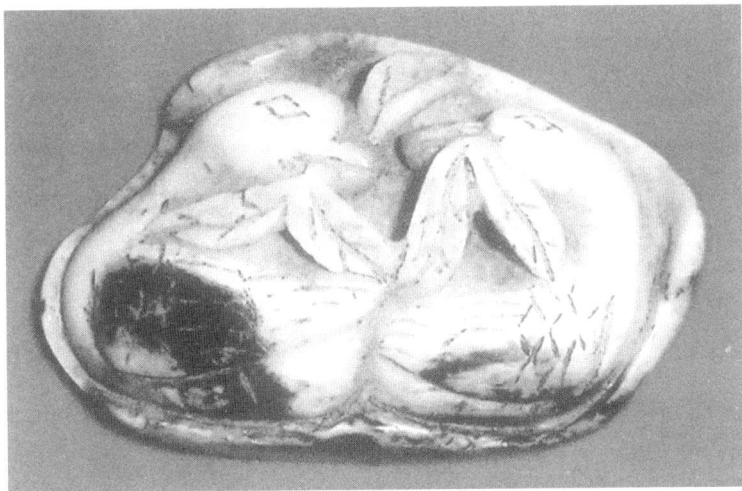

图 18　元代玉质荷叶双鹅镇纸

10. 明代玉质天鹅佩饰

直径长 4.4 厘米，高 3.2 厘米，呈三角形，玉呈褐青色。天鹅做回首状，口衔灵芝水草，酷似在寂静的池塘苇丛中漫游。此件玉佩出土于哈尔滨市区内，现被私人收藏（见图 19）。

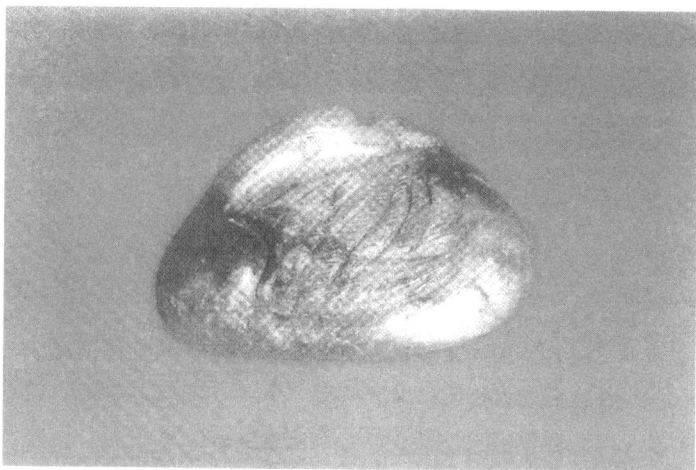

图 19　明代玉质天鹅佩饰

11. 金代玉质天鹅卧莲镇纸

直径长 5 厘米，高 2.2 厘米，厚 2 厘米，青玉质，呈牙黄色。天鹅的头颈回首伸向羽翅的末端，犹如用嘴吸吮羽毛上的露珠，底部为一荷叶，鹅酷似卧在荷叶之中，整个造型恰似天鹅进入了安谧的梦乡。此件于 1996 年出土于哈尔滨市道里区，现收藏于民间（见图 20）。

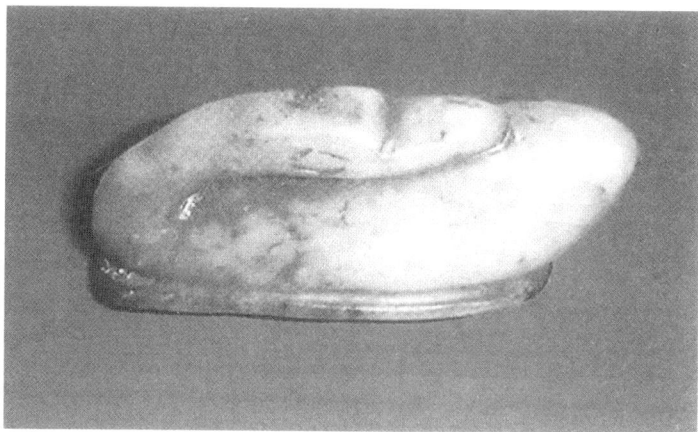

图 20　金代玉质天鹅卧莲镇纸

12. 青玉春水秋山带板

直径长 5.6 厘米，宽 3.5 厘米，厚 1.1 厘米，呈长方形，青玉质。正面为盛行于辽金两朝的"春水秋山"图案。左侧下方有小鹿回首嘴衔树枝，小鹿两侧各有枝杆一棵，小鹿脚踏大地间有树根残枝。右侧上方角落为一只天鹅，正欲落下，双翅微展，引颈寻觅落脚处，整个版面为春水秋山图。这种春水秋山图案并不多见。玉带板的四框均为树藤松枝缠绕图案。玉带板后面则为凹槽，四角有 "V" 形孔以缀系之用。此件玉器出土于金上京古城，现藏于民间。

13. 青铜质天鹅饰件

直径长 2 厘米，高 2 厘米，厚 0.3 厘米，青铜质，铸造为一只天鹅昂首挺胸，漫游于水中。出土于金上京古城内，现收藏于民间。

14. 青玉春水（天鹅）帽正

直径长 3 厘米，宽 2 厘米，厚 0.4 厘米，呈椭圆形，青玉质，白中泛青色。为镶嵌在帽正之物。正面图案为天鹅在苇丛中漫游，空中有两只天鹅正欲落下。表现手法为写实，整个画面犹如一幅山水画。此件玉器出土于金上京，现藏于金上京历史博物馆内。

15. 明代青玉天鹅摆件

直径长 7 厘米，通体高 6 厘米，厚 3 厘米，为天鹅写实造型，青玉质。天鹅作回首状口中无衔物。鹅身硕大圆润，尾部和羽翅刀法通直，雕刻技法为写实。该件饰物发现于哈尔滨市区，可能为明清之物，现收藏于民间（见图 21）。

图 21　明代青玉天鹅摆件

16. 明代墨玉天鹅卧莲摆件

直径长 7 厘米，高 3.8 厘米，厚 1 厘米，青玉质，天鹅卧伏于莲叶上，悠闲栖居，身上的双翅为浅浮雕变形刀法，刻画出浅浅的流线，显得十分流畅，莲叶两侧卷起并包裹着天鹅的掌部。此件发现于哈尔滨市，现收藏于民间（见图 22）。

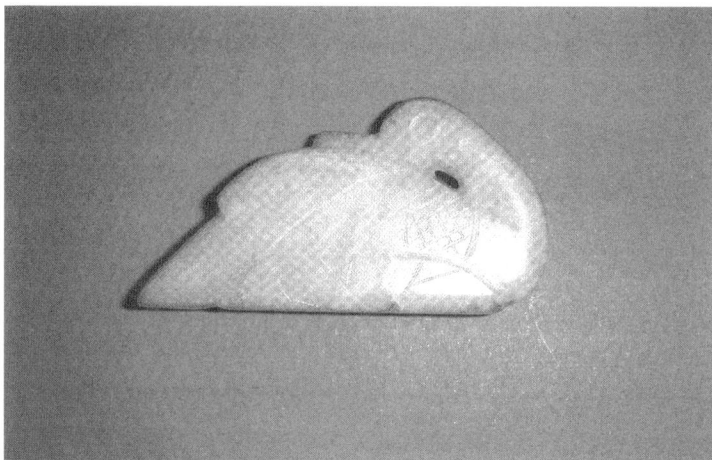

图 22　明代墨玉天鹅卧莲摆件

17. 清代玉质天鹅佩饰（一）

直径长 5 厘米，高 3 厘米，厚 1.4 厘米，青灰色玉质，整块玉雕呈三角形，天鹅做回首状，底部无荷叶，口无衔物。天鹅表情十分安谧，似乎有微微的倦意。正面翼翅用一莲叶掩盖，十分巧妙。此件出土于哈尔滨市，现收藏于民间（见图 23）。

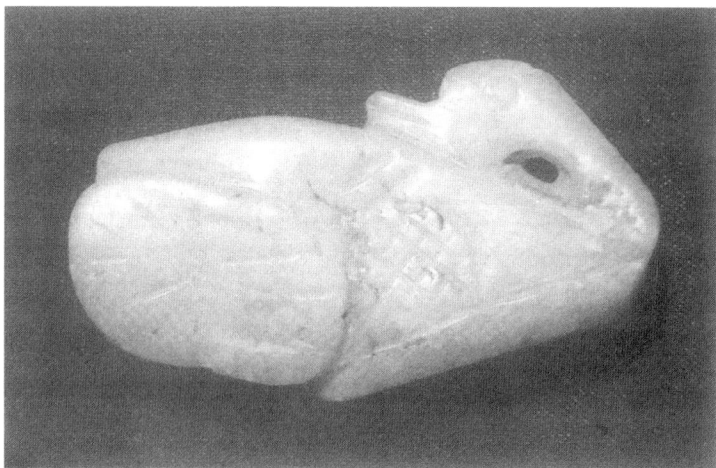

图 23　清代玉质天鹅佩饰

18. 清代玉质天鹅佩饰 （二）

直径长 4 厘米，高 3 厘米，厚 1.5 厘米，青玉质。天鹅做回首状，口中衔一水草梗。哈尔滨市内征集，现收藏于民间（见图 24）。

图 24　清代玉质天鹅佩饰

19. 青玉回首衔水草天鹅玉饰

直径长 5 厘米，高 3 厘米，厚 2 厘米，青玉质，天鹅做回首状，口中衔一水草，卧伏在莲叶上。哈尔滨市内征集，现收藏于民间。

20. 青玉天鹅回首卧莲饰件

直径长 5.5 厘米，高 3.3 厘米，厚 1.2 厘米，玉质浑浊，天鹅做回首状，口中无衔物。卧于两片荷叶间，雕刻技法粗糙，似为民间之物。哈尔滨市内征集，现收藏于民间。

21. 清代玉质浮水天鹅佩饰

直径长 6.4 厘米，高 3.5 厘米，厚 0.9 厘米，白玉质，天鹅作浮游水中之状，两翼翅略微耸起，至顶部做卷云波浪状，鹅首紧收，贴近前胸。鹅嘴及鹅翅顶部有孔，可能是缀系之物，通体洁白无瑕。发现于哈尔滨市内，现收藏于民间（见图 25）。

22. 清代玉质天鹅佩饰 （三）

直径长 4.6 厘米，高 3.1 厘米，青玉质，通体带有瑕疵，双翅微张，鹅头

图 25　清代玉质浮水天鹅佩饰

回首枕在左翅之上，酷似天鹅受伤后坠地，正欲腾飞，而伤痛难忍。该玉件无荷叶、水草与水波纹饰。出土于哈尔滨市区，现收藏于民间（见图 26）。

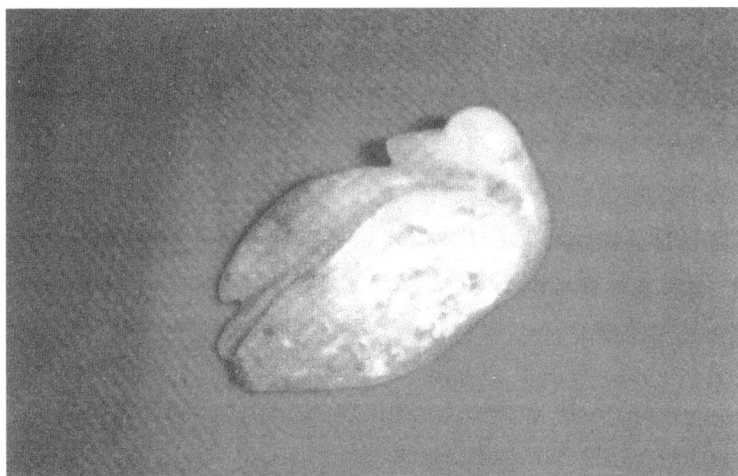

图 26　清代玉质天鹅佩饰

23. 白玉情侣天鹅饰物（已残）

直径长 3.5 厘米，宽（残）1.5 厘米，玉呈牙黄色。为两只天鹅相互依偎在一起，均做回首状，一只天鹅尾部已残，其雕工技术娴熟精细。现收藏于民间。

24. 青玉回首天鹅衔如意纹草梗

直径长 4.5 厘米，高 3.7 厘米，厚 2.7 厘米，白玉质，呈圆球形，天鹅回首衔草梗漫游于水中。雕工粗糙，当为民间饰件，出土于哈尔滨市四方台金代古城，现收藏于民间。

25. 金代青玉天鹅衔荷叶饰件

直径长 4.7 厘米，高 3.2 厘米，厚 1.3 厘米，呈长方形，通体圆润为缀系饰件。底座为一荷叶，胸前则有一莲子，天鹅回首衔荷叶枝。出土于金上京附近，现收藏于民间（见图 27）。

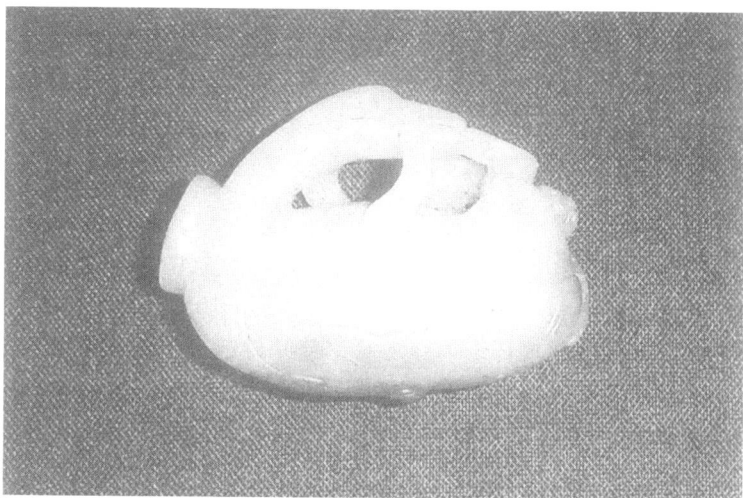

图 27　金代青玉天鹅衔荷叶饰件

26. 青玉天鹅衔草梗浮水饰件

直径长 4.5 厘米，高 2.7 厘米，厚 1.3 厘米。呈长方形，色呈牙白，圆润光滑，天鹅浮于池塘之中，回首衔一荷叶。出土于金上京古城内，现收藏于民间。

27. 金代青铜镂空春水牌饰

直径为 9 厘米，呈圆形，正面正中为一只天鹅展开双翅，头侧向左翼，做极力摆脱海东青鹘袭击时，所展示出不惧强敌的搏斗之状。一只海东青正死死抓住天鹅的脖颈，用嘴啄嚙天鹅的胸部，鹰尾上翘，头部深埋于天鹅的胸部。天鹅在用力扑打双翅搏击长空。主题图案的四周为镂空缠枝牡丹纹饰环绕铜牌四周，整个图案的画面镂空与雕刻技术精巧无比，不失金代镂空技术之杰作。背面为一平面，似乎是镶嵌在某一物体上青铜牌饰，当为族徽之标记无疑。此件出土于阿城金上京古城内，现收藏于民间（见图 28）。

图 28　金代青铜镂空春水牌饰

28. 金代青铜天鹅卧莲牌饰

直径为 5.4 厘米，厚 0.2 厘米。两面均为同一图案。上下对称有串孔，四周有四片莲叶相连组成环绕铜牌之状，莲叶卷起又酷似水波纹。天鹅神态安详，目视别方，卧伏于莲花叶上，1998 年出土于哈尔滨地区，现收藏于民间（见图 29）。

图 29　金代青铜天鹅卧莲牌饰

29. 金代春水玉带饰

出土于哈尔滨地区，为长方形，4厘米×5厘米，主题图案为天鹅潜入荷叶丛中做惊恐躲藏之状，由带扣、带钩组合而成。目前这类带饰已在哈尔滨地区发现数件，均收藏于民间（见图30）。

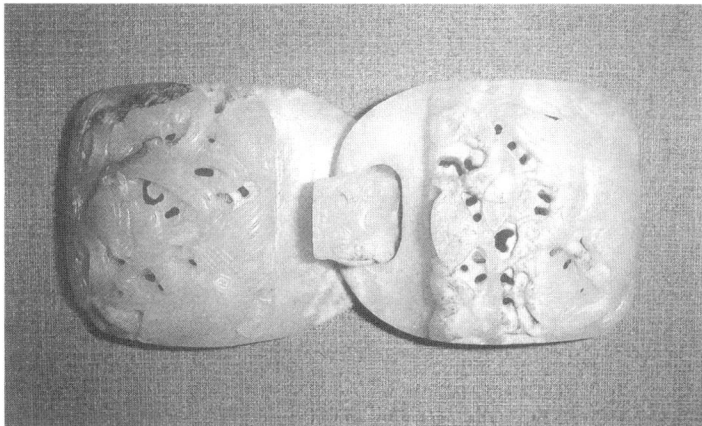

图30　金代春水玉带饰

另外在孙秀仁先生等撰写的《黑龙江区域考古学》一书中还收录有六件玉雕天鹅饰件，现根据书中所述转载如下。

青玉解鹘攫天鹅铊尾

玉器横长，两头各呈不同弧度。以水纹和芦苇作点景，镂雕一鹘正在攫啄天鹅的头颅。鹘勾喙，细身，长尾，其身长不过鹅颈，是一种身材较小而又敏捷勇敢的鹰隼。作起突处理的天鹅，已经坠落水面，正在展翅跳窜，作最后的挣扎。背平两长边各钻2个"V"字孔，弧度较大的一头尚有一个"V"形孔。从形制和背面的五孔可知，应是束带上的玉铊尾。

青玉镂空环托鹘攫天鹅

背以椭圆形圆环衬托，以水、荷、菱、芦为背景，天鹅潜入荷基之中，而鹘已攫天鹅的头颅。此玉点景与青玉鹘攫天鹅的铊尾不同，添加了盛开的荷花，这是为了艺术加工的需要，进而增强其季节或环境的感染力。

青玉留皮镂空鹘攫天鹅

表面平光而有起伏，部分地保留赭色玉皮，以表现深秋残荷，天鹅潜逃，藏身于荷芦之中，而鹘飞于荷上，扭头寻觅，伺机攫捕（见图31）。此玉所表现的季节较青玉镂空环托鹘攫天鹅略晚。

图 31　青玉留皮镂空鹘攫天鹅

白玉镂空鹘攫天鹅

以圆环托鹘、鹅二禽。没有任何背景。鹘已抓着鹅头，将要啄其颅顶。天鹅则拼命挣扎，欲脱不得，表现了两禽生死搏斗的一刹那。值得注意的是鹘的双肢拴着丝带，结成一球，余绪飘扬，说明此鹘系人工饲养。

青玉镂空鹘攫天鹅

无环托荷芦之饰，只有鹘、鹅两禽。鹘抓着鹅颈，狠啄鹅头，在鹘足上拴着丝带，这是驯养之鹘，而非野生捕食者。随玉子施艺，外轮廓呈菱，背部不平，留有铊钻痕。

青玉镂空荷芦天鹅

荷花留皮，呈浅黄色，天鹅张口嘶鸣潜入荷芦隐蔽，以摆脱追捕之鹘，其意境、动态与上述青玉镂空环托鹘攫天鹅、青玉镂空鹘攫天鹅两种相似，但是删略了鹘，以表示鹅鹘之间尚有相当距离，将观者视线和想象引向玉子之外，扩大了表现空间。①

综上所述，金代哈尔滨地区出土的玉雕天鹅及镏金铜天鹅带铐饰件及青铜牌饰，如按其图案大致可分为以下三类：其一，以海东青鹰与天鹅为主题的搏斗场面的"吐鹘"图案；其二，以天鹅回首卧莲或（不卧莲）口

---

① 谭英杰等：《黑龙江区域考古学》，中国社会科学出版社，1991。

衔莲梗（或草梗）的纳言图案；其三，回首天鹅，无水草、莲叶、水波纹饰陪衬的天鹅图案。这些天鹅饰件如按其用途则可分为三类：其一，天鹅佩饰为幞头后缀纳言及朝服帽正之用；其二，为腰带带板和胸前悬挂之用；其三，为摆放的饰物。

总之，在哈尔滨地区的金代遗址和墓葬中，之所以发现了大量的天鹅玉雕和镏金铜天鹅佩饰，说明 800 年前生活在哈尔滨地区的女真人曾经对天鹅无限崇拜和无限敬畏，女真族不但把天鹅作为神圣的象征物，同时还把它作为精神的依托，并用来维系和净化民族心灵的"镜体"，上述出土的这些天鹅佩饰就是女真族对天鹅崇拜的明证。对于天鹅崇拜的物证，除了哈尔滨地区所发现的天鹅佩饰外，在今俄罗斯沿海州边疆区的克拉斯基诺金代的遗址中，① 以及中国东北地区的辽金古城中，北京市房山区的金代贵族墓葬中均有发现。② 显然，对天鹅的崇拜应该在女真族的精神世界中占有非常重要的地位。我们从女真族的崇尚白色的习俗中也可以透视出对天鹅崇拜和敬慕的情景。《大金国志》载："金俗好衣白。"③ 又《金史》载，女真人尚白，因金之色白，在完颜部的 72 个部落中，分为白号女真与黑号女真。而以白号完颜部女真的数量为最多。此"尚白"与"色白"均与天鹅洁白之色有关。④

古往今来，天鹅之所以备受世界各族人民喜爱，不用说也是因其羽毛的洁白、丰厚、亮丽而折服了人类审美的目光，赢得了所有人的礼赞和最优美的语言。

古代药物学家李时珍在其所著的《本草纲目》中赞美："鹄大于雁，羽毛白泽，其翔极高而善步。所谓鹄不浴而白，一举千里是也。"⑤ 古代中原地区的汉民族称天鹅为鹄，而北方民族则直呼为"天鹅"，在日本语中则直白地称为"白鸟"。

古罗马诗人维吉尔也曾说："迦拉蒂白得赛过天鹅。"⑥

在古希腊各民族中，"白如天鹅"已经成了一句约定俗成的日常用语。

---

① 〔苏〕A. N. 奥克拉德民科夫著《滨海遥远的过去》，莫润先、田大畏译，商务印书馆，1982。
② 北京文物考古所编《乌古论元忠·金墓发掘报告》，《北京文物考古》第一辑，1983。
③ （宋）宇文懋昭撰《大金国志校证》，中华书局，1986。
④ 《金史·国语》及《金史·本纪》，中华书局，1975。
⑤ 《本草纲目·鹄》天鹅条目。
⑥ 实际上"迦拉"就是天鹅的意思。——作者注

在古叙利亚人的语言里，"白"与"天鹅"干脆就是同一个词。

日本大和民族一直盛行对"白鸟"（天鹅）的崇拜。

蒙古族崇尚天鹅，并由此产生了尚白的习俗。

达斡尔、鄂伦春、鄂温克、赫哲族中均有传统的天鹅舞，并盛传天鹅的神奇故事。

北欧盛传的天鹅故事，以及天文学中对"天鹅星座"的命名，在神话传说中，太阳神"阿波罗"之子法顿，死在伊里达索斯河后，他的朋友赛格纽斯每天到河边寻找尸体，太阳神为之感动，把他变成河上的白天鹅，后来成为天上的星座。[①]

天鹅座为北天星座之一，其中心位置：在赤经 20 度 30 分，赤纬 44 度，在天琴座之东，横跨银河之上。[②]

此外，在古罗马诗人贺拉斯的诗中说：爱神之母——美神维纳斯用天鹅拉车。古代欧洲的船舶上画着天鹅的图案最多。天鹅出现在船前，水手就认为那是好兆头。

另根据欧洲古代传说，美女海伦是撒旦和一只天鹅交配而生的，原来天鹅就是天神朱庇特的幻形。希腊悲剧家欧里庇斯形容海伦说："她具有天鹅一般的体貌。"[③] 在洪都拉斯、加勒比海的某些岛屿，人们把它们称之为大、小天鹅之岛。[④]

19 世纪俄国作曲家柴可夫斯基以天鹅为主题创作了芭蕾舞剧——《天鹅湖》。1905 年 12 月 22 日，首次上演于圣彼得堡的《天鹅之死》的舞蹈，是一个浪漫主义自由风格的舞蹈。该剧以富有表情的手臂动作构成，表现了天鹅在濒临死亡时的最后挣扎。[⑤]

迄今为止，在哈尔滨市内以天鹅命名的商场、企业、饭店、宾馆不下数十家。哈尔滨人酷爱天鹅，每年冬季用冰雪将天鹅雕塑成各种姿态，供人们欣赏。黑龙江是天鹅每年栖居的地方，无独有偶，黑龙江的版图就酷似天鹅。而哈尔滨则素有"天鹅项下的珍珠"之称。2001 年的冰雪节期间，哈尔滨人又在市政大广场的中央设计了主体冰雕，其主题就是数十只

---

① 《简明不列颠百科全书》，中国大百科全书出版社，1986。

② 《简明不列颠百科全书》，中国大百科全书出版社，1986。

③ 《林中水滴》，东方出版社，1996，103 页。

④ 《简明不列颠百科全书》，中国大百科全书出版社，1986。

⑤ 《简明不列颠百科全书》，中国大百科全书出版社，1986。

展翅飞翔的天鹅图案。

虽然地域不同，时空各异，但是对天鹅洁白的首肯与钟爱却出奇的一致。

古代哈尔滨地区的女真族，还把天鹅图案雕琢在玉件上，作为皇家最昂贵的礼品赠送给高丽、西夏等邻国。在《金史·哀宗纪》中记载："哀宗退守蔡州之前，为了抵御蒙古铁骑的进攻，于天兴元年（1232）九月，曾遣使以铁券一、虎符六、大信牌十、织金龙纹御衣一、越王玉鱼带一、弓矢二，赐给兖王用安，并赠其父母妻子。又以世袭宣命十、郡王宣命十、玉兔鹘带十，给于用安。"可见金哀宗完颜守绪不惜封赠一切，而希望用安能够率领金兵保住金之南京城（即今开封）。在国家生死关头，哀宗从国库中拿出世上异常珍贵的玉兔鹘带 10 条赠予用安，可见哀宗之心切心急，由此可见玉兔鹘带是金代极为珍贵之物。所谓的玉兔鹘带就是以天鹅与海东青为主题的玉带，这是有金一代官制朝服中最为贵重的物品之一。当然，这 10 条玉兔鹘带是难以阻挡蒙古铁骑进攻的。时隔仅仅两年（1234），金朝就被蒙古灭亡。

在古代北方各民族中用天鹅为题材所碾制成的玉佩件，以金朝的女真人为最多。截至目前，我们只在辽陈国公主墓中发现了白玉质交颈天鹅玉佩及红色琥珀天鹅回首佩饰和一对情侣天鹅卧伏于莲叶的琥珀佩饰。[1] 这两件玉器的碾工极为精美，其造型独特，形象逼真，令人惊叹（见图 32、图 33）。墓中同时出土了大量的碾玉作品，如玉鱼佩、琥珀双凤握手、鸳鸯琥珀佩饰。

图32　辽代陈国公主墓出土玛瑙天鹅佩饰

---

① 哲里木盟博物馆编《辽陈国公主墓》，文物出版社，1993。

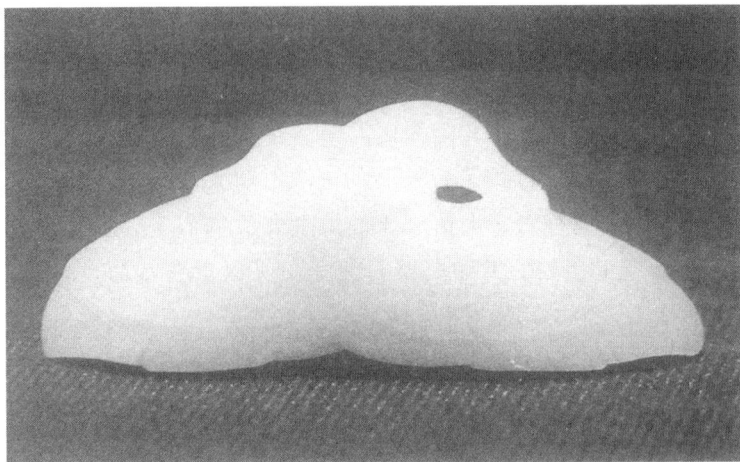

图 33　辽代陈国公主墓出土玉质天鹅镇纸

此外，在辽宁省法库县北土城子遗址中还出土了一枚天鹅压岁钱。图案为芦苇、荷叶及两只天鹅与池塘组成。一只天鹅正欲落下，长颈伸出用嘴吻着已经绽放的荷花。另一只天鹅在池塘中伸开双翅迎候正欲落下的天鹅。整个画面生动逼真，犹如一幅山水图画（见图34）。

图 34　天鹅压岁钱

又如，在法库县叶茂台的辽代墓群中还出土了琥珀天鹅佩饰、琥珀荷花佩饰等。天鹅佩饰出土于1973年10月。叶茂台村3号辽墓中因长期土浸，佩件表面呈棕黄色。天鹅呈卧伏状，头颈曲回翅间，长尾上翘，雕刻工整，造型生动。腹背间上下有一透孔，孔径 0.3 厘米。可知此天鹅饰件当为悬缀品。高 3 厘米，长 4 厘米，宽 3 厘米。由此可见，辽代契丹人也崇尚天鹅，然而，到目前为止，还没有发现辽代的"海青拿天鹅"的图案。且玛瑙制品较多，天鹅与芦苇、荷叶图案陪衬较多。以往的契丹等族虽然也崇尚天鹅，但却始终没有发现像女真族这样精美和数量之多的玉天鹅饰件，说明把天鹅作为女真贵族所佩戴的帽正、纳言和吐鹘带的定制当始于金代无疑。

女真人酷爱天鹅的习俗已被上述考古中的大量金代玉雕佩饰所证明，实际上天鹅已经成为金代女真人的最美好、最幸福的象征物。

不仅如此，女真人还将以天鹅为主题的"海青拿天鹅"的题材，谱写成古乐曲，并撰写成优美的诗篇来歌颂天鹅。如元代诗人杨允孚的《滦京杂咏》中曾有这样的诗篇："为爱琵琶调有情，月高未放酒杯停；新腔翻得《凉州》曲，弹出天鹅避海青。"此诗说明金元之际当有歌颂天鹅避海青鹰的古曲。据中国古代著名音乐史专家杨荫浏先生考证，"此曲的原始形式，可能产生于元代政权尚未建立"之时，亦即金朝末年之际。[①] 此说考证甚是，但是杨荫浏先生并不知道此种习俗源于辽金，女真人与契丹人以及蒙古人均有"春水纳钵"之俗。应该说《海青拿天鹅》琵琶曲的产生是与辽、金、元三朝的女真人或契丹人的"春水"活动有着密切联系的。此曲产生的年代与历史背景当为辽金时期，而乐曲则形成于元代，明朝干胜将此"海青拿天鹅"之乐曲，直接改成了《拿鹅》曲。除此之外，还有写成《放海青》《鹅儿》等，在民间此类曲极为普遍。传说当时河南有一位弹琵琶的名手张雄，善于弹奏此类曲。有人说，张雄弹起琵琶来，能使人产生一种惊心动魄的感觉。当他在五大间门面开阔的大厅中演奏《拿鹅》的时候，听者只觉得满厅都是天鹅的叫声。由此可见，因为女真人对天鹅的钟情所致，才导致了这首《海青拿天鹅》乐曲的诞生，并一直延续、保留在清朝宫廷的名乐中。清朝满洲贵族，每逢宫廷"元旦大会"，必演奏此曲。满族为女真人之后裔，当然对自己的祖先流传下的乐曲情有独钟。不过满族宫廷的这首乐曲的名字又有改变，标题被改为《海青》，1819~1895 年出版的李芳园《南北派十三套大曲琵琶新谱》却将《海青拿

---

① 杨荫浏：《中国古代音乐史稿》辽、金、元部分，人民音乐出版社，1981。

天鹅》写成了《海青拿鹤》。

过去的学者只注意到了"海东青拿天鹅"中的海东青鹰凶猛的力量，而忽视了女真人在创造"海青拿天鹅"这一主题的同时还有另外一种含义：

> 天鹅所表现出的那种足以缔造太平世界的美德，它的善良、高尚与仁厚，正表现在它敢于与空中的霸主对抗，它等待着鹰来袭击，不招惹它，却也不惧怕它。它的强劲的翅膀就是它的盾牌，它的羽毛的坚韧，翅膀的频繁扑击对付着鹰的嘴爪，打退鹰的进攻，它奋力的结果虽然不能获得胜利，但是，它的顽强不屈的性格却令人敬佩不已。①

天鹅之所以受到女真人的无限崇敬，就在于天鹅的面目优雅，形状妍美，与它那种温和的天性正好相称。"它叫谁看了都顺眼，凡是它所到之处，它都成了这地方的点缀品，使这地方充满了美的旋律，人人喜爱它，人人欢迎它，人人欣赏它。任何禽类都不配如此受人钟爱，原来大自然对于任何禽类都没有赋予这样多的高贵而柔和的优美，使我们意识到它所创造的物类竟能达到这样妍丽的程度：俊秀的身段，圆润的形貌，优美的线条，皎洁的白色，婉转传神的动作，忽而兴致勃发、忽而悠然忘形的姿态。总之，天鹅身上的一切都散布着我们欣赏优雅与妍美时所感到的那种舒畅，那种陶醉，一切都使人觉得它不同凡俗，一切都描绘出它是爱情之鸟。"②

一切都足以证明女真人为什么把自己的故乡说成是——天鹅之乡，把自己的荣誉和高贵比作"天鹅"——阿勒锦，把自己的家族打扮成佩戴玉饰的天鹅家族。就因为天鹅是大自然中任何禽类都无法与之相媲美的最高尚、最优美、最高雅的神圣之鸟。哈尔滨——这个富有天鹅之义的地名，是世界上最优美动听、最具魅力、最富灵感的地名载体。

我们不难看出，在上述的解释中当代哈尔滨地名释义的历史"视界"已经形成。在沉积下来的历史地名的语境背景中，我们清楚地看到了那些与地名化石有着同等意义、用玉石碾琢成的哈尔滨地名的实体——无数个

---

① 见法国布封散文《天鹅》。
② 见法国布封散文《天鹅》。

天鹅玉佩凝固成一种当代人所不能完全理解的历史化石，它要求我们当代人一定要超越时空的隔阂，去认识已经消失在茫茫史海中的地名含义，使得逝去的灵感与眼前存在的灵性达到时空视野上的融合，把历史的信息渗透到我们当代人的观察视觉中。笔者深深地体会到，尤其是在研究历史地名语言问题时，绝不能将地名语词孤立于当时民族文化的思想体系之外去进行自我的选择与对接。在研究北方民族的历史地名时，只有借助语言哲学的思考，方能走出困境，"科学语境论"则是能够较为接近真实的对历史地名做出解释的一种理论。

哈尔滨地名"天鹅论"地名语境的
地理背景

——来自生态环境的考察

在第五章里，我们主要是从地名语境学的人文背景角度考察了哈尔滨地名为什么具有"天鹅"含义的语境人文背景的事实。在列举了大量的实物证据后，哈尔滨地名的"天鹅"含义确实与当年女真人崇尚天鹅的白色有着密切关系。其中大量出土于哈尔滨市区及近郊区的天鹅玉雕等实物，为哈尔滨地名的"天鹅论"提供了令人信服的铁证。同时，对于这些"天鹅饰品"的解释在《金史》等文献中找到了史料的说明与印证。然而，哈尔滨地区的女真人为什么对天鹅情有独钟呢？难道在女真人生活的地理环境空间中与"天鹅"的实体有着密不可分的关系吗？当然，回答是肯定的。这就是本章所要继续对哈尔滨及周边地区地理环境和生态学，以及历史地理学等方面的考查，从而完成语境学中自然环境及历史地理背景的取证，证明哈尔滨地区曾经是"天鹅"的故乡。这是一张在哈尔滨市松花江公路大桥上空俯拍的照片（见图1）。[1] 从中我们可以清晰地看到：在松花江江道的中央部位有一沙洲将松花江一分为二，这个沙洲只有在涸水期才暴露出来，沙洲上无任何建筑，实际上也不可能搞任何建筑。有人根据这个沙洲的形状来确定"哈尔滨"地名是长岛或"扁"状之义。[2] 其实，这张照片给笔者的启发则是，古人是无法来完成这张俯拍照片的。那时候既没有飞机也没有可供拍摄图像的热气球，天鹅的眼睛也没有照相机，从这个意义上说古人将哈尔滨看作"扁"状沙洲，实在是不可能的。我们可以利用现代科学的手段从卫星云图以及航拍中仔细地辨识，无论如何也看不

---

① 此图见于《哈尔滨市志》自然地理卷。
② 纪凤辉：《哈尔滨寻根》，哈尔滨出版社，1996。

出哈尔滨市区两岸的地理位置、地形地貌具有"扁"状或"狭长"的特征。所以纪凤辉在《新晚报》1990 年 11 月 23 日发表的文章中说:"从地形上看哈尔滨处于阿什河和马家沟河切割成的这一狭长地带的末端,用满语形容狭长地带意为扁。"这种解释是极其错误的。因为阿什河与马家沟河根本没有将这块土地切割成狭长之状,哈尔滨的位置也不在这两条河流的末端。满语专家黄锡惠先生则在《新晚报》1990 年 12 月 7 日的文章中称:"在满语中'哈勒费延'之汉义为'扁',用作地名当有'狭长'之意。由此推知女真语'哈尔滨'之含义盖同。女真语'哈尔滨城'即'狭长的城',满语口语'哈尔滨屯''狭长的屯子',当以屯子细又长而得名。"

图 1　俯拍松花江公路大桥

在上述黄锡惠先生与纪凤辉所表述的哈尔滨地名含义中,不同程度地接触了哈尔滨地名含义,应与其地形地貌特征有一定关系。显然,纪凤辉所说的哈尔滨地名具有狭长与"扁"的含义的说法,是来自黄锡惠先生,因为纪凤辉自己在《哈尔滨寻根》一书中这样说道:"大约在 11 月初(1990 年)我又走访了满语研究所的黄锡惠先生,他说:'我由于在研究满语地名、山名、水名中看到和积累了一些资料,便于 1985 年 5 月向穆老(指原黑龙江省满语研究所长穆晔骏先生)说,哈尔滨一词可能是'哈尔芬''哈勒费延'一词的同音异写,穆老听后很表赞同。'"值得注意的是黄锡惠先生在《哈尔滨的语源含义》一文中,其最可贵的观点是他承认了今天哈尔滨地名的语音之源是来自金代"合里宾忒",元代的"合里宾"或"哈里滨"。[①] 然而,他在考证今天哈尔滨地名含义的时候,却用满语来

---

① 黄锡惠:《哈尔滨的语源含义》,《新晚报》1990 年 12 月 7 日。

解释女真语"合里宾"的含义，则是违背了地名语言学的释义规则。用晚于金代女真语的地名近500年的满语"哈勒费延"一词，来说明金代女真语"合里宾"的含义则是不可能的，因为女真语是满语的祖语。尽管如此，黄锡惠先生将哈尔滨地名一词的语源追溯到金代"合里宾忒"的推断则是精确的。但在解释其语义时，则主要强调和运用了满语方面的知识，而没有考虑到女真语与满语之间存在差异。如果黄先生能从女真语的角度继续释读"哈尔滨"地名的话，将会获得新的收获。

然而，纪凤辉与黄锡惠先生在解释哈尔滨地名来自地形的观点则有着很大的不同。纪凤辉认为，哈尔滨的地形、地貌特征为狭长，而黄锡惠先生则认为哈尔滨的村屯呈狭长分布。哈尔滨的村屯与哈尔滨地形地貌真的犹如上述两位所言是"狭长"和"扁"状特征吗？回答当然是否定的。迄今为止，纪凤辉究竟是从什么角度把哈尔滨的地形地貌看成具有"狭长"或"扁"状特征的呢？这个问题着实令人费解。因为即使是在《哈尔滨寻根》一书中，也找不到任何可以说明的理由及有说服力的证据和解释。

一　哈尔滨地形与地貌特征

笔者认为，哈尔滨的地形地貌特征，在800年间的变化不大，也就是说，无论城市如何扩大，都改变不了哈尔滨地理位置的大致特征。根据哈尔滨地方志编辑的《哈尔滨市志·自然地理卷》的记载，现将哈尔滨的地貌基本特征及地理环境、生态植物环境介绍如下：

> 哈尔滨地处松花江中上游。地貌主要是松花江及其支流的河漫滩、河流阶地和东部山地山前洪峰冲积台地，由这些地貌类型构成了临近山麓的山前滩积平原。哈尔滨的地势从东南向西北倾科。低山丘陵处海拔500多米，松花江谷地最低处为海拔112米。低山和丘陵分布在市区的东部，这是新构造轻微抬升的地区……洪积－冲积谷地在市区的东部，河流阶地分布在市区西南和西部的松花江右岸，呈带状镶嵌在洪积－冲积谷地与河漫滩之间。河漫滩分布在松花江及其主要支流阿什河的谷底上，宽度从几百米到十几千米不等。河漫滩地势低平，海拔高度仅为114～120米，高出河床水位2～5米，在河漫滩、漫岗、河岸沙堤，牛轭湖和"水泡子"等微地貌发育，在松花江河床

中还发育着河心式的河漫滩。①

阿什河下游舍利屯至河口一段，河流漫流在宽广的泛滥平原上，且分布多辫流。河床极度弯曲，两侧谷坡不对称。阿什河的河漫滩分布于阿什河河床的东北侧，河漫滩宽 5～7 千米，西南侧的河漫滩较为低洼平坦，这里的河漫滩上牛轭湖和沼泽注地较多。

马家沟、温泉河、运粮河、何家沟等是松花江南岸更小的支流，从下游到河口，河床蜿蜒曲折，河漫滩较宽广，江心洲和牛轭湖发育。

松花江河漫滩南北两岸极不对称，北岸河漫滩宽 6～20 千米，最宽可达 22 千米，南岸的河漫滩 2～11 千米。市区的道里、道外和三棵树以及近郊的朱顺屯、下坎子、松浦、钓鱼台和庞家窝棚等地均位于河漫滩之上。由于沿松花江南岸修筑了防洪江堤，目前的道里、道外等地已不受洪水浸淹，河漫滩上还有很多的牛轭湖和低湿地。②

今哈尔滨市区的南岗、香坊、动力、火车站、孙家站、偏脸子、顾乡屯，市郊的四方台、王家店、万家、太平庄等地均位于河流阶地之上。市区内的阶地一般宽 2.5～9 千米。西郊太平庄一带的阶地宽可达 13 千米。在三道岗子、西下坝、万家、半拉城子、顾乡屯以及东北烈士纪念馆至文化公园一带，阶地与河漫滩直接接触，其间形成高差达 13～23 米的明显的阶地陡坎。可见，今松花江公路大桥两侧南岸顾乡屯、半拉城子一带则是金、元、明、清的主要渡口和驿站所在地。因为，从地貌特征上看哈尔滨的河流阶地只有半拉城子距离松花江航道最近。

总之，哈尔滨市区的地貌与地形特征，主要是由河漫滩与河流阶地所组成，在沿江与沿河的两侧主要分布着广阔的河漫滩，在河漫滩中则分布着低湿地、草甸、灌木丛、柳条通、湖泡等，哈尔滨的地形地貌特征没有所谓狭长和"扁"状的特征。在哈尔滨市的所在位置的地理环境中，我们看不到能够引发女真人或满族人对这一平常的自然地理环境产生什么样的特殊情感。也就是说，产生哈尔滨这一地名心理上的必然因素，绝不是这河漫滩和河岸阶地，更不可能是村屯的分布成为"狭长"形状。为了继续

---

① 《哈尔滨市志·自然地理卷》，哈尔滨人民出版社，2000。
② 《哈尔滨市志·自然地理卷》，黑龙江人民出版社，2000。

了解这里的地形地貌，我们还必须了解哈尔滨地区的主要河流、湿地和沼泽等自然环境，才能对哈尔滨地方的生态环境有更深的理解。

二　哈尔滨松花江段的主要支流与湖泡

1. 呼兰河

《金史》中称"忽剌温水"，"呼兰"为"忽剌温"的同音异写之地名。满语解释为"烟囱河"，此说不可信。其实"忽剌温水"早在《金史》中就有了记载，当为女真语，其义不详。呼兰河发源于小兴安岭西南麓的炉吹山，其干流自东向西流动，与通肯河交汇后开始南流，在哈尔滨市东北约 4 千米处（呼兰县张家庄附近）从北岸注入松花江。全长 523 千米，是松花江哈尔滨段最大的支流。呼兰河下游段平缓，在接近哈尔滨市区的地方河滩宽广，河口处经常受松花江水的顶托，致使哈尔滨松花江北岸的乐业、利民（乡村地名）一带排水受阻，形成了大片低湿地和湖泡，并生成大片芦苇。

2. 阿什河

《金史》中称"按出虎水"又写作"阿注浒""阿触虎""阿勒楚喀河"等，为女真语，译成汉语为"金"之义。满语则释为"耳"，与本义相去甚远。阿什河是哈尔滨市区南岸松花江右岸的较大支流。有南、北两源。南源发源于尚志市的帽儿山，北源为老母猪顶子山的三道河子。阿什河干流长度为 257 千米。流经尚志、五常、阿城后在哈尔滨市东郊注入松花江。其下游流域的河漫滩、低湿地等非常发育，并生成大片沼泽、水泡和芦苇、菖蒲等。

3. 马家沟河

马家沟河是松花江右岸的一条小支流，发源于哈尔滨市平房区东南安家窝棚屯与阿城市交界的王惠文屯，属于一条天然的集雨性河流。马家沟河流经哈尔滨市的平房区、动力区、南岗区和太平区，在松花江滨北铁路大桥以西注入松花江，河道全长 31 千米。其下游注入松花江处生成大量的河漫滩地。还有许多水生植物，如芦苇、菖蒲、菱等十几种。

4. 何家沟

何家沟有西河沟、东河沟两源。西河沟发源于平房南厂张家店东部，流经平房区的北厂（东北轻合金加工厂）、南岗区靠山屯、道里区顾乡屯，全长 26.4 千米。东河沟源于张家窝堡，流经哈尔滨市果树园，至顾乡屯天合桥与西河沟汇合,全长6.5千米。东河沟在1949年以前曾以泉水为补给水源,水质清澈。何家沟流经平房、动力、南岗、道里四个区,最后沿顾乡大坝两侧注入松花江,全长37.4千米,在何家沟注入松花江及下游的地方,原水生植物极为丰富,并与松花江大片河漫滩地相接近,生成大片的菖蒲、水草与芦苇等。

5. 信义沟

信义沟发源于哈尔滨市香坊区幸福乡菜子沟,流经动力区黎明乡、香坊区幸福乡,最后注入阿什河,全长18千米。其流经之地均为低湿地与河漫滩及苇塘等,沿河两岸的水生植物发育较好。

6. 库扎河(又称库叉河、兀术运粮河、五家子河)

库扎河发源于阿城市境内五货郎屯,流经哈尔滨市与双城市交界处及哈尔滨市西郊区新农乡、阎家岗等地,于新江村西下坝注入松花江。此河在自然河道的基础上,经过人工疏通后成为一条通往金上京的运粮河,也是目前所发现金代上京初期的一条漕运道。运粮河之名很久远,此河流上通松花江,下达阿什河,沿河有金代古城6座,金代遗址近百处,1984年在太平湖附近发现有金代漕运木船,1995年又在太平湖附近发现大片金代建筑遗址。太平湖与闫家岗接壤部及运粮河下游注入松花江处,由于地势较低,生成大片的湿地、苇塘,至今仍是天鹅等候鸟栖居的理想场所。

7. 小黄河

小黄河是阿什河的一条支流,由蜇克图、目家窝堡及关门关嘴子的三条小水流汇合而成,主要流经哈尔滨市太平区与阿城市的交界处,全长30千米。沿河有多处金代遗址被发现。

8. 庙台沟

庙台沟为阿什河左岸一条支流,发源于阿城市新华乡,流经哈尔滨市的香坊区,在城高子附近与城高子灌注的送水渠交叉处注入阿什河,全长25千米,沿河多苇草沟及河漫滩湿地。

9. 湿地沼泽湖泡和水库

主要有江北的郝家大泡子和星罗棋布的小水泡、湿地与沼泽,江北纵深20里均为湿地与沼泽。沿松花江北岸的湿地与沼泽向西一直延伸到今肇东、肇源、肇州的三肇地区,并与嫩江、洮儿河、松花江三水相会之地相接。向东与呼兰河下游河漫滩湿地相会后,一直伸展到宾县的鸟河与摆渡口。东西长达200多千米。松花江北岸尽是苇塘、菖蒲、湿地等,是古今候鸟及各种水禽生息繁衍之地。江南目前有长岭湖和太平湖，尤其是长岭湖，沿长岭山向西延伸 5 千米以上均是柳条通。水库有三八水库、工农水库、和平水库、友谊水库、小黄河水库。这些水库的修建改变了流经哈尔滨市内的几条小河的水源地，尤其是把运粮河断成几段，现已成为无源之水的干涸河流。中东铁路修建之前，今哈尔滨的道里、道外地区均是草甸、湿地、沼泽及苇塘。

值得注意的是，从哈尔滨的地形、地貌特征与河流发育的特点上看，哈尔滨地区 800 年前的自然环境与生态环境是最适宜各种候鸟迁徙驻足的理想场所。这里水草肥美，沼泽湖泊、河泡遍地，河流纵横，湿地与浅湿地、草甸子、柳条通子、苇塘沟等极为发育。这种特殊的自然地理环境和生态环境吸引各种大雁、天鹅、野鸭、鸳鸯到此地繁衍生息。1898 年 4 月 12 日，希兹罗夫斯基一行调查从香坊到松花江附近的地形时，就看到了道里与道外地区均是一片原野。在上坎地方到处长满了榆树，而偏脸子地区则是无人区，是打野鸭子和大雁、天鹅的猎人经常活动的地区。

20 世纪 50 年代初，在今哈尔滨市的闫家岗一带仍然有成群的野鸭、大雁、天鹅经常驻足。60 年代初期，哈尔滨话剧院编剧在撰写《千万不要忘记》的话剧时，最初就描述了在哈尔滨郊区打天鹅的情景，后来又改写为打野鸭子。①

不难看出，辽、金两朝的皇帝与女真人之所以把当时皇家的"春水纳钵"之地，设在西起东流段松花江之大曲折处，东至今宾县的鸟河河口，就是由于这种自然地理环境所决定的，哈尔滨则正处在这段长达 200 多千米的松花江中段上。然而，松花江这段水域恰好是每年随季节大雁、天鹅、野鸭等候鸟由南向东北方向的迁徙路线。

美国动物学家希克曼等人的研究表明，鸟类迁徙已经形成了固定的行为，长期以来变成了遗传的本能。但是究竟什么是激发这些候鸟迁徙的起源呢？无疑，这是个生态压力的结果。鸟类正如其他动物一样，仅仅是被追时才能移动。当北半球变暖时，鸟类所需要的各种食物的条件良好，鸟类便分散在北半球各地。当冰期来临时，鸟类为了生存而被迫迁徙到南方，当冰期过去春天到来时它们又飞回北方。除此以外，还有人认为，某些候鸟在繁殖季节为了逃避拥挤和竞争，它们来到广阔无垠的北方，在人

---

① 感谢黑龙江省一级作家孟烈先生提供此信息。

迹罕至的湿地中筑巢繁衍生息。一般来说，候鸟的迁徙路线是不变的，它们所迁徙的路线多数是南北路线，尤其是天鹅群体，它们有着高度的社群本能及严密和固定不变的迁徙路线。1998 年以来，由于哈尔滨市人民政府和市民大力开展爱鸟活动，尤其是加强了对生态环境的保护工作，松花江大桥西侧的湿地也得到了严格的保护，因此，有许多候鸟开始注意这块离大都市最近的湿地。1999 年春季与 2000 年春季相继飞来天鹅、野鸭、白鹭、鸳鸯等多种候鸟①，甚至更有野鸳鸯飞到了哈尔滨市内的兆麟公园栖居②，这种令人惊奇的事，想必与我们人类日益关心生态环境有着极大的关系。或许在这些候鸟的遗传本能中，依然保留着对 "哈尔滨" 这个过去曾经是它们的祖先生活繁衍之地的眷恋吧！

整个黑龙江流域与松花江流域一直是天鹅的故乡，已无可争议。天鹅又是黑龙江省的候鸟，天鹅群体的大致迁徙路线是：每年 4 月，从山东半岛或更远的南方沿海岸线飞来，它们经辽东半岛飞越长白山，进入松花江水系，有的再飞抵今吉林省的大安、扶余，即洮儿河、松花江、嫩江三水汇合处，并在此驻足，这里一直是辽代皇帝的 "春水纳钵" 之地。另外，天鹅家族一般分成三支，一支沿嫩江飞抵扎龙湿地驻足；另外一支则沿松花江飞抵哈尔滨地区及乌河、方正、依兰一带驻足；还有一支则继续沿松花江两岸的水草肥美之地向东北迁徙，沿途经过三江平原湿地。今黑龙江下游段的俄罗斯博腾湖地区、萨哈林岛（库页岛），直到勘察加半岛等地均是天鹅迁徙与驻足的主要地方。每年 10 月，黑龙江下游附近的天鹅群体，沿着日本海沿岸向南返回南方驻地越冬，而松花江流域及嫩江流域的天鹅群体便沿着北迁的原路返回南方。天鹅群体的这条迁徙路线至今也没有改变，哈尔滨地区与松花江流域的人口与城市的日益发展和繁荣，使得天鹅群体飞向更远的人烟稀少的地区。但是，沿松花江两岸，每年春季来临时，仍然可以看到一群群的天鹅在黑夜降临时飞越我们的上空，并时常可听到天鹅在空中发生的 "嘎鲁" 的鸣叫声。此外，我们还可以在松花江沿岸找到许多诸如天鹅湖、天鹅泡等地名！由于哈尔滨地区的地形地貌及地理环境的特征，决定了这里的生态环境。过去的哈尔滨地区在春夏之季多水草、芦苇、菖蒲、团藻、紫球藻、梅花草、金星蕨、香蒲、东方蓼、

---

① 《哈尔滨日报》2000 年 6 月。
② 《哈尔滨日报》2000 年 6 月。

茶菱、葵果蕨、柳条通。在这些水生植被中生长着各种小鱼、包括水栖昆虫、虾及螺类贝类等软体动物。上述的水生植物的根、梗、茎、叶与水中生物都是天鹅最喜欢的食物。然而，今天哈尔滨的松花江南岸，这种生态环境已经消失，取而代之的是土地的开发和高楼大厦、江堤和公路。目前，唯一可以见到昔日哈尔滨沿江一带河漫滩与湿地的生态环境的地方，只有松花江大桥的北岸西侧的一块湿地。这是哈尔滨近郊目前仅存的一块湿地。我们在那里还依稀可以找回 800 年前哈尔滨周边的自然景观的感觉，从中还可以遥想昔日哈尔滨水草肥美、鸿雁成群、芦苇丛生、野鸭遍野的壮观场面。800 年前的哈尔滨地形地貌并没有太多的改变，但其生态环境尤其是哈尔滨的水生植被、草甸植被和森林等自然植被都发生了根本的变化，这些变化导致了天鹅离我们远去。

关于天鹅，在《简明大不列颠百科全书》中是这样描述其体态和习性的：

> 天鹅这种鸟类属雁形科中最大的水禽。它的体形极其优美，具有长颈、坚实的体态，脚掌大的特点。尤其是在水中划行时的神态自如而庄重，飞翔时长颈前伸，徐徐扇动双翅。迁飞时以家族群体在高空组成斜线或"V"字形队列前进。其他任何水禽无论在水中或空中行动均不如天鹅快速，天鹅在池塘或水中觅食时，以头钻入（不是全身潜入）浅水觅食水生植物。天鹅能从气管发出不同的声音，尤其是柔和的鼾声或尖锐的呼啸声深情而动人。除繁殖外，天鹅成群的生活。它们结成终生配偶，求偶行为包括以喙相碰或以头相靠。往往由雌天鹅孵卵，雄性则在巢穴旁警戒和守护，也有的雄性偶尔替换孵卵，天鹅击退敌手后，也像大雁那样发出强烈的欢叫的"嘎噜"声。[1]

在自然界中，天鹅能活 20 年，善养者可活 50 年以上。天鹅种类有七八种；其中有 5 个种类生活于北半球，均为白色，脚呈黑色。在我国主要有三种天鹅。

疣鼻天鹅：有橙色的喙，喙基有黑色，疣壮突，颈弯曲。翅膀上隆起。

喇叭天鹅：又称大天鹅，因鸣声高亢远扬而得名。喙黑色，有黄基，

---

[1] 《简明不列颠百科全书》，中国大百科全书出版社，1985。

全身洁白。

小天鹅：又称啸声天鹅，发声如哨。喙黑色，眼周有小黄斑。

这三种天鹅主要分布于我国的新疆、青海、内蒙古和黑龙江等地。天鹅在我国的古代文献中常写成 "鹄" 或 "鸿鹄"、"黄鹄"、"白鹄" 等①，但在唐代大诗人李商隐《镜槛诗》的诗句中见有 "天鹅" 之句，即 "拨弦警火凤，交扇拂天鹅"。北宋以后，由于受契丹、女真的影响，许多诗人则以 "天鹅" 一词替代 "鹄" 字，天鹅之名词实际是受北方民族的影响所致。例如宋代姜夔的《白石诗集》中有《契丹歌》。歌云：

> 契丹家住云沙中，皂车如水马若龙。
> 春来草色一万里，芍药牡丹相间红。
> 大胡牵车小胡舞，弹胡琵琶调胡女。
> 一春浪荡不归家，自有穹庐障风雨。
> 平沙软草天鹅肥，胡儿千骑晓打围。
> 皂旗低昂围渐急，惊作羊角凌空飞。
> 海东健鹘健如许，韝上风生看一举。
> 万里追奔未可知，划见纷纷落毛羽。
> 平章俊味天下无，年年海上驱韦胡。
> 一鹅先得金百两，天使产送贤王庐。
> 天鹅之飞铁为翼，射生小儿空看得。
> 腹中惊怪有新姜，元是江南经宿食。

关于 "春水" 诗在辽金两代的诗文中，是屡见不鲜的。如金代诗人赵秉文在《在春水行》一诗中云：

> 光春宫外春水生，驾鹅飞下寒犹轻，绿衣探使一鞭信，春风写如鸣鞘声……

又如赵秉文在《扈从行》一诗中，形容陪驾春水时的情景：

---

① 林坚等编著《历代咏鸟诗品评》，黑龙江人民出版社，1987。

马翻翻，车辘辘，尘土难分真面目。年年扈从春水行，裁染春衫波漾绿……圣皇岁岁万机暇，春水围鹅秋射鹿。

这首诗虽然写的是契丹民族海东青捕天鹅的场面，但是反映出天鹅所居之地的环境，正可印证后来女真人相沿辽俗之习惯。其中"春水围鹅秋射鹿"之句，是对辽金两朝的"春水秋山"活动的真实描述。

在《东北鸟类》一书中，对于迁徙到黑龙江省的天鹅家族的习性及生态环境均有明确记录，说明哈尔滨地区的自然地理环境是最适应天鹅生存的地方。

大天鹅 Cygnus Cygnus（Linnaeus）

别名：鹄、天鹅、咳声天鹅、白天鹅

鉴别特征：全身洁白，嘴基两侧黄斑沿嘴缘向前伸于鼻孔之下。

形态：雌雄同色，雌体略小于雄体，全身雪白，仅头稍沾棕黄色。头和颈的长度超过躯体的长度，游泳时，颈部常与水面垂直。

虹膜暗褐色；嘴黑，基部（前伸至鼻孔之下）黄色；跗跖、蹼、爪均黑色。

分布：黑龙江省哈尔滨、齐齐哈尔、佳木斯，吉林省浑江、白城，辽宁省丹东、大连、营口、鞍山、盘锦。

生态：主要栖息于多蒲苇的大型湖泊、水库或沼泽湿地。多成对活动。迁飞时，队列呈"一"字形或"人"字形，鸣声响亮。

繁殖在内蒙古呼伦贝尔盟、鄂尔多斯，新疆天山北部。但7月间曾在长白山获得一只雄鸟。

主要以水生植物的种子、茎、叶和杂草种子为食，也吃水生无脊椎动物、水生昆虫等。

每年4月初北迁，4月中上旬见于黑龙江齐齐哈尔扎龙自然保护区。10月份南迁时路过吉林、辽宁。在黑龙江省居留6个多月，为夏候鸟，吉林、辽宁为旅鸟。

小天鹅 Cyguns Columbianus（Ord）

别名：白天鹅、天鹅。

鉴别特征：体型与大天鹅相似，但较大天鹅略小。体羽洁白，嘴基两侧黄斑沿嘴缘向前伸直，颈亦经常伸直，颈和嘴均显得短些。

形态：遍体雪白，仅头顶至枕略高沾淡棕黄色。雌雄同色，雌体略小。虹膜棕色，嘴黑灰色，上嘴基部两侧黄斑向前伸近鼻孔；跗蹠、蹼、爪均黑色。

分布：黑龙江省齐齐哈尔、黑河、大兴安岭，吉林省白城，辽宁省大连、营口。

生态：生活在多蒲苇的潮泊、水库和池塘沼泽中。性情活泼、叫声清脆，行动机警，觅食时，常有一对天鹅在附近警戒。

主要以水生植物的根茎和种子为食，也吃少量的水生昆虫和螺、类等。

小天鹅只在 4 月和 10 月迁徙季节路过东北。为旅鸟。

疣鼻天鹅 Cygnus Olor（Gmelin）

别名：天鹅、哑天鹅。

鉴别特征：体型和羽色与大天鹅相似。嘴赤红，前额具黑色疣突。

形态：遍体雪白。头顶至枕部略沾淡棕色；眼先裸露，呈黑色。雌鸟体型较小，前额疣突不显著。

幼鸟头、颈淡棕灰色，前额和眼线裸露黑色，但不具疣状突；飞羽灰白；尾淡棕色，尾端洁白，下体较淡，呈浅棕灰色。

分布：辽宁省大连，黑龙江省齐齐哈尔。

生态：常在水生植物丰富的河湾和开阔的湖面上觅食游荡。性机警，鸣声沙哑而低沉。飞行时颈前伸，翔姿优美，速度适中。蹼强大，滑行迅速，游水时颈曲，有时向上拱起。疣鼻天鹅主要以蒲草等水生植物的根、茎、叶和果实及藻类为食，也吃大量的砂砾。每年 9 月末 10 月初南迁时路过东北地区，为旅鸟。[①]

元朝人在《饮膳正要》一书中将天鹅列出四种：并绘有天鹅图，其中一种就写作"阿刺浑"，旁注云：花鹅也（详见《饮膳正要》插图）。这里所记的"阿刺浑"当与女真语天鹅的发音"哈儿温"有直接关系，很可能就是根据女真语而记录的名称。哈尔滨地区为什么出土了那么多金代的天鹅玉佩？800 年前的女真人为什么对天鹅情有独钟呢？不就是因为哈尔滨地区的自然环境及生态环境中的水生植物与水生软体动物都能成为天鹅的美味佳肴，而这里纵深的芦苇和水草不正是天鹅隐蔽做巢的好地方吗？

---

① 东北保护野生动物联合委员会编《东北鸟类》，辽宁科学技术出版社，1988。

哈尔滨不仅是天鹅群体繁衍生息之地，更是天鹅家族的故乡。所以，直到今天在《东北鸟类》的档案中，天鹅依然是黑龙汀省的候鸟而不是"旅鸟"。黑龙江是天鹅的故乡已有悠久的历史。所以，金朝初期的"春水纳钵"就是在这段松花江两岸进行的。为了证明哈尔滨地区曾经是金代皇帝的"春水纳钵"之地，我们有必要对迷失了的"冒离纳钵"之地进行考证。①

---

① 关于春水纳钵和冒离纳钵见下一章。

哈尔滨地名"天鹅论"与金朝初期
春水纳钵之地的考察

——兼考"冒离纳钵"与"莫力街古城"之谜

何谓"纳钵"?"纳钵"究为何种语言?其含义是什么?这些问题早被已故的辽金史专家傅乐焕先生所一一回答。为了使读者便于了解"纳钵"一词的来龙去脉,笔者兹据傅乐焕先生的论文集《辽史丛考》一书所收的《辽代四时纳钵考五篇》编辑成文,以飨读者。

"纳钵"又写作"捺钵""纳拔""剌钵""纳宝"等。"纳钵"一词通用于辽、金、元三朝。①"纳钵"当为契丹语,后女真人及蒙古人因沿用契丹故俗,而接受了契丹皇帝出行狩猎的专用词语,并成为女真语及蒙古语中专有名词。"纳钵"一词汉译为"行在""顿宿""所在"之意。但这里的"行在""所在"绝非指一般的泛称,而是辽、金、元三朝皇帝出行狩猎之专门用语。春天狩猎主要在水边进行,所以称为"春水纳钵";秋天的狩猎则在山中进行,则称为"秋山纳钵"。久而久之"春水"与"秋山"合成一词,并形成非常动听的词组"春水秋山"。

最近,哈尔滨文物市场上流行一种春水玉和秋山玉,所谓春水玉就是以天鹅、荷叶、芦苇、海东青鹰、水波为主题图案的玉带板和玉佩饰。而秋山玉则是指以远山、近树、小鹿为主题图案的玉件。这种玉是当时辽、金、元三朝的朝服和达官贵人的必佩之物。在金代的朝服中还绘有"春水秋山"的图案,"春水秋山"有时也分别称谓,即"春水"或"秋山"。

根据傅乐焕先生的考证,"纳钵"之制始于辽代,金、元两朝相袭沿用。辽、金、元三朝均为北方民族所建立的王朝政权,且生活之地理环境与生态环境均属同一地域,具有共同的生活方式与特征。元朝之后的明朝

---

① 傅乐焕:《辽史丛考》,中华书局,1984。

统治者为汉族，所以"春水秋山"活动渐渐无闻。明朝皇帝沉浸于深宫后院的生活，很少像辽、金、元三朝皇帝那样实行四时纳钵制度。但是辽、金、元三朝的春水秋山活动所留下的音乐、舞蹈及脍炙人口的诗篇则一直在明朝的民间盛传着。

辽代的春水纳钵，主要在今洮儿河、嫩江、松花江的三江汇合之处以及三肇地区（肇东、肇源、肇州）进行。据《辽史·营卫志》载：辽朝皇帝的春水纳钵之地为鸭子河泺，"皇帝每年正月上旬起牙帐，约行 60 日方至。此时，天鹅未至，卓帐冰上，凿冰取鱼。冰泮，乃纵鹰鹘捕鹅雁，晨出暮归，从事弋猎。"①

据傅乐焕先生考证，金朝的春水纳钵大体可分为四个时期：第一个时期，金朝皇帝居上京会宁时期；第二个时期，以燕京（今北京）为首都时期；第三个时期，以燕京为首都的后期；第四个时期，以汴京（开封）为首都时期。

在上述四个时期中，与哈尔滨地名相关的金朝皇帝的春水纳钵，主要是在第一个时期。这一时期金朝的前四个皇帝——太祖、太宗、熙宗及海陵王均在今阿城的"白城"生活。金朝以会宁为都共计 38 年。太祖、太宗两朝的"春水纳钵"究竟在何处，因史书未详载，难以定论。然而，太宗吴乞买即位之初，北宋使臣许亢宗曾见太宗于"冒离纳钵"。又《大金国志·熙宗本纪》云："皇统三年七月，主谕尚书省，将循契丹故事，四时游猎，春水秋山，冬夏剌钵。"

以《金史》载之，熙宗即位之当年（天会十三年，1135）即建天开殿于爻剌，自后每年春季，巡临其地。又《金史·地理志》上京会宁府条："行宫有天开殿、爻剌春水之地。"又，会宁有"混同江行宫"等语。②

由此，傅乐焕先生提出金太宗即位之初，曾在"冒离纳钵"之地会见过北宋使臣许亢宗等人。遗憾的是，治东北史地研究的学者，一直没有注意到傅乐焕先生的这一提示，人们在考证许亢宗一行的行程时，忽视了"冒离纳钵"这个非常重要的地名，还有人一直将"冒离纳钵"与"虏庭"误为一地。关于"冒离纳钵"之地究竟在何处，凡治辽金史者则无一人考证其详。实际上，当年，金太宗并非在上京城内接见许亢宗一行，而

---

① （元）脱脱等撰《辽史》卷 32，中华书局，1974，第 373 ~ 374。
② 傅乐焕：《辽史丛考》，中华书局，1984。

是在"冒离纳钵"之地。以往的学者没有注意到这个重要的细节，从许亢宗离开"冒离纳钵"又行至上京的事实来看，当时太宗所在的"冒离纳钵"之地，当距金上京不会太远。如从地望观之，春水纳钵之地必是临近大水边，且水草肥美。距金上京较近者必是阿什河与松花江汇合后的哈尔滨地方无疑。因为，此地最适宜天鹅、野鸭等各种水禽栖居。那么，考证"冒离纳钵"之地，不仅是解决金初太宗时期所巡幸的春水之地，更重要的是能够证明今哈尔滨地方实际上就是金代的"春水纳钵"之地。

一 "冒离纳钵"与莫力街古城之谜

莫力街古城坐落在今哈尔滨市东郊偏南、成高子火车站北 2.5 千米处的香坊区幸福乡莫力街村的所在地，东濒阿什河的河漫滩，与俗称高台子的金代遗址紧邻。

从古城的营造法式及其出土的文物上推断，莫力街古城当属金代所建。然而，莫力街地名是否就是这座古城的固有名称呢？这座古城在历史文献与档案资料中有没有被记载下来？有人曾经怀疑这座古城是金代阿勒锦村的推断是否正确，这些疑问直到今天也没有人给出详尽的回答。笔者在十年前曾带着这些疑惑对莫力街古城进行了三次实地调查。第一次是在1980 年春季，同行的有哈尔滨市文物管理站的李亚滨同志和聂启新先生。第二次是在 1981 年国庆节期间，利用休假的机会，笔者独自踏查了莫力街古城。第三次是在 1982 年的春季，同行的有已故的王永祥先生（原黑龙江省文物考古研究所研究员）。根据这三次调查的材料，笔者于 1982 年撰写了一篇极不成熟的文章，题名为《莫力街古城的几点质疑》，主要是想与关成和先生商榷"莫力街古城"并不是金代的养马场。后来笔者觉得对莫力街古城问题的研究缺乏足够的证据，所以，这篇文稿一直存放到今天也未能公之于众。十余年来为了解开莫力街古城之谜，笔者总算在浩如烟海的典籍中找到了蛛丝马迹，并积累了一些资料，现将这些资料归纳成文，以图寻求到莫力街古城的金代原始地名称谓。

笔者认为"莫力街"一词中的"莫力"一词，在女真语或满语中译成汉文均有"马"的意思。而"街"字如从汉字的角度去理解，则是东北地区地名中的通用词尾，是后来附加上去的。在清末民初之际，莫力街的贸易较为发达，久而久之，人们便在"莫力"一词的后面加上"街"字，便成为"莫力街"。所以"莫力街"一词可能是古已有之，追根溯源，"莫力"一词的语源是女真语，但是它是否就是这座古城的固有名称呢？想要解决这个问题，就必须从文献上去寻找与"莫力"一词相关的地名。经过多年的探索和研读《金史》，果然在文献中发现了两条与"莫力"一词有密切关系的记载：一条在《金史·熙宗传》中，而另一条在《大金国志》中的《许亢宗奉使行程录》。实际上关于后一条的史料，真正的发现者是笔者的尊师许子荣先生。记得那是在 1980 年 9 月，一个秋高气爽的季节，笔者和许子荣老师一起去黑龙江省图书馆地方文献阅览室查阅资料。他在《靖康稗史》中所收录的《许亢宗奉使行程录》里发现了"冒离纳钵"这个十分重要的历史地名。他当即告诉笔者："这个'冒离纳钵'很可能就是今天的'莫力街'古城。"于是在笔者的脑海中深深地记住了"冒离纳钵"这个十分有趣的历史地名。后来（1987 年 8 月）笔者又查阅了由日本学者小野川秀美编纂的《金史语汇集成》，从中找到了"莫勒"一词，继而知道了"莫勒"一词出典于《金史·熙宗纪》，也是作为地名被记载下来的事实。众所周知，金熙宗完颜檀是金朝建国的第三个皇帝，他始终生活在金上京城内。因此，他在出入宫廷内外的御程中所牵涉到的地名，必与哈尔滨周边地域有关。

如果我们仅从语音角度去理解，"莫力"与"冒离""莫勒"之间的确存在着音同而字异的关系。那么，它们三者之间是否存在着必然联系呢？这个问题颇难回答。为此，必须对"冒离纳钵"和"莫勒"的地名所在地进行认真的考证，方能确定"莫力街"这一地名是否与上述两个地名有一定关系。

《许亢宗奉使行程录》又称《宣和乙巳奉使金国行程录》。这个行程录有多种版本流传下来，所以有多种名称。

《三朝北盟会编》卷首书目写作《奉使金国行程录》，该书卷二十又写作《宣和乙巳奉使行程录》，《大金国志》卷 40 则写作《许氏奉使行程录》，在《靖康稗史》中则称为《宣和乙巳奉使金国行程录》。这个行程录形成的时间较早，即"靖康事件"发生以前，就是北宋宣和七年、金太宗天会三年，也就是金太祖阿骨打去世第三年，金太宗吴乞买登基的第三年。当时北宋与新兴的北方王朝金帝国尚未发生激烈的冲突，宋金之间的和平使者往来频繁。当北宋王朝听说金国新皇帝即位的消息后，立即于宣和七年派出以许亢宗为使团长的庞大使金团，前往金国都城庆贺新皇帝登基，这个行程录就是这次出使金国一路留下来的实录。这种出使的实录在当时又叫作语录，是北宋王朝每一个出使要员回朝后必须写成的一种呈送朝廷的例行公文，主要叙述其出使见闻和应对情况（实际上相当于现在的实地考察报告）。

这个行程录的最大价值就在于对当时金国的交通、地理、民俗及其地名、里数等方面进行详细的记述，具有非常重要的军事情报作用。这个行程录详细记述了自契丹旧界白沟开始，止于冒离纳钵及金朝国都的 3120 里、共计全部 39 程的情况。在这些记载当中，对金上京周围（包括今哈尔滨地区）的地理方位、地名、民俗、人口、民族等方面的见闻尤为重要。因为这些极其珍贵的第一手资料，对于当时北宋了解金国的情况十分重要，当然，对于我们今天研究哈尔滨地区金代早期史来说更具有十分重要的参考价值。

现将《三朝北盟会编》《大金国志》《靖康稗史》这三种不同的版本中所收录的《许亢宗奉使行程录》记载的有关"冒离纳钵"的资料原文转录如下。据《三朝北盟会编》卷 20 记载：

> 今起自白沟契丹旧界，止于虏庭（改作金国）冒离纳钵（改作玛哩巴纳），三千一百二十里，计三十九程。

又载：

> 第三十九程至馆，行二十里至兀室（改作乌舍）郎君宅，接伴使副具状词，馆伴使副于此相见，如接伴礼。虏中（改作金国）每差接伴馆伴送，伴客省使必于女真、渤海契丹内（下添选字）人物白晰详缓（删此六字）能汉语者为之，副使则选汉儿读书者为之。复有中使抚问，赐酒果，赐宴如常仪。毕，又行三十里至馆，馆第舍数十余间，墙壁全密，堂室如（改作加）帘幕，寝榻皆土床，铺厚毡褥及锦绣貂鼠被、大枕头等。以女真兵数十人佩刀、执弓矢，守护甚严。去虏（改作北）廷尚十余里。次日，赐酒果，至晚，阁门使躬来说仪约，翌日赴虏（改作北）廷朝见。次日馆伴使副同行，可六七里，一望平原旷野，间有居民数十百家，星罗棋布纷踩错杂，不成伦次（删纷踩此八字）。更无城郭里巷，率皆背阴向阳，便于放牧，自在散居。又一二里，命撤伞，云近阙。复北行百余步，有阜宿围绕三四顷，北

（并）高丈余，云皇城也。至于宿围门，就龙台下马，行人宿围西，设毡帐四座，各归帐歇定。客省使副（使）相见就坐，酒三行。少顷，闻鼙鼓声入歌，引三奏乐作。阁门使祇班引入。即捧国书自山棚东入，陈礼物于庭下，传进如仪。赞通拜舞抃蹈讫，使副上殿，女真首领数十人班于西厢，以次拜讫，近贵者各有百余人上殿，以次就坐，余并退。①

上述这段记载在《大金国志》《三朝北盟会编》《靖康稗史》的三种版本里所记，除个别字句有差异外，内容大致相同。然而《大金国志》一书中所收录的《许亢宗奉使行程录》却没有记载"冒离纳钵"这一地名。根据《大金国志》成书时间晚于《三朝北盟会编》和《靖康稗史》的事实，故推断《大金国志》对"冒离纳钵"这一重要地名系属漏记或转抄有误。

值得注意的是，"冒离纳钵"并非金代初期的都城。因为，从"冒离纳钵"即第39程到金国都城尚存40～50里的距离，所以冒离纳钵应在金上京故址西方偏北或正西偏南的50～60里的范围内。为什么说冒离纳钵与金上京之间存在50～60里的间距呢？从上述的文献记载中可以看出，许亢宗率领的出使金国的使团在到达第39程冒离纳钵以后，又从这里继续前行20里至兀室郎君的居住地。兀室又写作悟室，是金代开国元勋完颜希尹的别名，他是欢都的儿子。景祖时期欢都将其家族迁至按出虎水的下游一带（今阿什河下游），而欢都死于康宗十一年，时年63岁。死后葬于自己的家乡，即阿什河下游今哈尔滨市区成高子一带。

由此可知，当时完颜希尹在上京附近的居室亦当在今阿什河下游一带，即今阿城市的杨树乡和新华乡，哈尔滨市的成高子一带。兀室既然是完颜希尹的别名，而郎君当然是对兀室的尊称。因为在女真旧俗中凡属于宗室的男子，不分长幼均称为"郎君"。"兀室郎君宅"，系指完颜希尹在金上京附近的宅所或封地。许亢宗一行从完颜希尹的居住地即兀室郎君宅继续前行，约30里至馆。这里所说的"馆"当不属于私人住宅，而是专门接待客人的金国国宾馆之类的设施。这种馆舍很大，共有十余间草泥结构的房子，墙壁全部是密封的泥墙。屋内则用帷幕隔开，并分成堂屋。室内均为土炕，土炕上面铺上厚厚的毯褥及带有锦绣的貂鼠皮暖被，被褥上面置放着大枕头。室内的这种摆设与今天北京故宫内清代皇帝的居室相差

---

① （宋）徐梦莘：《三朝北盟会编》，上海古籍出版社，1987，第145～146页。

不多。馆舍外有几十名女真士兵手拿武器严密守护,从这里去金上京城尚有 10 里的路程。

如果把上述的行程里数累计起来,即可看出,从冒离纳钵到金上京的距离应在 50~60 里之间,此其一。其二,冒离纳钵的方位大致在今阿什河下游的某地。因为冒离纳钵与兀室郎君宅相去甚近,而兀室郎君的住地,则与当年兀室父亲欢都率其家族从按出虎水之源迁居于按出虎水下游的某地同在一处。其三,在按出虎水下游(即阿什河下游)地方可能有冒离纳钵这个地名。我们知道,"冒离"一词来源于女真语,汉译为"马"。在汉字当中,关于"冒离"一词的同音异写的词很多,如:吗哩、莫勒、莫力、梅力、穆棱,等等。冒离虽然是专有名词,但也可引申为形容词,即奔腾欢快,形容湍急的河流的意思;而"纳钵"又写作"捺钵""剌钵""纳宝"等,在辽、金、元三朝,专指皇帝外出春秋狩猎的驻所。辽与金朝皇帝的纳钵分为春纳钵和秋纳钵,后来被固定称为春水秋山。因为春水是指辽金皇帝在春天时于水边观看海青拿天鹅的场面,并视其为春水纳钵而秋山则是秋天入山围猎,主要猎物是鹿、虎、熊等。可见,"冒离纳钵"这个地名的含义,当是指金朝皇帝在春猎时驻跸行宫所在地。辽、金两朝皇帝在混同江(今哈尔滨松花江段至嫩江口)均设有春水"纳钵"场所。"冒离纳钵"既靠近松花江,又临近金上京,当然也是金朝皇帝在春季狩猎的场所。春水"纳钵"活动的主要内容是进行捕鹅或钓鱼,即用海东青鹰击捕天鹅(关于海东青捕天鹅另章专述),此其四。

众所周知,辽、金两朝皇帝的春水之地主要是在今东流段松花江直到今宾县鸟河河口的松花江两岸。所以,今哈尔滨成高子火车站北侧的"莫力街"当与金朝皇帝春水纳钵的历史背景有关。当时许亢宗率领的使金团到达的第 39 程"冒离纳钵"的所在地,可能就是金朝皇帝的春猎之所。

可以推想,当年的哈尔滨莫力街地区正处在按出虎水与松花江的交汇下游处,这一带水草肥美,地域开阔,正是天鹅与各种野鸭栖居的理想场所。其优越的地理环境和得天独厚的自然风光,正好成为金初皇帝春水"纳钵"的理想场所。

天眷三年(1140)春季,熙宗曾经驻跸"谋勒"(即冒离纳钵),并进行了击捕天鹅与松花江钓鱼活动。1984 年,黑龙江省博物馆的安路、贾伟民两位同志,在今莫力街古城正南 3.5 千米处,发掘了一批罕见的金代墓葬。尤为引人注目的是,墓葬中出土了两件用汉白玉雕琢成的天鹅纳言玉饰。形象而逼真的"天鹅"玉饰，使笔者联想到距此不远的"冒离纳钵"之地，这不正是当年金国皇帝进行春水纳钵活动的确凿证据吗？"天鹅"玉雕实物的出土，为笔者推断"冒离纳钵"即今日之"莫力街"古城提供了翔实而可靠的证据。它深刻地说明了今天的哈尔滨地方，当年是天鹅、野鸭、大雁等各种飞禽的栖居之地。

关于金初在上京会宁府之地建立"纳钵"制度，较详细的叙述见于傅乐焕先生的《辽史丛考》一书。金太祖时期是否在会宁府附近建立了"纳钵"制度，因史书无载，不敢妄论。然而，金太宗时期许亢宗使金方始见"冒离纳钵"之语。《松漠纪闻》的作者洪皓在其著作中将"春水秋山"[1]作为当时金代女真人的习惯用语记述下来，可见"纳钵"之制最迟是在金太宗时期便成了惯例。到了金熙宗时期，金代的"纳钵"制度便依照契丹旧制而确定下来。

熙宗即位的当年（天会十三年，1135）便在爻剌之地建立了"天开殿"作为"春水"的行宫之地，自此以后每年春季巡幸其地。《金史·地理志》中会宁府条记载："其行宫有天开殿，爻剌春水之地也。"《金史·地理志》中又载："有混同江行宫。"[2] 行宫即纳钵之地。开天殿与混同江行宫是否一地，尚有待进一步考证。由此可知，金太宗时期的"春水纳钵"之制尚无定制，又无指定地点，是否"冒离纳钵"就是金太宗时期的春水纳钵之地呢？而在金熙宗时期，则将金太宗"春水纳钵"之地移置于靠近混同江边（即今松花江边），隶属于会宁府与宜春县接界的爻剌春水之地。"爻剌"是地名，"春水"即春季纳钵的代名词，并在这里建立了"天开殿"。天开殿的大致位置应在东起呼兰河口之松花江，西至嫩江注入松花江口的大曲折处的地段内求证。因为，此段松花江正是松嫩两大水系汇合后，在地势较为平坦的松嫩平原上缓缓东流。松花江两岸水域开阔，落差较小。两岸的河流纵横，沼泽遍野，水草丰美，宜于各种飞禽生息和繁衍，是历史上辽、金两朝"春水纳钵"的理想之地。

金熙宗以后，海陵王将都城迁到燕京，会宁境内的诸"捺钵"从而废弃，冒离纳钵从这时起可能也被废弃。然而，作为地名的冒离、莫力则仍然长期的被保留下来。1988 年，哈尔滨市文物管理站曾经在今哈尔滨市香

---

① （宋）洪皓：《松漠纪闻》，吉林文史出版社，1986。
② （元）脱脱等撰《金史》，中华书局，1975，第 550 页。

坊区征集到一颗金代官印，印文为九叠篆书的汉字，为"迷离迭河谋克之印"。据哈尔滨文物管理站的副站长尹开屏先生考证："迷离迭"应是"莫力街"的同音异写①（迷离迭 milidie，莫力街 molijie），这颗金代官印的出土地点距离今莫力街古城较近，想必二者之间有一定的联系。现在的莫力街金代古城很可能是冒离纳钵被废弃后，于金世宗时期"实内地"政策时在原来冒离纳钵之地修筑的迷离迭河谋克城。如果这一推定无误的话，那么在莫力街古城附近就应当有一条河流，这条河流很可能就是当年的"迷离迭河"。冒离纳钵之地名以及迷离迭河谋克的称谓也就很可能均是因"河"而得名的。经过实地调查发现，在莫力街古城东南 2.5 千米处确有一条被人遗忘的几乎干涸的古河道（今称"庙谷沟"）。这条古河道南与金代的运粮河（俗称金兀术运粮河）相接，北与莫力街古城附近的阿什河相通，从南向北流经今成高子火车站附近后，在今哈尔滨市香坊区的民胜村注入阿什河。这条古河道两侧的河床上分布有多处金代遗址。1980 年，笔者在考古调查中还曾在古河道中发现了金代木船的船板及北宋和金代的货币。事实证明，这的确是一条消失在历史岁月中的古河道，由于它地近莫力街古城，所以很可能就是金代官印中所表明的"迷离迭河"。20 世纪初期，由于作为这条河道源头的"运粮河"水源渐渐枯竭，才导致了迷离迭河的干涸。

1991 年 4 月初，笔者第四次来到了哈尔滨市东南郊的莫力街古城，站在古老的城垣上，凭吊中世纪的古代城堡遗迹。

这座建造已达 800 余年、用一层层夯土筑成的结实的城池，如今已成了废墟。然而，城墙、角楼、雉堞（马面）却依稀可辨。古城内的地面上，排列着整齐的建筑遗迹。遗址上散布有各种建筑饰件、青砖、布纹瓦、柱础等。还有一些生活用具和陶瓷残片，上面隐隐留着刻有线条花纹的痕迹。据当地的老乡讲，古城内还出土过成串的古货币（北宋铜钱），以及各种生活用具。

古城的东北 200 米处有一座人工堆砌而成的高台子，面积 30 米 × 100 米，上面散布有大量的金代遗物，陶片、瓷片、青砖、碎瓦、铜钱等，俗称高台子。1983 年，笔者来此调查时在南部的断层中（阿什河冲刷所致），发现了一个直径 80 厘米的铜锅。可以推断，这处高台子遗址是金代建筑无

①　《哈尔滨文艺志》，哈尔滨市文化局内部出版。

疑。很可能是金朝建国初期，皇帝经常来此（冒离纳钵）进行春水纳钵活动的驻跸场所。因为，高台子遗址上的金代砖瓦显得特别厚、重、大，想必是当年的大型宫殿遗址。

往事悠悠，昔日景象繁华的城堡，令人神往，置身其中，使人感觉到800年以前，这里曾经充满着女真文化的气息，不禁发人深思，这座古城的历史地名到底叫什么？"迷离迭河谋克印"的发现能否揭开莫力街古城的地名之谜？莫力街这一地名究竟是不是金代海陵王迁都燕京，冒离纳钵被废除后，又于此地设置了迷离迭河谋克城堡呢？"迷离迭"是否就是今天莫力街地名的来历呢？这些扑朔迷离的问题恐怕永远也说不清。

二 《许亢宗奉使行程录》与《松漠纪闻》中的"冒离纳钵"之谜

当笔者提出《许亢宗奉使行程录》（以下简称《行程录》）中的"冒离纳钵"之地为今哈尔滨市成高子火车站北3.5千米处的"莫力街"古城后，势必会引起许多人的种种疑虑。因为人们一直以为《行程录》所记从第36程的句孤孛堇寨到金上京古城的行程路线，与《松漠纪闻》中所记从金上京至涞流水（今拉林河）的行程路线完全一致。所以，在考证《行程录》所停留的驿站时，往往将不同时代的"行程"路线的站地和里数，凭借今人的主观臆断等同起来，这种考证方法其实是非常不可靠的。实际上许氏行程与洪皓所记的行程，是完全不同的两条路线。为了消除这种疑虑，有必要对《行程录》与《松漠纪闻》所记的从句孤孛堇寨（第36程）到金上京这段的行程路线进行重新考证。

首先，根据《行程录》所记，"第三十六程自和里间寨九十里至句孤孛堇寨"。和里间寨的所在地即今天吉林省松源市大三家子乡半拉城子古城。从这里出发东北行80里（距拉林河3里许）至今天黑龙江省双城市石家崴子古城（即句孤孛堇寨），恰与上述记载的方位里数相合。关于句孤孛堇寨的位置，过去的考证大都误定在双城市的花园古城。直到1981年笔者和当时的双城县文物管理所的陈家本、五常市的于生、宾县的李柏泉三位同志一起对拉林河右岸二阶台地上的石家崴子村进行了考察，并认定这就是《行程录》所提到的句孤孛堇寨。《行程录》第37程自句孤孛堇寨70里至达河寨。许亢宗一行从句孤孛堇寨出发继续朝东北方向行进，约70里至达河寨。关于达河寨的位置，史学界一般均从清末学者曹廷杰先生的说法:"双城县金钱屯即阿萨尔铺,双城子即达河寨、亦即蒲达寨……"
笔者不知道曹廷杰先生确定达河寨的根据是什么,然而,从今天的哈尔
滨市到阿城市以南的拉林河一带,金代古城不下二十余座,究竟哪座城
池属于达河寨的故址呢?笔者认为求证达河寨故址应该符合如下三个基
本条件:第一,从句孤孛堇寨出发,其方位应该向着"冒离纳钵"的方
向;第二,古城位置应该距离句孤孛堇寨60~70里;第三,古城的营造
方式及其出土文物应与金代相符。符合上述三个条件的古城,恰好是今
天双城市境内青岭乡附近的万解古城。所以笔者认为今天的万解古城,
应是许亢宗《行程录》中所记的第37程从句孤孛堇寨东行70里的达河
寨故址所在地。

《行程录》载:

> 第三十八程,自达河寨四十里至蒲达寨。

许亢宗从达河寨出发,继续东北行40里到达"蒲达寨",当天,金朝
的使者前来迎候。依地望诊之,在今天的双城市万解古城(达河寨)的东
北方约40里的哈尔滨市郊区,亦即平房区工农村附近有一座金代古城。这
座古城与许亢宗《行程录》中第38程所记,自达河寨至蒲达寨的里数完
全相符,很可能就是金代"蒲达寨"的故址。

又据《行程录》载:

> 第三十九程,自蒲达寨五十里至馆。(按:即"冒离纳钵")

在《行程录》的正文里只记载了"第三十九程,自蒲达寨五十里至
馆",而没有指明地名称谓。然而,在同书的序篇中则明确记载了第39程
"冒离纳钵"这个确切的地名。关于冒离纳钵的位置及地名的由来,已如
上述,即今天莫力街古城所在地。从平房区工农村古城东北行至阿什河左
岸附近的莫力街古城,恰好是40里左右,与《行程录》中所记正合。

许亢宗率领的"使金团",从冒离纳钵之地开始改变方向,即由原来
的东北方向转而东南方向。行至20里,路过完颜希尹的封地(即兀室郎
君宅,已如前述)。从地望上看,兀室郎君宅所在地应在今阿城市新华乡
附近。这一带正是按出虎水下游左岸与西部平原接壤的开阔地带。据考古

调查表明，这里的金代大型居住址十分稠密，与许亢宗所描述的风景大致相同："一望平原旷野，间有居民数十百家，星罗棋布纷蹂错杂，不成伦次。更无城郭，里巷率皆背阴向阳，便于放牧，自在散居。"

许亢宗一行经过兀室郎君宅（即今新华乡附近的某地），再向东南行约30里至馆（即今天阿城市杨树乡之正东方向的红旗村至杨树村一带），宿泊在这里。关于此馆的具体名称，并没有被记录下来，现已无从查考。次日，许亢宗率领的使金团又前行10里才到达金国皇帝的居住地。

以往的史学界，一致认为冒离纳钵即金都所在之地。笔者对《行程录》中所记的第39程的冒离纳钵究竟在何处存在如下几个疑点。

第一，冒离纳钵绝不是许亢宗奉使金国的终点站。

第二，冒离纳钵之地是金代皇帝春猎的场所，不应是皇城所在地。

第三，第三十九程自蒲达寨50里至冒离纳钵，与此后行至上京的60里不是一回事。

第四，许亢宗一行从句孤字堇寨出发，行至金上京的全程不是155里而是222里，与《松漠纪闻》中所记这段行程的距离根本不同。

第五，许亢宗一行从句孤字堇寨行至金上京所经过的站铺、寨、馆的地名也与洪皓在《松漠纪闻》中所记载的地名不同。

《行程录》与《松漠纪闻》中所记载的行程方向的起始点完全不同。《松漠纪闻》中所载的是自上京到燕京的路线，而《行程录》中则是记载了从燕京到金上京的路线。

因此《松漠纪闻》所记载的这段行程与许亢宗所记的行程方向也完全不同。

据《松漠纪闻》卷下载：上京30里至会宁头铺，45里至第二铺，35里至阿萨尔铺，40里至涞流河（拉林河），凡150里。

又《御寨行程》载：同流馆至没搭孛堇来同馆50里，来同馆至乌龙馆70里，乌龙馆至御寨30里，全程共计150里。

由此可见，在《行程录》以后成书的《松漠纪闻》以及《御寨行程》，无论是所记地名还是全程里数均与《行程录》不相符合。因此可以断定，在这几部行程录中，其各自行程路线虽然大致方向相同，但所经路线与馆舍之地完全不同。长期以来，由于学术界一直没有注意《行程录》中第39程之后所记的行程路线，是有别于第39程至冒离纳钵的事实，而这两段路程的里数均为50里，因此，被这相差无几的里数所迷惑，这是非常遗憾的。究其原因，《行程录》中对第39程至冒离纳钵、冒离纳钵至金庭以后的行程没有明确的说明，所以造成了后人的误解。

然而，《行程录》为什么要绕行于冒离纳钵再折而东南行至上京呢？也许这是个很难解开的历史之谜。或许女真人当时正准备发动南侵北宋的战争，而为了隐蔽其在拉林河沿岸厉兵秣马等真相，以至于从某种动机出发，而特意安排许亢宗率领的使金团，绕行至冒离纳钵再折而东南行至御寨这样一条迂回曲折的路线，这是疑点的关键所在。此外，许亢宗使金团一行来到金国之"冒离纳钵"的时间正逢春季，此时，正是金朝皇帝"春水纳钵"的时间。据《三朝北盟会编》载："于乙巳年（宣和七年）春正月戊戌"出发"使金"。另外，金国皇帝有在纳钵行猎之时朝见各国使臣的习惯。如太祖阿骨打曾于春水纳钵行猎中，召见北宋使臣马扩。① 所以，许亢宗率领的使金团先往"冒离纳钵"之地朝见太宗是可信的。就此问题1991年笔者曾写信请教了东北史、历史地理学家李健才先生。李先生在5月16日给笔者的回信中写道：

> 禹浪同志，来信收到，关于《行程录》所说的"今起自白沟契丹旧界，止于虏庭，冒离纳钵，三千一百二十里，计三十九程……第三十九程，自蒲达寨五十里至馆，行二十里至兀室郎君宅……又行三十里至馆……去虏庭尚十余里"，终点虏庭当即御寨（后来之上京会宁府），自起点至终点的里程，当包括"冒离纳钵"。但纳钵当是金朝皇帝狩猎之地，所以你的看法是有道理的。②

实际上，笔者是受傅乐焕与李健才两位先生观点的启发，才坚定了笔者对"冒离纳钵"不能等同于金上京城的看法，为笔者进一步探索"冒离纳钵"之谜奠定了基础。总之，金代的冒离纳钵之地，即今哈尔滨市香坊区幸福乡的"莫力街"古城无疑。确定了这一地名，也就明确了哈尔滨在金代初期当为皇帝的春水纳钵之地，这是毫无疑问的，从而使我们更理解了这是哈尔滨地名的语境背景中人文历史背景和自然地理环境背景的关系，哈尔滨之所以具有"天鹅"之义的释义背景也就不言而喻了。

---

① 《三朝北盟会编》，上海古籍出版社，1987。
② 1991年5月16日李健才先生写给笔者的信。

哈尔滨地名"天鹅论"的主要
依据与论证思路

——兼论哈尔滨与东北地名系统

　　至此，笔者已经基本结束了对哈尔滨地名含义研究的整个过程，结束了纵贯800年的哈尔滨地名历史文化景观的描述。然而，这并不能表明有关哈尔滨地名研究工作的最终结束。实际上笔者的研究工作远远没有做完，甚至可以说还刚刚开始。但是，笔者可以非常欣慰地告诉家乡父老和世界上每一位关心哈尔滨的人，在笔者从事哈尔滨地方史研究的生涯中，毕竟为可爱的家乡交上了一份圆满的答卷。这里请各位读者注意，尽管笔者的论据充分，论证严谨，但是笔者的结论只能表明对哈尔滨地名做出了新的诠释，而不是定论。所以，笔者认为哈尔滨市委、市政府与专家鉴定组将笔者的哈尔滨地名"天鹅论"定为"通说"，这一概念则是非常准确的。笔者清醒地知道，对哈尔滨地名含义的研究是一件非常艰难的事情。在10年的研究过程中笔者深深地体会到，对哈尔滨地名含义的研究，实际上是在对整个黑龙江流域地名研究方法的探讨。关于这方面的研究，几乎没有可以借鉴的研究成果，更缺乏相应的文献资料和归纳整理后的考古学资料。也就是说，对于此类地名研究的过程，完全是在开辟一个新的领域。由于上述种种困难，迫使我不能不耗费时日，慢慢积累，孜孜探求。许多过去对哈尔滨地名的研究成果，仅仅凭寥寥数语（如哈尔滨满语系"晒网场"之意），便轻率地"解决"了哈尔滨地名的全部问题，那种简单的地名语音决定论，实在是坑人不浅。因此，在研究方法上也迫使我不得不花费时间去进行理论方面的深入思考。实际上，在近10年的研究过程中，大量时间是花费在如何阐释笔者对哈尔滨地名的一系列发现上。

　　笔者认为，对于东北地名的解释与研究的工作还没有完全走上正轨，我国的地名学理论尚未走向成熟，尤其是对周边地带那些被标上汉字符号的少数民族地名更是没有系统研究。笔者认为，应该尽早建立中国东北或中国北方地名文化研究系统，这不仅仅具有语言方面的意义，应该说更是一种具有历史化石功能的文化载体，极具北方民族与中原汉族文化长期交融的特色。对于中国北方民族历史地名的研究，不仅能揭示各民族文化之间语言变化的规律，更能通过历史地名这个文化载体透视出民族迁徙、演变、交融的变化趋势。从这个意义上说，了解哈尔滨地名"天鹅论"的主要依据和论证思路，对于我们今后研究其他地名，有着重要的参考价值。因此，特设本章，以求为后来的研究者们提供一些可资借鉴的素材。

一 哈尔滨"天鹅论"的主要依据和论证思路

（1）依据《金史》《元文类》《元史》《经世大典》等文献，确定今哈尔滨地名与金代"合里宾忒"、元代"合里宾"，在语音、语词结构方面的一致性，从而认定"哈尔滨"三个汉字的语词结构与性质，只是标音符号。尽管金代"合里宾忒"、元代"合里宾"与现在哈尔滨地名不属同一地点，但我们可以利用这两处地名具有的共同的地名语音符号的特点，来确定其语词性质，并以此来证明作为"哈尔滨"地名名词早在金代即已出现的事实。

（2）在证明了"哈尔滨"地名金、元两代的"合里宾忒""合里宾"在语词性质上只是标音符号后，就要继续深入理解其意义之所在。笔者与其他学者从语音学上的考证所不同之处，就在于此。语词性质一旦确定，我们就可以了解到，哈尔滨地名与历史上的"阿勒锦"地名并非音转关系，而是不同的时代、不同的人，利用了不同的汉字符号对同一性质的语词，或同一地名进行的不同记录。由此导致在哈尔滨地名问题上，出现了同一地名的不同汉字标音。造成这种结果的主要原因，是汉字具有同音不同字的相通相假功能。这一问题的主要依据和例证很多，如阿什河地名、呼兰河地名、松花江地名以及黑龙江流域大量的山川地名，都有这种同音同地而不同汉字符号的纷繁记录。仅以金代"合里宾忒"地名为例，在此后的元、明、清三朝的档案中对这一地名记录的汉字符号均不一致。然而，上述这一地名在不同时代的不同汉字符号的记录，只能作为哈尔滨地名符号的历代演变的旁证，而不是直接证据。要想找到今天哈尔滨地名的直接证据，就必须通过查找历史文献，对哈尔滨地方的金、元、明、清四朝的历史地名记录做出回答。

（3）要想回答哈尔滨地名在金、元、明、清四朝历史地名的演变过程，就必须拿出实际的证据。这方面关成和先生开辟了先例，即找到了金代的阿勒锦村这一重要地名。然而，金代的阿勒锦与清代的哈尔滨地名之间尚未发现元、明两代有关哈尔滨的文字记录。笔者依据《经世大典》《析津志》《满文老档》《明实录》等大量文献，反复考证，终于找到了哈尔滨地区内元代曾设立过海西西水路城站"哈剌场"站的事实，以及破解明代的"海西哈尔分卫"及"哈儿必"的地名之谜。在考证中，并对与哈尔滨地名沿革所涉及的诸如"海西""哈勒费延""哈剌场""冒离纳钵"等历史地理也进行了认真的梳理和求索，最终得出了哈尔滨地名历史沿革的结论是：

金代→阿勒锦
元代→哈剌场
明代→哈尔分（海西）
清代→哈尔滨

同时对金代黑龙江下游的"合里宾忒"之地名沿革也进行了求证，其历史地名沿革为：

金代→合里宾忒
元代→合里宾
明代→哈儿芬
清代→哈勒费延

在考证自金代开始的哈尔滨地名的同时对"哈勒费延"之说给予彻底否定，因为哈尔滨从来也没有被标写成"哈勒费延"。

（4）笔者在解决了哈尔滨地名的语词性质和地名沿革等问题之后，开始探索与"哈尔滨""合里宾"语音相近的蒙古语及女真语词。结果在《蒙古秘史》中找到了"合鹅兀惕"，在《女真译语》中找到了"哈儿温"，在《饮膳正要》元人笔记中找到了"阿剌浑"，这三个词组均是"天鹅"之意，说明金元之际的蒙古人或女真人均把"天鹅"称作"合鹅兀"或"哈儿温"及"阿剌浑"。这是确定哈尔滨为天鹅之义的重要依据，并由此引发了对"哈尔滨"地名在历史演变过程中的语音、语词、语源、语义的深入研究，尤其是对"哈尔滨"的原始发音与现代发音之间的区别，中原音韵与阿尔泰语系在"嘎"音与"哈""阿""乌""胡"之间的区别，即 ga 等同于 ha、Ha、Ta、A、ai 音。关于"尔"音则是阿尔泰语系中的特有音节，即闪音"r"，所以，写作汉字符号为"勒""拉""里""尔"等。而"滨""分""温""锦"则是尾音音素的变化所致。上述语音演变的主要依据是当代的阿尔泰语系的历史因素与中原音韵的对比，并举出了大量当代地名作为依据。

（5）在深入探讨了"哈尔滨"地名在语音、语义、语源、语词等方面的问题后，笔者又对阿尔泰语系中将天鹅发声为"galun"的原因进行了考察。在考察天鹅习性时发现，有一种啸声天鹅的叫声就是发"galun"之音，原来"哈儿温"的原始发音"galuwun"是一种摹声词，是因为女真人习惯了天鹅的叫声而称"天鹅"为"哈儿温"。

（6）在解决了上述问题之后，剩下的就是要解决"语境"问题，即这种"天鹅地名"语词产生的自然背景和人文历史背景。于是笔者便开始研究哈尔滨地区的金代女真人是否有对天鹅图腾崇拜的现象，并寻找在金代女真人的考古实物中有没有天鹅形状的文物出土。结果，笔者从大量的金代考古发现中，找到了数十例金代墓葬和遗址中出土的天鹅玉佩玉饰，这是对笔者的哈尔滨地名含义"天鹅论"最有力的证据。除此之外，笔者还列举了大量的女真人崇拜天鹅的事实，并从文献中、古乐曲中、宗教信仰中找到了大量的依据和旁证。

（7）为了扩大寻找"天鹅论"的依据，笔者对哈尔滨地区的自然地理环境和生态环境以及天鹅的习性、迁徙路线都做了大量的调查。结果表明，哈尔滨早在 800 年前直到今天依然是天鹅的故乡，这里的生态环境与地理环境是天鹅及各种水禽繁衍生息的好地方。

（8）为了说明哈尔滨地区及其沿江一带是金代皇帝的"春水纳钵"（即春天狩猎）之地，笔者又根据前人的考证对辽、金两朝的春水纳钵之地进行了详细考证。尤其是对今天哈尔滨香坊区的金代"莫力街"古城地名，即金代"冒离纳钵"的皇家春水之地的考证，为东北历史地理填补了空白。并确定哈尔滨地处的松花江两岸正是金初的春水纳钵之地。其主要依据是《大金国志》《松漠纪闻》《辽史》《金史》等历史文献。

（9）值得注意的是，在清代地名中，与哈尔滨仅一江之隔的今松花江北岸，也出现了与哈尔滨相通相近的同音地名，即"他尔珲""爱尔珲""塔尔珲"等，其准确的位置就在今天的太阳岛西侧的上坞地方和四方台之江北岸。这是清代哈尔滨地方松花江北岸的两个渡口的地名。实际上，"他尔珲"与"爱尔珲"就是哈尔滨、哈儿温的同音异写之地名，这是确定哈尔滨为天鹅之义的最有力的直接证据。尽管有人依然把"他尔珲""塔尔珲""爱尔珲"作满语解，这只是对地名语言现状的解释，而没有从语源的角度、语词之根的角度去理解这一重要地名的存在。

基于上述的依据和论证思路，笔者认为哈尔滨地名的语源应来自女真语即"哈儿温"，其语音的原始发声"galuwun"，"haerbin"则是哈尔滨地名语言的现状发声。"哈尔滨"这三个汉字符号的语词性质属于标音符号，即表音而不是表意。"哈尔滨"的语音发声之根是来自女真人对"啸声天鹅"叫声的摹仿，属于"摹声词"，哈尔滨地名的语义就是"天鹅"。

二 哈尔滨地名"天鹅论"的必然性与东北地名系统

地名是一种社会现象，它的起源是非常古远的。可以设想，地名在没有出现文字记载以前，便随着人类社会的发展和需求应运而生。所以，地名的存在及始见时间应比档案文字记载要早得多，尤其是那些被掩埋在历史深层结构中的早已被人遗忘了的地名，追溯起来更显得困难重重和力不从心。哈尔滨地名含义就属于长期被掩埋在历史长河中的地名，并非像董万仑先生说的那样："档案是第一手资料，可靠性很大，它往往在众说纷纭的情况下，一锤定音。"① 事实并非如此，即使是在档案中发现了哈尔滨地名的记载，也说明不了"哈尔滨"地名的含义。档案只是解决了地名的大致始见时间，更何况清代的档案只能代表当时的历史记录时间，而代替不了清代以前的明、元、金、三代的档案记录。实际上，仅仅依据档案去寻找哈尔滨地名的含义之根，是绝对不可能的，这种"一锤定音"之说，是不够科学的，是幼稚简单的思维方式。

---

① 《哈尔滨城史纪元研讨会》论文专辑，1992 年哈尔滨地方志办公室编。董万仑《哈尔滨的"根"已露出端倪》第 2 页，该文在 1999 年 9 月由黑龙江文史研究馆编辑出版的《龙江文史》又重新发表，题目改写成《哈尔滨名称由来与隆科多皇华轶闻》一文，在文章中董万仑又将自己原来坚持的"晾网场"观点改写成由一个传说而引出的哈尔滨"地名，我们暂且不谈传说与历史地名的关系，仅就其历史地名研究所依据的资料来看，董文的依据显然不足以立论，且望文生义，主观臆断，其"高架子晾网场"之说实难成立。

一般来说，地名的产生是人们长期接触自然、观察自然和作用于自然的结果，是积淀在人们心理上的一种多元的文化复合现象。在地名命名的必然性中包含着地名的具体指称的含义。因此，历史地名的形成绝非单纯的符号表述，它的结构像地层一样，结合成重重叠叠的文化层次。从历史地名所包含的内容上来看，它具有语言性、民族性、历史性、社会性、地理性、相对的稳定性和必然性等。而从历史地名的垂直变化上看，则又具有语音的演变性、文字记载的变异性等。历史地名的这些内容恐怕是文献档案所不能包容的。从历史地名命名的必然性来看，那些所谓的"晒网场""扁""狭长""晾网场"① 等，都不存在哈尔滨地名命名的必然性。无论从哈尔滨地名的语源、语音、语境、语义，还是从档案中所记录的哈尔滨地名角度观察，把哈尔滨地名含义解释成"天鹅"才具有一种地名命名的必然性。这是非常重要的地名理论，应当引起我们的注意。

新中国成立以来，我们所进行的地名研究工作，仅仅停留在地名调查和印证文献的考据上，而对于地名在历史语言学、民族心理学以及社会文化学、生态学、地理学、考古学等方面均没有予以足够的重视，特别是不理解从语源方面研究少数民族地区地名的重大意义。前者的研究结果只能告诉我们，某某地名与历史地名确实存在，在档案中有怎样的记载或怎样的发现，然而，仅从文献和档案角度去考证地名的始见时间，并不能推断出历史地名的真实含义，即某某地名命名的原因问题。也就是说，"哈尔滨寻根"的命题，是具有一种深厚的哲学意味的命题。从这个命题出发，会使人们走进妙趣横生的地名迷宫，遗憾的是，大多数人对"寻根"命题的理解过于简单化、表面化。

从历史语言学方面研究哈尔滨地名的结果表明，"哈尔滨"这一地名的语言性质不是汉语而是少数民族地名语言。但是，它却是借用汉字符号为少数民族的地名语言的注音，因此，哈尔滨地名可以称为"借字注音的双语词地名"。当然这是两种不同文化碰撞的结果，因为在哈尔滨地区及

---

① 《哈尔滨城史纪元研讨会》论文专辑，1992 年哈尔滨地方志办公室编。董万仑《哈尔滨的"根"已露出端倪》第 2 页，该文在 1999 年 9 月由黑龙江文史研究馆编辑出版的《龙江文史》又重新发表，题目改写成《哈尔滨名称由来与隆科多皇华轶闻》一文，在文章中董万仑又将自己原来坚持的"晾网场"观点改写成由一个传说而引出的哈尔滨"地名，我们暂且不谈传说与历史地名的关系，仅就其历史地名研究所依据的资料来看，董文的依据显然不足以立论，且望文生义，主观臆断，其"高架子晾网场"之说实难成立。

其周围的地域内生活的北方少数民族，长期以来一直使用两种或两种以上的民族语言。例如，女真人既使用女真语或契丹语，同时也使用汉语，并且经常借用汉字的字形与发音来表现女真语的地名或人名。因此，在女真文化的历史背景上，就形成了女真语和汉语相互碰撞后所产生的这种特殊的复合地名文化语言状况。

由于时代和地域的不同，以及各历史阶段的历史人物所掌握的方言和"中原音韵"的不同，往往对于这种"借字注音的双语词地名"的转写会出现千差万别的同音同韵异写（或近似）的汉字现象，从而使地名更加复杂化，这是中国东北地区乃至周边少数民族地区所存在的特殊的地名文化现象。例如，"哈尔滨"的地名，在不同的历史时代以及不同的地域内表现出极为纷繁复杂的同音同韵而字体相异的写法，归纳起来不下十几种：

哈尔宾、哈儿边、哈拉宾、河尔滨、哈儿必、合里滨、库尔滨、哈儿分

合里宾、科尔芬、哈儿芬、哈勒宾、剌尔滨、合儿滨、喀里宾、哈儿温

值得注意的是，前述那些音韵相近的"哈尔滨"地名的各种汉字注音，都是力图为少数民族地名语词予以准确的标音，但两种语言的差异决定了这种标音又必定是不准确的。

然而，从今天的观察者角度看来，不管"哈尔滨"一词在历史上呈现出多么复杂的字符形态，其语音因素的变化则表现出一种相对稳定结构。有关"哈尔滨"地名语言的文字记载之间的相似与差异，恰恰显示了地名语言在时间和空间上的变化与不一致性。

笔者认为对哈尔滨地名的研究首先要注意以下三个问题。

一是要弄清"哈尔滨"一词的语源和演变的历史沿革。这个问题不能只局限在今天哈尔滨市地名出现的时间早晚上，因为"哈尔滨"一词在金、元、明三代的文献典籍中已经出现，虽然不是指今天的哈尔滨市的地名，但在语源上确与"哈尔滨"一词有关。

二是要考证"哈尔滨"一词的语音和语义。由于"哈尔滨"一词出现的时间较早，它的原始古音与现在发音应该有很大区别。所以不能仅仅停留在现代"哈尔滨"一词的发音上去寻找与之相近的民族语言的发音。而

应在寻找"哈尔滨"一词的古代发音（原始发音）的基础上，去追寻与古音相近的民族语言发音。只有找到了"哈尔滨"一词的古音，才能对其语义有明确和公证的解释。因为语音和语义是随着时代的变化而不断演变的。所以，求证"哈尔滨"一词的古音与古义是十分必要的，同时也是一件艰难的事情。这是研究"哈尔滨"地名最大的难点，当然，也是最重要之点，因此，要下功夫在语言学上作精深的探讨。

三是要把现在哈尔滨市地方的"哈尔滨"地名最初出现的大致时间基本准确地推断出来。这个问题，由于《黑龙江将军衙门档案》与《阿勒楚喀副都统衙门档案》的清代档案资料正在整理中，所以，这个问题迟早会得到解决。

总之，在哈尔滨地名的研究问题上，既不能只强调语源、语音和语义，也不能只强调清代档案的重要性，更不应该只着眼于现代哈尔滨市地方的哈尔滨地名的始见时间，而应该全面细致地研究哈尔滨地名的历史经纬，综合历史地名的各种要素进行反复比较研究，才能得出正确的结论。

十几年来，笔者深深地感到探索哈尔滨地名语源的意义是非常重要的。由于我国东北地区的历史命运的特殊原因，东北地名系统呈现出极为复杂的现状。更由于受到了形形色色的族群集团不断地进出以及相邻地区民族语言的相互影响，我们要想指出某一地名的含义与语源属于哪一种语言或者是哪一个民族，都是极其困难的。然而，正因为这些一时难以说清楚的谜一般的地名需要我们给予正确的释义，才更有必要进行深入探讨。

如果仅仅从现代东北地名的语言现状上观察，本地区的地名系统是比较容易辨别的。因为在现今东北地名系统中的地名绝大部分是直接从清末沿袭下来的。从当时语言环境和民族成分上分析，其地名语言的族属应该与当时东北地区存在的众多的近代民族成分是相符的，即在东北地名系统中除包括满语、蒙古语和汉语三大成分外，还包含有东北地域内其他民族，如赫哲族、锡伯族、达斡尔族、鄂伦春族、鄂温克族、朝鲜族等地名语言成分。然而，这些地名都是以汉字标示出来的，这就造成了地名的含义本身与地名的汉字书写形式上的根本差异。久而久之，人们虽然能熟知地名的发音和书写，但对其含义则一无所知。因此，要想知道那些深埋在地名历史江河底层中的未知世界，就必须从探索和追溯地名语源入手，去寻找地名的原始发音和原本的含义，这就是地名语源论的基础。从这个基本前提出发，就产生了对地名历史溯源研究与地名现状研究的两个不同的研究方向。

在哈尔滨地名研究的问题上，恰恰存在着这种从不同角度研究的事实。笔者和关成和先生正是从对哈尔滨地名的语源入手，去还其本原的研究。而纪凤辉等先生的研究则是从对地名现状研究入手，去强调地名在清代档案中的始见时间。研究的结果表明，笔者仍然坚持关成和先生的观点，认为"哈尔滨"一词应源于女真语，其主要论据就是"哈尔滨"一词出现在金、元两代对黑龙江流域的历史记述的文献中，其史料来源是《金史》《大元一统志》《女真译语》《饮膳正要》《经世大典》《元文类》等书。我们知道，追溯地名语源的历史，不应受地名所在地的局限，而应该在更广阔的时间和空间中去寻找具有共同地域共同文化特征的相同地名，从而进行多角度的比较研究。在《经世大典》与《元文类》中所提到的哈尔滨地名，虽然不是指今天的哈尔滨市之地名，但是它确为"哈尔滨"一词源于女真语提供了直接证据。从而为揭开"哈尔滨"一词的古音、古义之谜提供了可能性。然而，这只能证明"哈尔滨"一词的语源来自女真语甚至更早。因为满语的使用是随着满族的最终形成时间（1636）开始的。又因为满语的祖语正是女真语，满语则是以女真语为主，融会了其他民族的无数个外来语而形成的新的民族语言共同体。因此"哈尔滨"一词的语源虽属女真语，但随着1636年皇太极将女真族改为满族开始，所有的女真语地名当然就成了用满文书写成的地名。在我国东北地名系统中，有一个十分有趣的现象，那就是地名往往随着社会的变迁而发生变化。例如，今天流经阿城市境内的著名河流阿什河的地名现状就属于满语系统，是阿勒楚喀河口语化的结果。然而，阿勒楚喀的地名语源，则可以一直追溯到魏晋时代勿吉族的安车骨部。中外学者多年考证的结果证明，勿吉族中的安车骨部人，就是因为居住在安车骨水而得名。安车骨水亦即辽金时代的安春水、按出虎河、阿术浒水的同音异写。而阿勒楚喀河与阿什河之地名则是直接从女真族那里承继过来的。可见，现在东北地名系统中所谓的满语地名，都存在着语源来自女真族甚至更早的民族语言的事实。

追溯地名的语源，有助于了解东北地名系统形成的全貌。因为在我们今天所知道的东北地名系统中，本来属于少数民族语言系统的大量地名，并不是按照少数民族的语言和文字标记下来的，恰恰相反，而是采用与地方民族的地名语言接近的汉字发音记录下来的。这种采用汉字的注音方法标示出的地名，则仅仅是考虑了发音而没有照顾到其含义。从而，就使这些地名大大地改变了本来面目，甚至在语音上也发生了很大的变化，以致我们今天不能准确和顺利地推想其原来的含义。

汉字的发音与地方民族语言之间存在着很大的差异，汉字本身就存在着对同一类地名运用不同的汉字来标记的现象。例如，呼兰河又写作胡剌浑、忽剌温、呼伦河；拉林河又写作兰陵河、涞流水；阿什河又写作按出虎、阿术浒、安车骨、安春水等；洮儿河又写作太漏河、滔儿河、它漏河；等等。只要我们细心考察和分析一下哈尔滨一词在历史上的变化，就会发现"哈尔滨"一词在其历史发展的进程中也存在着上述现象。例如，"哈尔滨"又写作哈儿宾、哈儿必、阿勒锦、哈剌场、哈尔分等。过去有许多学者在解释这种现象时，往往说成是音变或音转的原因所致，事实上这种说法是不准确的，也是造成人们总是翻来覆去地琢磨语音之间如何音转，结果是适得其反。准确地说，造成这种现象的原因来自两个方面：一方面，是因为少数民族的语音与汉字发音存在着很大的差异；另一方面，是因为汉字通假规律的影响。前一类可以说是用汉语语音对少数民族地名的标音，后一类则属于在用字当中的假借。这些同音异写、同音通假的地名犹如五彩缤纷的"积木"，经年历久，构成了独具特色的东北地名文化系统。

笔者知道对"哈尔滨"一词在语法、语音、语义、语境上的研究方法虽然是比较系统的坐标表示法，但是笔者认为这还不能全面清晰地表现哈尔滨市之哈尔滨地名出现的确切时间。因为，地名的存在形式虽然具有一定的保守性，但是地名也总是依据一定的历史事实作为根据的，地名是会发生变化的。探寻历史上哈尔滨地名变化规律的存在，正是笔者所要最终达到的目的。对于哈尔滨一词在语源上的寻根与探索，我以为不仅是通过对哈尔滨地名含义的全面考察与综合研究的结果，揭示了哈尔滨地名文化的深刻内涵，也为破译中国北方民族的历史地名增添一种新的诠释和方法。

哈尔滨城史纪元再研究

　　哈尔滨这座美丽的城市曾经有过辉煌灿烂的历史。由于历史上战火的损毁文献无征，加之人们认知的偏见和误解，致使哈尔滨城史纪元长眠于历史时空的云雾之中，并成为难解之谜。令人遗憾的是，人们一直以为哈尔滨的城市发展史不过百年。其实不然，哈尔滨在古代中世纪的历史上即已成为东北亚地域内陆地区的重要都市。自古以来，在哈尔滨地区先后有肃慎、秽貊、索离、夫余、勿吉、靺鞨、女真、满洲、东胡、契丹、蒙古、汉等古代民族在此繁衍生息，他们前仆后继顽强地开拓着这块沃土，并创造了多姿多彩的文化和古代都市文明。巍巍黄山，目睹着哈尔滨的沧桑巨变，悠悠松花江与阿什河，倾诉着哈尔滨的悲怆往事。

一　哈尔滨城史纪元研究的回顾与经纬

　　关于哈尔滨城市历史的研究一直存在着两个重要的基本问题：一是哈尔滨地名的语源、语音和语义；二是哈尔滨城史纪元。在 20 世纪末期，哈尔滨的地方史工作者就已经对上述问题展开了广泛的讨论，孰是孰非，两种观点都难以说服对方，至今依然存在着争议。事实上，无论是哈尔滨地名的含义还是哈尔滨城史纪元，这虽然是两个不同的历史问题，但是它们二者的关系却紧密相连不可分割。本章主要是研究哈尔滨城市发展史中的城史纪元问题，并非讨论哈尔滨地名的始见时间及其含义，二者虽有联系但又有极大的区别。其实，在科学的研究领域；或者说作为历史学者的研究成果不仅仅在于最终的结论，而更重要的是要把研究的过程、研究的依据，以及研究的结果公之于众，让实践与时间去检验它的科学性和可信度。20 世纪 90 年代初期，笔者曾参加了哈尔滨城史纪元的大讨论，并在

1993 年第 1 期《北方文物》上发表了《哈尔滨城史纪元研究》的文章，文章集中提出了三个基本观点：一是何谓城史纪元的概念问题；二是哈尔滨城市发展史的城史纪元应该起始于金代；三是哈尔滨城市发展史过程中的哈尔滨近代城史的开埠与哈尔滨城市发展史整个过程中的城市纪元的开端之区别，二者不可混淆。因为，哈尔滨城史纪元是哈尔滨城市发展历史全过程中的开端，而伴随着中东铁路出现的哈尔滨市，则仅仅是近代工业文明的城市诞生日或叫开埠之日。笔者认为今天哈尔滨市的阿城区金代上京城会宁府遗址，实际上就是哈尔滨城市发展史的远端，而近代随着中俄密约签订后中东铁路管理局设定在哈尔滨的开埠之日，则是哈尔滨城市发展史中的近端。二十多年前，笔者把当时哈尔滨近郊阿什河畔的金代莫力街古城遗址，以及靠近阿什河注入松花江地域的小城子古城（金代完颜晏夫妇合葬墓地附近）遗址当作哈尔滨城史纪元的标志，那是因为当时的阿城市虽属于哈尔滨市管辖，但它还不是哈尔滨市的直属区。现在回想起来，笔者那时的观点还比较保守，而已故的关成和先生与健在的李士良老师，以及阿城的地方史学者们的观点则很明确地提出了金上京城就是哈尔滨市城史纪元开端的结论。

其中关成和先生早在 20 世纪 70 年代，在研究哈尔滨地名史源的同时就提出了哈尔滨城史纪元的问题。即便没有明确地提出哈尔滨城史纪元始于阿勒锦村，但是在《哈尔滨考》研究的内容中已经涉及了哈尔滨始于金代的观点，亦即金代阿勒锦村的地理位置的问题。关成和先生从语音学、史源学、地名学、文献学的角度引经据典，对哈尔滨地名进行了系统的研究和梳理，并提出哈尔滨地名在金代已经出现了不同的标音地名，亦即金代阿勒锦村。这一地名的出现始于乾隆年间修订的《金史·太祖本纪》中，而现今流行的中华书局版的《金史》则标注为"霭建村"。众所周知，乾隆年间修订的《金史》多用满语或女真语对地名人名进行注音和重新标注，因此乾隆年间的版本保存了大量的女真原始发音。关成和先生所提出来的哈尔滨地名来自《金史》阿勒锦村的观点得到了当时健在的国际著名女真语言文字学家、乾隆之子永琪的后代金启孮先生的首肯和大力支持。同时，哈尔滨来自女真语阿勒锦这一观点在哈尔滨对外宣传中也得到了相应的传播。20 世纪 80 年代末期，笔者留学日本后受到日本《读卖新闻》著名记者砂村哲也先生的影响，开始注意收集和研究与哈尔滨地名相关的历史问题。90 年代初归国后便参与到当时由哈尔滨《新晚报》所发起的哈尔滨城史纪元的大讨论中，对哈尔滨城史纪元的讨论也就自然涉及哈尔滨地名的历史问题。许多学者对阿勒锦村提出了疑问，而笔者则一直坚持金代阿勒锦村与哈尔滨具有千丝万缕联系的观点。从1990年开始，笔者经过十年的研究与积累撰写出《哈尔滨地名含义揭秘》一书，并作为哈尔滨市社会科学院重点科研项目而得到了鲍海春副院长的大力支持，为此哈尔滨市委宣传部与哈尔滨市社会科学院还多次召开论证会，2001年《哈尔滨地名含义揭秘》一书由哈尔滨出版社出版。此后，中国台湾地区的《中央日报》，日本、俄罗斯、美国、东欧地区斯拉夫语的许多国家的媒体都纷纷转载了笔者的学术观点，即哈尔滨—天鹅论的观点，书中对关成和先生阿勒锦村做了新的诠释，阿勒锦即为女真语的荣誉之意，来自女真人对天鹅的崇拜。无独有偶，在哈尔滨市郊区附近的香坊地区的金代墓葬，以及小城子古城附近完颜晏夫妇合葬墓、金上京城附近的金代墓葬等遗址中均出土了大量的玉雕天鹅的饰件。这些饰件的出土证明了在女真完颜部落的家族中蕴藏着天鹅家族之谜。哈尔滨即女真语"哈尔温"不同音译的汉字标音，而阿勒锦则与哈尔滨有着密切的音转关系。这一观点得到了金启孮先生的肯定，他在鉴定书中写道：

> 早在70年代哈尔滨地方史研究所所长关成和先生，著有《哈尔滨考》一文，考证哈尔滨一语，出于女真语"阿勒锦"，所论极为精辟，我曾撰文赞成此说。
>
> 20年后的今天，黑龙江满学新秀、同为地方史研究所所长王禹浪先生，又提出"哈尔滨"一语源出女真语"天鹅"（哈尔温）说，同样具有说服力。……"天鹅说"，已经诸家鉴定，从民族学、民俗、地域、方言各方面看，都具有说服力。且与关氏说并不矛盾，乃其延伸和发展，在今天看，可为定论。①

为此，我还荣幸地得到了启功先生为《哈尔滨地名含义揭秘》一书题写的对联："天鹅九章烛幽隐，冰城十载释灵禽。"1995年，日本学者黑崎裕康先生编著、东京地久馆出版社出版了《哈尔滨地名考》一书，实际上

---

① 参见金启孮《〈哈尔滨地名含义揭秘〉读后》，载《哈尔滨地名含义揭秘》，哈尔滨出版社，2001，序言。

这部书并非专著，而是一部有关哈尔滨地名研究的汇编，即把关于哈尔滨地名研究和大讨论的观点编辑到一起。其中，关成和先生与笔者在《新晚报》上参与哈尔滨地名大讨论的文章中的主要观点均收录该书中。2003 年《哈尔滨地名含义揭秘》一书获得了哈尔滨市政府哲学社会科学优秀著作一等奖，2004 年又获得辽宁省人民政府社会科学优秀成果著作三等奖。有关哈尔滨城史纪元研究的文章，笔者在 1993 年《北方文物》第 3 期上刊发了一篇 7000 多字的文章①，1994 年又在《金代黑龙江述略》一书中收入了增补的《哈尔滨城史纪元研究》一文，全文 2 万多字。② 除此之外，在 20 世纪末还出版了唐新伟主编的《话说哈尔滨》③，纪凤辉执笔的《哈尔滨寻根》④ 史话类和旅游指南类的出版物，其内容也涉及了哈尔滨地名及其城史纪元方面的问题。当时笔者完全赞同哈尔滨城史纪元起始于金代这一观点，但是对于具体的城池所在地点的认定，以及哈尔滨城市纪元起始于金代何年何月则与其他学者的观点有所不同。事实已经证明，把哈尔滨城史纪元纳入距今 900 年前的金代历史中去追寻和探索则是较为科学的，确定金上京城的建立时间就应该是哈尔滨城史纪元的观点则是理智的选择，更是一种哈尔滨人或者说阿城区政府与人民的文化自信的表现。

今天的阿城已经属于哈尔滨市的直属区，我们有更直接的证据和理由充分地证明或认定，这座距今 900 年的金上京城遗址就是哈尔滨城史纪元的标志。女真人在阿什河畔"建元收国"之日或金上京城开建的时间，就是我们哈尔滨城市城史纪元的开端，这一点是毫无疑义也是无须争论的。至于说哈尔滨的城史纪元究竟是始于金代还是近代，也无须再争论下去。因为主张哈尔滨城史纪元起始于金代的学者，是在追寻这座城市发展史全过程的远端，而主张哈尔滨城史纪元起始于近代的学者的观点，则是在强调这座城市的历史近端。如果我们把上述哈尔滨城史纪元的远端和近端进行历史连接的话，我们就会看到哈尔滨城市发展史的全过程，从中我们就可以清晰地看到哈尔滨城史纪元实始于金代。然而，由于哈尔滨城市发展史具有断裂而没有明显的接续性的特点，如在 900 多年前的金上京城到 19 世纪末 20 世纪初，古代都市与近代城市的地理位置既不在同一地点，且

---

① 王禹浪：《哈尔滨城史纪元初步研究》，《北方文物》1993 年第 3 期。
② 王禹浪：《金代黑龙江述略》，哈尔滨出版社，1993。
③ 唐新伟主编《话说哈尔滨》，黑龙江人民出版社，2002。
④ 纪凤辉：《哈尔滨寻根》，哈尔滨出版社，1996。

二者之间的时空又悬隔日久，在当代人对现有的哈尔滨城市规模，以及直观的认知中（遗留的建筑、街道、街区、称谓、生活场景、道路交通、人物故事、历史事件、印象等）都会对当下的哈尔滨街区留有深刻的印象，而对于已经消失了近900年的古代都市——金上京会宁府遗址与现在的哈尔滨市则有着绝然不同的反映，势必会造成当代人们在认知与视觉上的误判，似乎金上京城与现在的哈尔滨市的城史纪元毫无关系。

其实，在哈尔滨这座城市的远端和近端的历史之间存在着一种必然的联系，这种联系是不以人的主观意志为转移的。古代哈尔滨都市文明出现的地理位置与近现代哈尔滨街区的地理位置所产生的距离，恰恰说明了一座城市的发展史在历史的长河中会出现地理位置的移动。这种移动的内因与外因的辩证关系也正是需要我们探讨和研究的重要问题之一。金上京会宁府城址在近900年前修建在阿什河的下游直线距阿什河注入松花江汇流处不过20多千米，800年后的哈尔滨市之所以选择了阿什河与松花江汇流的黄（荒）山的左侧，也没有脱离阿什河与松花江流域。这种移动虽然有许多因素，但是究其原因则是由人类社会的农业文明进入工业文明的历史的转换所造成的。这虽然是两座截然不同的经济类型与文化性质的城市，但是其中却蕴含着哈尔滨市不同历史时期城市诞生与发展过程中的城史纪元与城市发展的路线。在清朝末年屠寄所绘制的《黑龙江舆图》中我们已经清楚地看到了哈尔滨的近代已经形成了一个区域概念，哈尔滨与大哈尔滨、小哈尔滨村屯的地名构成了历史上的哈尔滨地名群的区域，并且这个地理区域正是沿着松花江与阿什河交汇点向着阿城区的方向排列和分布的。说明了哈尔滨区域已经形成，而这种区域的形成绝非突然出现，它是一种伴随着人口迁移和以哈尔滨地名为标志的文化移动和历史地名的认可。犹如今日哈尔滨市正在追求全域城市化，哈尔滨市区的繁荣向松花江北岸的拓展，无疑也是一种新的城区移动的方向，可以推测再过200年新的哈尔滨区域还会有更大的改变。但是，无论这种城市的移动方向和城区有怎样的改变，其城市的城史纪元是亘古不变的。

此外，哈尔滨区域包括阿城区在内，其地缘优势无论是金代的上京城还是近代的哈尔滨市街区的选择，都是处于其交通枢纽、水陆相接、通达四方、亦工亦农等诸多要素具备之地。这是古代和近代之所以选择以哈尔滨区域为城市街区的主要动因。

追溯一座城市的城史纪元，首先，是弄清这座城市发展史的脉络，并从这一历史脉络中厘清城史纪元的头绪与末端的关系。其次，是在当代城市的辖区范围内寻找作为城史纪元的重要线索（或文献或历史遗迹）。最后，要把城市发展史纪元与一般城史纪元加以区别，比如我们现在要求证的是哈尔滨城市发展史的城史纪元而不是哈尔滨筑城的纪元。在哈尔滨市辖区内包括阿城、呼兰、双城，以及原有的道里、道外、香坊、动力、太平区等都分布着许多不同时代的古代筑城遗迹，其中较早的筑城就是哈尔滨黄山嘴子（今称天恒山）的城堡，以及分布在阿什河中下游流域的一系列古城堡。这些古城堡的建筑年代当在公元4世纪前后，距今约1600年之久，较比金代的哈尔滨区域筑城要早得多。然而，这些筑城只能算作哈尔滨城市发展史中筑城史的开端，而不能算作城市发展史中的城史纪元。因为它们只是筑城而并非属于城市或都市。现今坐落在哈尔滨市阿城区白城附近的金上京会宁府遗址则是典型的古代都市，它所承载的是一个多世纪的都市文明的兴衰和见证。同时它又是建立在白山黑水之间唯一的一朝帝王之都。在这处遗址中我们能够清楚地看到帝都的完整规划与严密的布局，宫城、宫殿、皇城、京城、都市、衙门、塔寺、庙宇、陵园、祭坛、贵族第宅、百姓街坊、市场、道路、店铺都被城垣与坊区相隔，高大而坚实厚重的城垣围绕在帝都的城市周边，深堑宽壕、马面、瓮门与角楼吊桥形成拱卫京都防御的堡垒。

可以断言，金上京城就是哈尔滨城市发展史中城史纪元的标志性历史遗存，它的存在甚至超越了任何历史文献的记载，任何争议在这座古都京城面前都显得苍白无力。更为重要的是早在900多年前的哈尔滨的古代社会已经进入都市文明的发展阶段。笔者认为，哈尔滨城史纪元的时间可以确定在1115年，因为这是女真英雄完颜阿骨打在按出虎水侧畔祭天礼地，告慰祖先，起兵反辽、建元收国、号令天下的日子。2006年6月，出土于哈尔滨市阿城区金上京附近小城子村东约300米处的阿什河畔的金代"建元收国"四象铭文石尊（现收藏于黑龙江省龙江龙企业集团的博物馆），是近百年以来在哈尔滨区域内所发现的数以万计的金上京城文物中弥足珍贵的一件重器。最值得我们注意的是，在石尊的下部（接近底部的位置）刻有"承命建元收国子日典祀"十个铭文汉字，故许多学者将这尊石刻称为"建元收国"铭文石尊，石尊的铭文已经充分证明了1115年这个年份的重要意义和价值。这个日子既是金帝国和金上京城的历史开端，也是哈尔滨城市发展史上城史纪元之始，更是女真人所建立的一代帝王之都的诞生日。如果将哈尔滨城史纪元确定在这一重大的历史之日，那么哈尔滨作为历史文化名城和国内外的知名度会具有悠远的历史价值和深刻的现实意义。

由于哈尔滨地处东北边陲，年代久远，文献难征，为我们留下了无数空白之页，致使人们欲论哈尔滨城市发展史时，常有"不知从何说起"之感。但"建元收国"四象铭文石尊的出土，为研究哈尔滨城史纪元和哈尔滨城市发展史提供了重要线索。

二 哈尔滨城史纪元与哈尔滨城市发展史的一般规律

何谓"哈尔滨城史纪元"？笔者的理解是，哈尔滨城史纪元是哈尔滨城市发展史纪元的简称。

因此，要想真正理解"哈尔滨城史纪元"的含义，就必须首先要知道哈尔滨城市发展史兴衰的全部过程。所以，只有在对哈尔滨城市发展史做深刻研究的基础之上，才能对其城史纪元给予科学而又准确的推断或定义。

目前有许多学者把哈尔滨城史纪元的起算时间界定在 19 世纪末或 20 世纪初。这实际上是否定了哈尔滨古代史发展阶段的存在。事实证明，哈尔滨这座城市早在金代就已经具有古代城镇功能，以及具有古代都市文明的城市。金亡之后作为城镇或都市文明的城市则走向了衰落和停滞。继而又历经元、明、清三朝直到 19 世纪末 20 世纪初哈尔滨近代城市文明再度复兴并一跃而成为现代国际大都市。因此笔者认为哈尔滨城史纪元的起始时间应确定在距今 900 多年前的金代。因为在现今哈尔滨市区内，存在着大量金代女真人所建立的古代城镇遗迹——今阿城区的金上京城遗址是哈尔滨古代城市或都市文明形成的历史见证，也是哈尔滨古代史中最有说服力的城史纪元的"化石标本"。哈尔滨城史纪元"元年者何"，为什么说哈尔滨城史纪元应从金代算起，此外还有与哈尔滨城史纪元相关的诸问题，如哈尔滨城市发展史、哈尔滨地名的演变等，都是本章所要探究的内容。本章的目的，就是要尽可能地揭示出谜一般的哈尔滨城史纪元的隐秘世界。

哈尔滨城史纪元"元年者何"？"纪元"一词，按照《说文解字》的解释："纪，别丝也。"意即一丝必有其首，别之为纪。《辞海》则认为："纪"字之中也含有"年"的意思，而"元"字则为"始""第一""首次"之意。"纪元"二字合成一词就是"元年"的意思。而"城史纪元"就是"城史元年",亦即城市发展史元年的起算年。我们所进行的哈尔滨城史纪元讨论的目的和意义,就是要确定哈尔滨城史元年的起算时间到底应该从哪一年算起。从而明确哈尔滨城史的年龄。然而,关于城史年龄问题,并不容易断定。例如,哈尔滨城史的年龄是以古代城市创建之日算起呢,还是以近代兴起的大城市的时间算起?这是一个令人颇费踌躇的历史问题。

笔者认为,要想较为正确地寻求到哈尔滨城史纪元,首先应从探讨哈尔滨城市发展史方面入手。因为人有生老病死,城有兴衰存亡。哈尔滨这座城市从其奠基、形成、繁盛、衰落到再复兴,再繁盛,倍尝了历史的艰辛,历经了无尽的磨难。所以,哈尔滨城史纪元的时间应该从整个城市发展史的轮廓中去探索和追寻。渐进的演变,自然的更迭,旧城市(古代城市)的毁灭,新城市的诞生是城市发展史中的一个普遍规律。然而,城史纪元并非因为古代城市毁灭而不复存在,更不能因为新城市的建立而彻底忘记或改变古代城史纪元的起始年限。

其实,哈尔滨城市发展史可以划分为两个不同的历史发展阶段,即古代城市兴起形成阶段和近现代城市再复兴阶段。无论这两个阶段之间存在着多么大的差距(时间差和功能差),它们统属于城市历史发展的不同阶段。既然,哈尔滨这座城市最早曾经形成于古代社会发展阶段,那么,其城史纪元的起算时间就应该在古代历史中去寻找,而不应该"舍远求近,本末倒置",把距离我们最近的既看得到又摸得着的近现代城市再复兴的时间当作城史纪元。因为,我们所求索的哈尔滨城史纪元是整个城市发展史上的纪元,是哈尔滨地方最早形成为城市的时间,绝不是单纯指近现代城市的建设纪念日或开埠日。所以,对哈尔滨城史纪元的探讨,不能仅仅停留在哈尔滨成为东北亚地区近现代国际大都市的起始时间上。19世纪末哈尔滨作为现代化大都市的出现,是哈尔滨城史发展进程中的再复兴阶段。仅从这个意义上看,可以把这个阶段视为哈尔滨城史发展的新纪元。无论是1896年也好还是1903年也罢,它们都不是哈尔滨城史纪元,更不能作为哈尔滨城名的始见时间。

如果从哈尔滨城市发展史的角度观察,根据考古资料得知,哈尔滨"筑城"的初建时期规模甚小,仅仅是一座防御性质的军事堡寨。这座军事堡寨现在依然坐落在哈尔滨东郊的荒山顶端和阿城区以及毗邻的宾县、五常市境内，这是公元 2～6 世纪由当时生活在今哈尔滨地区的夫余、勿吉或靺鞨人所修筑的。古堡寨主要由城壕、城墙、城门构成。城的形制为椭圆形或不规则形。城内还分布着具有一定规律的穴居坑。严格地说，这些城堡还不应算作城市，因为这仅仅是用城墙和城壕围绕起来的聚落，并不具备城市的功能和作用。但是，无疑这座城堡则代表着哈尔滨城史发展的起源，因为它毕竟是在哈尔滨所发现的最原始最典型的"筑城"的最初形态。实际上它是在哈尔滨古代城市形成以前的黎明期的标志。

然而，公元 12 世纪初（1115），女真人在今阿城区的阿什河畔（古称按出虎水）建立了当时中国北方的政治统治中心，即金朝的帝都金上京会宁府，整个阿什河流域与松花江交汇处的一江一河地区作为"金源帝国的内地"很快便进入了兴盛繁荣阶段。今天的哈尔滨则成为金国帝都城北部的京畿门户，它的地理位置恰恰处在阿什河（古称按出虎水）与松花江（金代称宋瓦江）的交汇处。由于哈尔滨的地理位置正处在金上京通往嫩江直达黑龙江上游及松花江上游、中下游地区水路陆路的交会点上，因此金帝国十分重视哈尔滨城（金称阿勒锦）的营建。它在古哈尔滨—阿勒锦[1]村的基础之上又修筑了城墙、港口和码头，并将其地分封给女真贵族穆宗的子孙世袭居住。阿勒锦村早在女真人建国前就成为女真完颜部统治中心（"御寨""讹葛里"又称"皇帝寨"）北部的重要村镇，据《金史》所载：每当阿骨打率兵征伐松花江下游及黑龙江下游沿岸的诸部时，穆宗都亲自在这里迎送女真将领和士兵的凯旋之师。

金朝建国以后，哈尔滨则成为京畿之地的卫星城镇。当时，它的位置应在今哈尔滨市东方阿什河古河道附近的二阶台地上。然而，今阿城市巨源乡的小城子古城正好处在阿什河古道注入松花江口附近的岗地上，笔者认为这里就是关成和先生考证的古哈尔滨城——阿勒锦城无疑。1988 年黑龙江省考古工作者在小城子村附近发现了景祖之孙完颜晏的夫妇合葬墓，证明葬地旁边的金代古城正是古哈尔滨城（阿勒锦）的所在地。有人不禁

---

[1] 阿勒锦，为女真语中的形容词有"金色、荣誉"之意，原始发音"galoujing"（阿勒锦）是汉字对女真语的注音。"阿"古音中又读"嘎"，galoujing 一词是由 galouwen 名词演化而来，galouwen 女真语"天鹅"之意，汉字注音有写成"哈尔滨"或写成'哈儿温'。阿勒锦的本意，具有"天鹅"之意，由名词转化成形容词后变成"金色、荣誉"之意。女真人有崇尚"天鹅"的习俗，近年来在金代哈尔滨墓内出土的文物中，有天鹅玉雕的发现。天鹅的嘴后有一块酷似黄金的颜色斑纩，又称"天鹅黄"或"金鹅黄"，可见阿勒锦与哈尔滨——天鹅之间关系甚密，哈尔滨含义具有"天鹅"之意。

要问，为什么今天的阿什河主河道远离古城十余里，而今天的哈尔滨与金代的古哈尔滨为什么不在一地呢？笔者认为，这主要是因为地理环境的变迁与历史的行政设置所致。由于阿什河主河道不断地向西滚动，经过800余年的历史沧桑，阿什河口也不断地向松花江上游移动，致使当年坐落在阿什河注入松花江口的古哈尔滨城——阿勒锦城（即今日小城子古城）已远离今日的阿什河十余里。随着古河道的变迁，地名随着人类的移动与迁移而不断地产生地理位置的变化。这种移动的结果是造成现在的哈尔滨市与古哈尔滨城之间相距较远的主要原因。

除小城子古城之外，在今哈尔滨市区还有香坊区莫力街古城和顾乡屯半拉城子古城，平房区工农古城。莫力街古城在金朝初年曾是"冒离纳钵"之地，即皇家的狩猎场（春水之地）。后来由于这一地区人口不断增加和开发，便由冒离纳钵之地变成"迷离迭河谋克"的住地，并修筑了迷离迭河谋克古城作为管理阿什河下游右岸及松花江南岸的行政机构。①

莫力街古城正处在今天哈尔滨市的地域内，它的存在是哈尔滨市区古代城市形成的又一历史见证。然而，小城子古城虽然距今哈尔滨市区较远，但它的古地名却与哈尔滨有着千丝万缕的联系。这两座古城均为金代建筑，莫力街古城与今天哈尔滨市地域相接，小城子古城则与哈尔滨的古地名相符，究竟应以哪座古城的形成年代为哈尔滨古代城史的纪元呢？因为这是个很难解答的历史问题，笔者将其放在后面再做详尽的解释。

我们不妨再来看一下哈尔滨市内顾乡屯的小半拉城子古城。这座古城因为临近松花江航道已被江水切割得毫无踪迹可寻了，但其地名依然保留着。几年前还有断壁残垣清晰可辨，而近年来由于农田水利建设和大规模房屋建设的开发，半拉城子已经荡然无存。笔者曾于1982年、1987年两次调查了这座古城，当时的古城破坏十分严重，且已无法辨认出古城的周长和规模。据当地群众介绍，这座古城东西长约160米，南北宽约近100米。根据群众提供的线索，当时推断这座古城的周长可能为500～600米。这与金元时期沿松花江两岸修筑的交通驿站的规模很相近。1988年春季我们在调查和采访中又发现了古城附近曾出土过元代盛行的"玉壶春瓶"（铜质），并采集到一枚元代货币"至元通宝"。这些文物的出土和发现证明了当时推断半拉城子古城当为元代的建筑无疑。同时也说明元代从甫答

① 王禹浪：《金代黑龙江述略》，哈尔滨出版社，1994，第220页。

迷站（今宾县鸟河河口古城）到元肇州（今肇东县八里城古城）沿松花江南岸曾设立了三个驿站，其中的"哈剌场"站即今哈尔滨地区的半拉城子古城，哈剌场这个地名就是金代阿勒锦城名称的同音异写。

蒙古灭金以后，曾把沿松花江流域居住的女真人编入"站户"，并令其负责沿江、沿河的水路交通运输，元代称这些人为女直（真）水达达户。哈剌场这个地名的来历，很可能就是元朝原居住在阿勒锦城附近的女真人迁移到正阳河附近的小半拉城子古城以后，将其故有地名也随之移动到这里的结果。1976 年 6 月 18 日，在黑龙江省阿城县阿什河公社白城二队的金上京故城址内发现一方元代初期的官印。此印铜质、印面正方形，每边长 6.3 厘米，长方形柱状钮。正面铸八思巴文，印背右侧刻"管水达达民户达鲁花赤之印"十二个汉字，为八思巴印文的汉译。左侧刻"至元十五年十二月日"。[①] 此枚元代官印的出土有力地证明了哈尔滨市附近松花江流域的女真水达达民户，是受元朝达鲁花赤地方官员管理的重要实物见证。

蒙古灭金之后，又历经元、明、清三朝。由于中国东北地区的政治中心、经济中心、军事中心、文化中心的南移和人口的锐减等历史原因，使得曾经繁华了一个多世纪的"金源内地"丧失了昔日的辉煌。哈尔滨城市发展史开始从兴起、繁盛走向了停滞的低谷时期。这种状况一直延续到清朝末年。19 世纪末由于东北亚地域国际环境的急剧变迁，俄国殖民者把哈尔滨作为中东铁路的管理中心，随着中东铁路（东清铁路）的建成，哈尔滨作为新兴的国际都市再度崛起于"白山黑水"之间。

纵观哈尔滨城市的发展史，可以概括为，城市的奠基、兴起、繁盛、停滞、再复兴、再繁盛阶段。以金代上京城及其周边的阿勒锦城、迷离迭河谋克城、莫力街城、小城子古城的形成为起点，这是哈尔滨城史发展的第一个历史阶段——笔者把它称为哈尔滨城市历史的远端，标志着哈尔滨城史纪元的开始。而 19 世纪末再度兴起的哈尔滨城则是开创了哈尔滨城市发展史上的新纪元，这是城市发展史上的第二个历史阶段——笔者把它称为历史的近端。前者是哈尔滨古代城史纪元的代表，后者是近代城史新纪元的标志。笔者认为，哈尔滨古代城史纪元才是"哈尔滨城史纪元"的开端，它说明早在俄国殖民者计划在哈尔滨建设国际大都市的 800 年前，女

---

① 金太顺：《元代"管水达达民户达鲁花赤之印"》，《求是学刊》1981 年第 3 期。

真人就曾经在这一地区开创了哈尔滨都市文明的历史纪元。

从历史发展的角度观察，19世纪末再度复兴的哈尔滨，是对古代哈尔滨都市文明的延伸和发展。尽管它们之间在性质、职能、规模、形态以及地理空间分布等方面存在着很大差别，但是，这丝毫不影响它们之间的相互联系。城市的发展和变化犹如人类本身的发展变化一样，现代人同古代人之间，在社会、文化、心理上都有一系列的明显差别。但是同样也不影响它们之间的继承关系。当然，现代城市与古代城市之间不是一种简单的遗传和量变关系，而是在量变中不时包含着部分的质变，因而其发展过程具有显著的历史阶段性特点。不同的历史阶段均有其各自不同的特殊的发展规律。然而，在每个历史发展阶段之间并没有截然不同的鸿沟，它们之间具有一些本质的东西贯穿始终。如果我们认识到了古代城市与现代城市之间具有一种本质上的不可分割的联系，无论在实践上还是在理论上都有着极其重要的历史意义和现实意义。因为这样的认识能使我们加深对城史纪元问题的理解。

那么，哈尔滨城史发展的各个不同阶段中，是否也存在着贯穿始终的本质性的东西呢？笔者在考察了哈尔滨城市发展史后深深地体会到：哈尔滨这座城市无论是古代还是近现代，它之所以能够勃兴并成为城市的最重要原因，就是政治中心的确立和地理位置处在交通枢纽的特殊性环节上，也就是历史地理枢纽的作用。例如，金代哈尔滨城市的出现和勃兴是由于金朝都城在其附近的建立，而导致哈尔滨成为金朝都城的京畿之地的结果。而19世纪末20世纪初哈尔滨城市的再度复兴则是因为哈尔滨成为中东铁路的"中枢管理系统"的结果。而今天的哈尔滨市的繁荣也是因为它一直处在黑龙江省的政治中心、经济中心、文化中心地位上的结果。由此可见，贯穿于哈尔滨城史发展各个不同历史阶段的本质，就是社会进程中的政治中心作用与交通枢纽的因素。为什么金代的女真统治者与其以后相隔几百年的俄国殖民者共同将其政治统治中心都选择在哈尔滨呢？这就说明除了政治中心的确立之外，哈尔滨还具有一种地理位置上交通枢纽的特殊功能。

从宏观上看，哈尔滨城史的发展呈现出阶段性、变化大、断裂的兴衰特点。实际上，世界上大多数城市都有其兴衰浮沉的历史，有的城市甚至经历了多次由兴旺到衰落，又由衰落到再度复兴的过程。哈尔滨的金代城市的文明在经过元、明两朝的变故之后即一蹶不振，直到清代末年才因为中东铁路的修建而再度复兴。然而，在世界城市兴衰史中又能保留下多少座长盛不衰的城市呢？实在是凤毛麟角。

三 哈尔滨的原始聚落、堡寨、筑城与金代城市的形成与衰落

1. 哈尔滨地理位置与自然环境及其最早的聚落

哈尔滨地处松嫩平原的东端，它的西侧是一望无际的松嫩大平原，而东侧则是连绵起伏的丘陵和山地。松花江从哈尔滨市区的中间由西向东一泻千里，冲开了哈尔滨东侧逶迤的群山，致使小兴安岭与张广才岭分为南北两地隔岸相望。哈尔滨正处在这两条山脉西侧与松嫩平原东端交接的地方。从哈尔滨向东，松花江由宽阔的平原进入了狭窄的山地、流经佳木斯之后流入辽阔无垠的三江湿地平原，并在同江、抚远境内与黑龙江、乌苏里江汇合后一起流向东北，在今天俄罗斯境内的尼古拉耶夫斯克市注入鄂霍茨克海与鞑靼海峡。从哈尔滨溯松花江而上，沿着松嫩平原向南经过辽河平原、辽西走廊可直达古代的卢龙古道（经山海关），再从卢龙古道越燕山而进入华北平原。由此可见，自古以来的哈尔滨就是三江平原及黑龙江下游的俄罗斯远东地区通往松辽大平原和中原地区的咽喉要道。由哈尔滨向偏西北进入嫩江流域，广阔无垠的嫩江湿地一直延伸到大、小兴安岭的夹角地区，向西北可直达呼伦贝尔大草原，向正北与偏东北可直达黑龙江中游地区进入黑河瑷珲平原。哈尔滨之正西方向则是松花江、嫩江、洮儿河三水交汇的地方，遍地沼泽、湿地、湖泊、河流纵横，沿着洮儿河可以直达大兴安岭的中段山脉，折而向南可达辽上京城所在地的巴林左旗之地和古营州所在地的朝阳市。

哈尔滨市区附近的松花江南北两侧的水系极为发达，众多的河流汇聚于此，有呼兰河、阿什河、拉林河、运粮河、蜚克图河、白杨木河、枷板河、嫩江、洮儿河等，哈尔滨凭借得天独厚的天然地理条件成为松嫩平原上水路的交通枢纽。哈尔滨周围的双城、五常、宾县、阿城、呼兰、巴彦均是松嫩平原上最肥沃的宜种植五谷、六畜繁衍之地。如此优越的地理位置和自然环境是哈尔滨古代城市文明繁荣的基础。根据近年来考古工作者发掘资料表明：哈尔滨最迟在2万年前就有了旧石器时代晚期人类居住的聚落。当时的哈尔滨人为了抗御严寒维持生存，用大型的兽骨（猛犸象骨等）搭成圆形居室，并在上面绷以数层兽皮，这种聚落大多修筑在靠近江河的岸边。目前，这种聚落在中国的东北、东西伯利亚以及北美的阿拉斯

加均有发现。从他们具有共同地域的文化特征的角度上观察，他们属于同一种族，即华北地区的"北京人"——蒙古人种东亚支。

在距今1.5万~3万年之间，"北京人"——蒙古人种东亚支的一支，由华北平原越过燕山山脉，经过辽河平原进入松嫩平原后，沿松花江向黑龙江下游不断迁徙，再沿鄂霍茨克海的东海岸向北迁入堪察加半岛后一直向北；从白令海峡的最窄处进入北美洲大陆。今天生活在美洲的印第安人种就是华北平原"北京人"——蒙古人种的活的化石标本。哈尔滨市阿城区交界镇、五常市的学田遗址、道里区的阎家岗遗址等都发现了旧石器时代晚期的古人类的活动营地遗址。这些遗址的发现就是上述这支蒙古人东亚一支沿着松花江，进入黑龙江向北美洲迁徙的有力见证。其中哈尔滨阎家岗古营地的发现则是哈尔滨市目前发现的最早的人类聚落。较为遗憾的是在阎家岗遗址、学田遗址、交界镇等遗址中却没有发现明确的人类骨骼。目前，我们仅仅能够通过大量人工使用过的石器、动物的骨骼等进行推断，因此很难推测出当时人类活动的细节。旧石器时代的哈尔滨人的活动场景依然是个历史之谜。

然而，在哈尔滨这块肥沃的土地上，人类的活动一直没有间断过则是事实。经过数万年的历史演变，中国北方古代各族相继登上了哈尔滨这座历史舞台。由于它的地理位置的特殊性及其自然环境的优越性等特点，各民族之间为争夺这块沃土演出了一幕幕惊心动魄的历史剧，历史上的索离、秽貊、肃慎、夫余、东胡、鲜卑、契丹、勿吉、靺鞨、女真、蒙古、满洲等民族都曾在这个壮丽的历史舞台上扮演过不同的角色。

2. 哈尔滨地区古代城堡的形成（筑城的起源）

公元4~5世纪（相当于北魏统治中国北方时期），原居住在哈尔滨附近的夫余族，因国势渐弱而四分五裂，其东方的勿吉人则逐渐强盛。勿吉人迫于其南方的高句丽势力的强大不敢向南扩张，而是溯松花江两岸向西击溃了夫余人，并进入了今天的哈尔滨地区。今天哈尔滨的黄山、少陵河、阿什河流域、拉林河流域及第二松花江东流段两岸尽为勿吉人所占，勿吉人最强盛时期的势力已达今洮儿河流域。

勿吉族是东北亚地域最古老的民族之一，关于勿吉人的来源问题有以下争议，一种说法是肃慎、挹娄后裔的延续，另一种说法是来自图们江流域的沃沮人的北进，占领了挹娄人的居地后而形成的一个新的民族共同体—即勿吉人共同体。笔者持后一种观点。勿吉人很早就善于修筑城堡，《魏书》记载："勿吉人，筑城穴居。"① 当他们将势力逐渐向哈尔滨地方推进时，为了巩固其新的占领地并对其施行有效的军事管理和行政管理，便在这一地区修建了具有军事防御和行政管辖双重功能的城堡。

1939 年 10 月，苏联考古学者 B. B. 包诺索夫与普尔热瓦尔斯基研究会的会员们，在对哈尔滨的黄山（又名荒山）进行多次考古调查时，最先发现了哈尔滨黄山顶端的两座勿吉人修建的古城堡遗址。现将他们考古调查后所整理和发表在《普尔热瓦尔斯基研究会科学著作集》中的原文记录简述如下：

> 黄山这个地方，座落在哈尔滨东北大约 12 俄里处，靠近阿什河边……在陡坡的最顶端，有两处古城遗迹和一处（或者是两处）新石器时代的（或者是过渡时期的）遗址。两座古城的位置在两个朝着河谷的山嘴上，彼此距离大约在一俄里之内（沿南北一条线上）。南边的城规模较小。狭窄的山咀有平坦的表面和倾斜的陡坡。在距离山咀子到头 55 俄里的陡坡处，截断了残存的外部城壕和内部的围墙，壕和墙稍许有些弯曲。在古城的地表（在山咀上）可以见到粗糙的陶片和数量不多的残余器物，以及零星的石器残片。位于古城不远处的遗址，可能属于新石器时代（？）在这里找到的陶杯，及在古城地表发现的残器，可以认为属于这样一种情况，即在古城外还有遗址（甚至可以设想得更古老些）。
>
> 北面的城比较大，古城仅仅保存了一部分，因此很难说出它的最初的面貌。从南面陡坡经过的南北方向的围墙（在外面的）和城壕（在里面的）在壕外又仿佛是围墙（残余），这墙的南段略呈直线。越过高地边缘（朝西）这段围墙的北段，穿过高地很快拐弯朝向西去。而且可以看到仿佛有第二道围墙同它平行（在外面）。不过明显地看出，最初提到的围墙和壕沟就在它们附近。其余的全部被冲掉了，或被开垦或基于其它原因就不清楚了。

---

① （北齐）魏收：《魏书·勿吉传》，中华书局，1975，第 2220 页。

　　就目前所知，黄山顶端上的南、北二城，是哈尔滨近郊所发现的最早的古城堡。城堡修建在靠近江河交汇口（松花江与阿什河）附近的高地上，这两座古城堡有城壕、城墙环绕，北面的较大城堡有两座城墙围护，显然这是一座十分重要的城堡。城堡的墙是用掘壕的土堆砌而成，说明当时的勿吉人还没有掌握中原汉族人所使用的先进的筑城方法——夯土版筑法。城堡的形制也是不规则的，基本上是按照黄山山顶的地形分布依山势走向修筑而成。由于近千余年的雨水冲刷和江河对黄山的切割及搬运的结果，致使古城堡已失去了原来的完整风貌，因此很难知道原古城堡的原始规模究竟有多大。然而，对于古城堡的文化内涵我们也可以从当年包诺索夫等人曾对其进行过多次小规模的发掘中获得更有趣的实物资料。其中比较引人注目的是那些用黏土做成并经过烧制的动物塑像，如陶猪、陶狗、陶熊、陶貂等，这是哈尔滨黄山古城堡内居住的勿吉人精神世界的反映。很可能与他们的原始宗教意识有关，或许就是最原始的萨满教中崇拜神灵的偶像。因为萨满教是一种多神教崇拜，它具有一种原始的质朴的特征，其崇拜的神灵往往与其生产、生活有着千丝万缕的联系。古城堡内有秩序地排列着当时人们穴居的痕迹。城内居中者的穴居往往最大，而围绕在其周围的则是较小的穴居坑。穴居的遗址之间均有土路相接。由此可见，古城内的居住民有着相当严格的等级划分。

　　近些年来，在黑龙江省东部松花江下游和乌苏里江中、下游以及七星河流域、完达山脉、佳木斯等地均发现类似黄山顶端的这种城堡，数量之多令人吃惊（据不完全统计达 400 余座）。古城堡的中心位置大致在今天的七星河流域的友谊县和集贤县境内一带。显然这是一种具有共同地域文化特征的考古文化遗存。如从其大致分布的范围和推断的年代上看，这些古城堡与勿吉人的分布大致相同。据《魏书·勿吉传》所载："勿吉人形似夫余，而言谈不同于夫余、句丽……其国无牛，有车马，佃则偶耕，车则步推，有粟及麦，菜则有葵，水气咸，凝盐，开生树上，亦有盐池。多猪无羊，嚼米酿酒，饮能至醉。""其地下湿，筑城而居，屋形似冢，开口于上，以梯出入"。① 由此可见，"筑城穴居"的习俗与哈尔滨黄山山顶上所发现的城堡完全吻合。勿吉强盛之日，也正值高句丽的势力强大之时。勿吉人进占夫余故地之后便形成了与高句丽南北对峙的局面，很可能拉林

---

① （北齐）魏收：《魏书·勿吉传》，中华书局，1975，第 2220 页。

河流域就成为当时勿吉人与高句丽人的界河。

此外，从当时勿吉人出使北魏的朝贡路线上看，哈尔滨黄山上的两座古城堡寨正处在勿吉人向中原王朝进贡的必经之路上，北魏时期勿吉国中心位置大致应在今集贤、友谊、双鸭山一带。友谊县凤林古城和宝清县炮台山古城遗址的发现，说明了勿吉人的中心很可能就是七星河流域。随着考古学的深入发展和工作的开展，人们越来越清醒地认识到凤林古城的考古学文化所表现出的地域特征，很可能就是勿吉人的遗留物。从凤林古城的规模以及炮台山古城所表现出的祭坛的性质来看，这里完整的祭坛和较大的城池都已经说明了王国礼制的形成，应该是王国的中心的典型代表。凤林古城的考古文化所表现出的既具有双鸭山滚兔岭的挹娄人文化特征，也表现出具有沃沮人考古文化的特征，其本身就说明了凤林古城文化属于南部沃沮人和本地挹娄人结合的一种文化复合体。如果我们把凤林古城看作是当时勿吉人的统治中心的话，那么勿吉人朝贡北魏的路线，很可能由凤林古城出发，行至松花江右岸后溯流而上（由于是逆水行舟，所以要行进 18 天左右），经过宾县境内的城堡到达哈尔滨黄山的古城堡，又继续西行至洮儿河（北魏时写作太鲁水）将船沉入水中后，南出陆行穿过契丹西界到达和龙（今朝阳市）。和龙城是南北朝时期东北地区的军事重镇和古代各民族贸易交流的场所。

北魏孝文帝太和年间（477~485），勿吉国的酋长（乙力之）曾经多次率领数百人的朝贡使团，前往北魏都城的平城（今大同市）朝贡，主要进贡马匹等，据文献记载可知最多时一次达几百匹。[1] 可见当时勿吉国所派遣到北魏的朝贡使团是相当庞大的。

综上所述，哈尔滨黄山所发现的古城堡的族属与修筑的大致年代，可以推测到公元 5 世纪中期前后，这是属于勿吉七部之一的按车骨部人所修筑的城堡。按车骨又写作按出虎、阿术浒等，今称阿什河，女真语意即"金河"或"金水"（金源故名于此）。由于文献再没有留下更翔实的有关哈尔滨黄山城堡的名称、设置年代及人们社会生活状况等细节的记录，我们无法准确无误地确定哈尔滨历史上作为"筑城"的历史开端究竟是在哪一年。然而，我们不难看出，在哈尔滨城市发展史的漫长岁月中，随着人类社会的不断进步和生产力的不断发展，人类才从最原始的不断迁徙的聚

---

[1] （北齐）魏收：《魏书·勿吉传》，中华书局，1975，第 2220 页。

落逐渐演变成定居的并附带有城墙、城壕拱卫的城堡。

那么，哈尔滨的城堡为什么要修建在山上而不修筑在山下呢？笔者认为，主要有两个原因：一方面受自然地理环境的影响，选择靠近江河的较高的地势，以免遭洪水的袭击；另一方面把城修筑在山顶上可以延展视野，以防止和抵御突然的军事进攻。还有一个重要的方面，是生活的需要（可以得到充足的水源、阳光，同时也有利于交通往来）。春、夏、秋可乘船往来于江河之中，而冬季又可乘爬犁疾行于江河之上。

再从哈尔滨黄山上所发现的古城堡周围的遗址和出土的文物方面分析，居住在城堡内的居民已具备了一定功能的分区。由于当时的生产及生活方式相对简单，导致功能的分区也比较简单。如按照当时的社会分工，生产及生活方式的不同，对人来说最简单莫过于生与死。按功能进行划分的话，大致可分为生活区、生产区、埋葬区。生活区主要分布在城堡内及城堡外围。而生产区则主要在城堡之外较远的江河两岸的肥沃土地上和水面上，从事捕捞、农业、采集和狩猎活动，所以生产区域的范围显然较大，尤其是在与外部进行必要的贸易交换时其范围更大。然而，当时的手工业中的制陶业以及其他生产工具和生活用具的加工，则主要将材料运到城堡附近后进行再制作。而埋葬区则主要是分布在城堡不远处的某个固定方向和位置上。

总之，城堡的出现充分说明了生活资料有了比较长期稳定而可靠的保证，使人的长期定居生活成为可能。城壕与城垣均是为防御外族的军事进攻而设置的。这时期的居民还没有分化为城市和乡村两种不同性质的居民点。所以，这时的城堡当然也就不可能具有城市的功能、作用和性质。但是，这种城堡的出现往往成为以后城市出现的重要基础。

仅就勿吉人所建立的这种城堡的功能与作用而论，说明勿吉人已脱离了原始社会的生产关系。由于生产力的发展，产品已出现了更多的剩余，如"嚼米酿酒"和"杀猪积坟墓之上"等，更说明私有制在勿吉人那里已经较为普遍地存在着，并出现了阶级分化，形成了阶级对立，进入了奴隶制社会。据《魏书·勿吉传》中所载："有马不乘，但以为财产而已。""父子世为君长"，古代先进的父死子继的王位世袭制度已经确立。人死之后在埋葬时，"杀猪积坟墓之上，以为死者之粮"，"富者至数百，贫者数十"，这说明在勿吉人的社会中贫富之间的差别越来越大。由此可以看出，勿吉人私有制的产生与确立需要有城郭沟壕予以保护，也为抵御外族的进攻起到维持和保护的作用。

我们知道，有了剩余产品及私有财产以后就需要交换。最初这种交易是不固定的，也无专门职业的商人，"日中为市""各易各退，各得其所"向中原王朝纳贡等，都说明了哈尔滨地区的勿吉人也需要与外部进行交换。随着社会的发展，交易的范围越来越大，这就需要有固定的交换场所，这就是"市"的形成，也就是城市型的居民点的出现。这时的手工业逐渐成为一种独立的行业，商业与手工业的产生就出现了人类社会的第二次劳动大分工。

然而，勿吉人统治时期的哈尔滨地区既不是勿吉国的政治中心和经济中心，也不是财富集中的地区。黄山山顶的古城仅仅作为勿吉国下辖的镇守一方的一个山城堡寨，所以也就没有条件使自己蜕变成古代城市。

3. 哈尔滨地区金代都市文明的形成与城史纪元的关系

公元 6 世纪中叶以后，东北亚地域的各族受到了来自中原汉族王朝北进的逼迫，以及来自西部蒙古高原上的柔然汗国与突厥汗国东进的威胁和控制。松花江流域勿吉等各族政权及其社会开始了动荡和急剧的分化。不知何种原因勿吉在中原汉字书写的历史文献中被改称为靺鞨。关于靺鞨与勿吉的关系，以及靺鞨的发音，究竟是靺鞨还是靺羯，学者们进行了较为深入的研究和探讨。朱国忱等的《"靺鞨"究竟应该怎样称呼》中说，黑水靺鞨中莫曳皆部，其读音近"末皆"，与"靺羯"谐音。这一名称的来历肯定与其始祖部落"靺鞨"有关，故可反证"靺鞨"的"鞨"字，与"皆"（音 jie）相近。李玲等的《也谈"靺鞨"名称之始见》否认了朱国忱等对靺鞨名称的观点，认为"靺鞨"之间曾存在过"靺羯"这一称谓，而非靺鞨是靺羯的误称。[①] 干志耿、孙秀仁在其《黑龙江古代民族史纲》[②]一书中，认为史籍中的"靺鞨"是多数情况，而"靺羯"则仅见于崔忻题名石刻，二者通用。同年，赵评春撰文《"渤海国"名源考辨》，认为"靺鞨其音合于勿吉并无存疑"。[③] 瀛云萍的《鸿胪井刻石中的"靺羯"与"靺鞨"》一文认为"羯"与"鞨"是互通的，在之后的《"靺羯"误成"靺鞨"的问题》同样认为"靺羯"由"勿吉"转写而来。李玲等的《也

---

① 朱国忱、魏国忠：《"靺鞨"究竟应该怎样称呼》，《学习与探索》1981 年第 2 期；李玲、东青：《也谈"靺鞨"名称之始见》，《北方文物》1997 年第 2 期。

② 干志耿、孙秀仁：《黑龙江古代民族史纲》，黑龙江人民出版社，1987，第 229 页。

③ 赵评春：《"渤海国"名源考辨》，《学习与探索》1989 年第 5 期。

谈靺鞨名称之始见》则否认了朱国忱的对靺鞨名称的观点，认为"靺鞨"之间曾存在过"靺羯"这一称谓，而非靺鞨是靺羯的误称，"靺羯"之名出现早于"靺鞨"，是介于勿吉和靺鞨之间的称呼，并认为靺鞨之词沿用到唐玄宗的开元、天宝年间。陈陶然等的《靺鞨族名来源新考》① 总结了前人对靺鞨名称的研究，并提出新的观点。作者认为，"靺鞨"两字均有红色之意，而后在一些典籍中也记载了古肃慎产红色的宝石，因而相互联系，认为宝石和族名之间存在着一定的联系。范恩实的《"靺鞨"族称新考》② 对"靺鞨"的读音从音韵学的角度做了更加深入的研究，提出"靺羯"一词的读音应是"wa ka"，继而音变为"we he"，隋唐以后由于"羯"字的读音固定为"jie"，才新造"鞨"字来代替"he"音字。2009年，俄罗斯、蒙古联合考古队在蒙古国的中央省扎马尔县发掘了一座大型唐代墓葬，该墓为唐代游牧部落贵族仆固乙突墓葬，墓中出土各类器物770 余件，并出土了一方墓志，墓志中"东征靺羯西讨吐蕃"八字，为靺鞨读音研究及靺鞨内涵研究继"鸿胪井"石刻后又一力证。胡梧挺的《关于〈北宋版通典〉所见之"靺羯"——对"靺羯"一词的文献学考察》③，通过北宋版通典所出现的"靺鞨"或"靺羯"一词与仆固乙突墓志中出现的"东征靺羯西讨吐蕃"相印证，认为"靺鞨"在唐代曾经一度被写作"靺羯"，而与"靺鞨"（mo he）相比，"靺羯"（mo jie）的读音的确更加接近于"勿吉"（wu ji），又根据音韵学推测，"靺羯"的真正读音很可能是"wa jie"。冯恩学的《蒙古国出土金微州都督仆固墓志考研》④ 对蒙古国出土的这方墓志，进行考证，并赞同李玲等的《也谈靺鞨名称之始见》一文的"靺鞨"之间曾存在过"靺羯"这一称谓的观点。魏国忠等的《渤海"靺鞨说"又添新证》⑤ 一文针对碑文所出现"靺羯"一词，联系《鸿胪井栏石刻》文字中出现的"靺羯"一词，并查阅大量史籍，再一次地证实了渤海政权最初的国号和主体民族"靺鞨"（即靺羯）的读音只能且一直是"mo jie"（末杰）。

---

① 陈陶然、赵可：《靺鞨族民来源新考》，《北华大学学报》2003 年第 3 期。
② 范恩实：《"靺鞨"族称新考》，《北方文物》2003 年第 3 期。
③ 胡梧挺：《关于北宋版〈通典〉所见之"靺羯"——对"靺羯"一词的文献学考察》，《中国典籍与文化》2006 年第 2 期。
④ 冯恩学：《蒙古国出土金微州都督仆固墓志考研》，《文物》2014 年第 5 期。
⑤ 魏国忠、郝庆云、杨雨舒：《渤海"靺鞨说"又添新证》，《社会科学战线》2014 年第 3 期。

最近由于蒙古国发现了唐代碑刻，上面明确地记录了"东征靺羯西讨吐蕃"的原始汉字，考古学的发现和在文献中寻找勿吉与靺鞨之间的音转关系，都能够判定勿吉与靺鞨之间可视为同音异写的关系。这一点似乎已经被多数学者所认同。据《旧唐书》卷199所载："靺鞨东至海，西接突厥，南与高丽界，北与室韦为邻。其国凡数十部，各有酋帅，或附属高丽，或臣属突厥。"[①] 由此可知，公元7世纪以后，勿吉国在其西方柔然汗国及后来的突厥汗国的势力逼迫下，发生了分化和崩溃。其靠近高句丽的白山、粟末等部臣属于高句丽，而西部靺鞨则臣属突厥。其中勿吉（靺鞨）的伯咄部和按车骨部以及黑水部的一部分，在突厥强盛时先屈服于突厥，而后又臣属于渤海国，继而又依附于契丹，最后又融入女真。

总之，从公元6世纪末开始直到11世纪为止，哈尔滨地区一直处于各民族之间的战争迭作、动荡不定的年代，哈尔滨的城市文明很难在这种背景下形成和得到发展。又由于这一时期，哈尔滨地区的民族不断迁徙移动及人口流动性较大等特点使这一地区的人口减少、土地荒芜、城堡废弃，并出现了暂时的萧条景象。公元10世纪末，契丹人灭亡了渤海国之后，生活在图们江流域和黑龙江中游右岸地区的女真人完颜部和黑水部，迁徙到今哈尔滨地区的阿什河中下游流域定居下来，他们在这里烧炭炼铁，开垦树艺，发展生产，并与当地的原住民勿吉人融合，形成了以阿什河流域为中心的女真完颜部，经过一个多世纪的积蓄和发展逐渐强大。起初他们借助契丹人的力量，征服了黑龙江流域、乌苏里江、图们江流域的女真诸部，并建立了以完颜部为中心的强大的军事联盟，其范围东至日本海，南至长白山，北至黑龙江，西到拉林河、嫩江流域。在这横亘数千里的黑土地上建立起来的军事联盟的政治统治中心，从一开始就确定建在距离哈尔滨较近的阿什河中下游流域。从此，为日后女真人在阿什河流域创建都市文明打下了基础。在穆宗统治时期即10世纪末期，哈尔滨就以"霭建村"的名称出现在《金史》中。从《金史·本纪》中我们可以清楚地看到，霭建村是当时女真完颜部的政治统治中心"纳葛里"（其位置当在今阿城市南白城附近）北部最重要的村镇。它地处阿什河注入松花江的汇合口处，是1097年穆宗亲自迎接阿骨打班师回朝的"亲迓"之地。谈到《金史·本纪》中的这个霭建村，人们不禁要问：《金史》中的霭建村与哈尔滨城

---

① （后晋）刘昫：《旧唐书》卷199下，中华书局，1975，第5358页。

史纪元到底有什么关系？其实，自从关成和先生将霭建村与哈尔滨城史联系起来并加以研究以来，这个问题就一直在人们的脑海中画着个大问号：霭建村在哪里？霭建村与哈尔滨之间有什么联系？

关于霭建村的位置，由于 20 世纪 80 年代末期发现在阿什河注入松花江的古河道右岸；巨源乡小城子村的金代齐国王完颜晏夫妇合葬墓，霭建村的确切地理位置就十分明显地暴露出来了。完颜晏是景祖的子孙，其夫妇埋葬地就是其子孙世居之地这是毫无疑问的。由此我们可以推测，为什么穆宗要到霭建村去迎阿骨打的凯旋之师呢？其中最重要的原因，就是穆宗从小就生长在霭建村，且霭建村又处在阿骨打班师归程的必经之路上。那怎么知道阿骨打班师的路程必然要经过霭建村呢？其一，当时阿骨打征服了松花江下游的女真部落后的时间正是 1097 年的冬月，女真人不可能绕道从陆路返回，而是依靠冰上的特殊交通工具（狗爬犁或滑雪板）沿松花江迅速返程。其二，霭建村正处在阿什河与松花江的汇合口处，并与完颜部的中心纳葛里呈正南正北的走向。今巨源乡的小城子村古城正是金建国前的霭建村，又称阿勒锦村，金建国后则在此地修筑了阿勒锦城。可是，霭建为什么又写作阿勒锦呢？原来元朝的蒙古人脱脱等编修《金史》时，在转写女真族的地名和人名时，并没有按照书面语去正确的注音，而是采用了许多原始口语直译法，因此，就产生了口语与书面语之间的矛盾。后来清朝同治年间作为女真人直接后裔的满族人，为了更准确地给《金史》中的人名和地名注音，就将《金史》中原来与女真语有极大区别的地名及人名又重新修定并加以新的汉字注音。这样在同治朝中就产生了带有正确注音的《金史》版本。而《金史·太祖本纪》中的霭建村之下就标注了（阿勒锦）一词。

有人认为"哈尔滨"地名早在同治年间以前就已出现，那么为什么没有把阿勒锦写成哈尔滨呢？显然阿勒锦与哈尔滨没有继承关系。然而，事实并非如此，阿勒锦是金代的女真地名的正确注音，而哈尔滨则是由阿勒锦地名逐渐演化而来。若说是演化而来莫如说是不同时代对同一少数民族地名的不同注音。无论是阿勒锦还是哈尔滨，它们的性质都是用汉字作为少数民族地名的标音符号，而在字意上却无任何意义。说到底，哈尔滨与阿勒锦之间的关系是同音异写的关系。它们都是以中原音韵的汉字为基础对少数民族地名进行的注音。哈又写作阿、合、河，因为它们之间同声同韵而字不同。勒又写作尔、拉、剌、里等。这是因为在中原音韵的语音中没有颤音"r"。而作为古阿尔泰语系的女真语中颤音"r"却十分常见。

然而，在采用汉字注写女真语中的颤音"r"时就出现了多种如勒、拉、里、尔、儿、刺等不同汉字注音。锦与滨音之间的韵母相同，均是"n"音。造成这种差别的原因，主要是由于当时居住在松花江中下游直到黑龙江下游的少数民族的发音，往往清浊音不分。这种现象是日本学者间宫林藏于1804年在黑龙江下游流域考查时发现的。① 此外，在漫长的历史发展进程中民族之间的文化融合也会使语音潜移默化地发生变化。

以上笔者用了许多笔墨来讨论阿勒锦与哈尔滨之间在语音学上的继承关系和变异的原因，目的就在于使人们注意哈尔滨与阿勒锦之间在语音上的确存在着一定的亲缘关系。然而，问题并没有就此结束，人们可能仍然是大惑不解，如果巨源乡小城子村古城是阿勒锦村的话，那么它的位置与今天哈尔滨的所在地相距甚远，这又是怎么回事呢？

其实，这个问题并不难解答。第一，古阿勒锦村的位置与今天哈尔滨位置的变化，是由于地理环境的改变促使人们不断随着河流的滚动而不断的迁移。地名也就随之移动，从河口滚动的规律上看，今天的阿什河注入松花江口之地正处在800年前阿勒锦村（小城子村古城）之地的松花江上游的地方。由此看来，造成今日哈尔滨与古哈尔滨（阿勒锦）之间的距离是地理环境改变的结果。因江河水道的改变以及水源的断绝而改变城市位置的例子，在世界上的许多城市发展史中屡见不鲜、不足为奇。

然而，阿勒锦村的始见时间是否就是哈尔滨城史纪元呢？笔者认为，阿勒锦村在《金史》中的出现只能作为哈尔滨地名的始见时间而不是城史纪元的起算时间。女真人在建立金国以前，阿勒锦村绝没有发展为具有城市功能的可能性。也许1097年的阿勒锦村已经存在着由城墙围绕的城堡，因为女真人早在建国前就已经掌握了修筑山城和城堡的技术，正如阿骨打在起兵反辽之前，沿着拉林河沿岸就修筑了许多城堡。② 但是，阿勒锦村在金建国前作为城市的规模显然是不具备任何条件的。因此，关成和先生所考证的1097年阿勒锦村的始见时间实际上是对哈尔滨名称的始见时间的确定，而并非城史纪元的初始时间。因为地名的出现要比形成城市的时间早得多。然而，关成和先生所发现的阿勒锦村则是20世纪以来，对哈尔滨地名的考证研究中的最惊人的发现。

---

① 〔日〕间宫林藏：《东鞑纪行》，商务印书馆，1974。
② （元）脱脱：《金史·太祖本纪》，中华书局，1976。

笔者认为，1097 年作为阿勒锦村的始见时间虽然不是哈尔滨城史的纪元，但它却是哈尔滨地名的始见时间。那么哈尔滨的城史纪元到底应该从哪一年算起呢？这是个颇难解答的问题，因为金代建国从公元 1115 年到被蒙古所灭亡的公元 1234 年，共存在了 119 年。不能否认，金上京地区被蒙古军攻陷的时间当比金朝末年哀宗灭亡的时间早得多。根据《金史》中的记载可知，金上京在 1218 年四月尚有蒲察五斤的奏表，而后便失去了对上京城的记载。哈尔滨地区的金代城市文明也与金上京的命运一样，也大致在这一时间被毁灭或消失了。由此看来，哈尔滨地区作为金上京的管辖时间不会多于 110 年。在这一百多年的时间里，由于金朝的政治中心经济中心不断南迁，以及金朝末年战乱，几经变故。金上京城几度兴衰的历史也直接或间接地影响着哈尔滨古代城市文明的进步与发展，根据金上京地区在金代历史中的整个发展阶段观察，金代哈尔滨地区城市兴衰变化有如下几个历史阶段。

第一个历史阶段：从金太祖阿骨打起兵反辽到金太宗吴乞买的天会二年（1115～1124）。

这一时期，女真人以破竹之势击败了强大的辽朝，并把精力大多用在对辽的战争上，没有足够的人力、物力和财力建造规模宏大的京城。因此这一阶段哈尔滨虽然作为金朝都城，但是城市文明尚处在积蓄阶段。据《大金国志》载："国初无城郭，星散而居，呼曰皇帝寨"，或称"阿触胡"（安出虎一词的同音异写——汉译金的意思，亦即金国之号的女真语发音）。阿骨打的皇帝寨（金建国前的纳葛里）大致在金上京城附近，阿骨打在登基当皇帝之初，只设毡帐，到了晚年才开始修筑宫殿，以为临政之所。然而，阿骨打在位期间并没有建设上京城的记载，因此，哈尔滨地区的金代城市当然也不会在金上京城修建之前而出现。

第二个历史阶段：从金太宗天会二年（1124）到金朝的第四个皇帝海陵王完颜亮天德四年（1153）。

这一阶段，女真人在灭辽的基础上又以秋风扫落叶之势灭亡了北宋王朝，并俘获了北宋末代皇帝徽、钦二帝（赵佶、赵桓父子）。女真族所建立的金帝国成为当时北中国最强大的王朝，其疆域西至大散关与西夏对峙，南至淮水与南宋隔江相望，东至日本海、北到外兴安岭，这是个幅员万里的泱泱大国。女真人在对辽、宋的战争中，金源内地积蓄了大量的物质财富。例如，在攻破辽、宋京城后，将其所藏的无数金银珠宝、经籍图书、各种珍玩丝帛及其众多的职官民户、妃嫔、倡优及各类工匠等全部掠往阿什河中下游流域所谓的"金源内地"。辽、宋两朝高度发达的文明与财富被女真人在战争中掠夺殆尽，几乎是洗劫一空。这在中华文化发展史上是一次北方民族入主中原后对中原王朝的空前浩劫。其政治中心和文化中心的北移，各族人民包括汉人、高丽人、契丹人、西夏人、渤海人等，以及他们中间的知识分子成为大批的流民，他们从数千里之外沿着松辽大平原向塞北寒山的所谓"金源内地"集中。特别应该指出的是：在战争中女真所获得的牛马不可胜计，物力财力等积蓄雄厚。金太宗吴乞买登基以后便开始了大兴土木营建金上京的工程。

据文献记载，金太宗天会二年将皇帝寨更名为"会宁州"，后来又升为会宁府。天会三年（1125）的春夏之交，北宋派遣许亢宗率使团祝贺金太宗吴乞买登基，从北宋都城东京汴梁（开封）出发，过山海关经沈州（今沈阳）、韩州（吉林省昌图八面城）、黄龙府（今农安）渡松花江、拉林河到达金朝的首都——会宁府时，将其目睹皇城内外大兴土木的状况生动而翔实地记录在《宣和乙巳奉使行程录》中：

> ……次日馆伴使副同行，马可六七里，一望平原旷野，间有居民数十百家。星罗棋布，分蹂错杂，不成伦次。更无城郭，里巷率皆背阴向阳，便于牧放，自在散居。又一二里，命撤伞，云近阙。复北行百余步，有阜宿围，绕三四顷，北高丈余，云皇城也。至宿围，就龙台下马行入宿围西。西设毡帐四座，各归帐歇定……阁门使祗班引入，即捧国书自山棚东入，陈礼物于庭下。

这里所说的"阜宿"即土围墙；"宿门"即今日皇城正中的午门。根据许亢宗的记录可知，当时修筑金上京时"日役数千人兴筑，已架屋数千百间，未就，规模亦甚伟也"。[1]

由此不难看出，1125 年许亢宗率领的使金团来到金上京城附近时，看到了营建金上京的情景。在金上京周围女真人的居地"更无城郭"，"星罗棋布，分蹂错杂，不成伦次"，说明在金上京城附近这时还没有出现卫星城市。今天哈尔滨地区的莫力街古城、小城子古城及平房古城的修建年代

---

① （宋）徐梦莘：《三朝北盟会编》，上海古籍出版社，1987，第 145～146 页。

当不会在许亢宗出使金国（1125）以前，其下限也不会晚于金熙宗统治时期的天眷元年（1138）或皇统六年（1146）。熙宗是继太宗吴乞买登基的金代第三位皇帝。他自幼熟读汉人的经史典籍，精通汉文化。熙宗统治的时期，女真族已经全面控制了淮水以南，金政权正处在干戈不闻、升平祥和的安邦治国阶段——"绍兴议和"最终结束了南宋与金国的战争冲突。在这一历史背景下，金熙宗着手制定了一系列的改革措施，并采取与民休息的政策，从而加速了女真政权的封建化进程。其中最值得注意的是，继太宗之后熙宗继续大规模扩建和修筑金朝的都城和皇宫。天眷元年八月，诏改京师为上京，府曰会宁，同年置上京留守司并兼带会宁府尹及上京路兵马都总管。1146 年（皇统六年）春又以上京会（宁）府旧内太狭，"才如（中原）郡治，遂役五路工匠撤而新之，规模仿汴京"。在此期间，金上京城周围的皇家御苑寺院、祖庙以及行宫等各类大型建筑群体也相继出现。随着上京城的最后形成，人口的急剧增加，以及当时社会生产及社会生活的需要，城市手工业和城市商业经济都得到了长足的发展，如铁器制造业、有色金属制品加工业（金、银、铜、铁、锡）、皮革鞣制加工业、纺织业、房屋建筑业、木制品加工业、玉石加工业、陶瓷制造业、金融货币铸造业，以及交通、运输业、典当业等行业都十分发达。除此之外，皇家图书馆、皇家寺庙、儒学等文化部门也应运而生。上京城的繁荣必然带动和促进周边地区的城市形成和发展。由于当时的哈尔滨是金上京通往中原地区和黑龙江下游最重要的水陆交通线上的门户，各类大宗贸易往来和交通运输主要靠松花江航道驶入阿什河直达金上京城下，致使哈尔滨地区的城市文明较之毗邻的其他地区更为发达，况且哈尔滨地区原为阿勒锦村的所在地，又是穆宗家族的世居之地，而今香坊地区则又是金初的冒离纳钵之地（即金朝初期皇家春水之地，捕捉天鹅的狩猎场所），因此，金代哈尔滨地区之所以能够出现发达的城市文明，是有其历史必然性的。笔者认为哈尔滨地区金代城市形成的时间大致在金熙宗统治时期，即公元 1136～1149 年之间，因为这一时期正是金上京走向第一个繁荣期，金源内地（包括哈尔滨地区在内）在金上京城的繁荣带动下，以上京城为中心的卫星城市网络开始形成，由于今天哈尔滨地区的小城子古城和莫力街古城都没有留下确切的修建年代，因此对哈尔滨城史纪元的时间只能做出大致的推测。兹暂定哈尔滨金代城史纪元的时间为（金熙宗皇统六年）（1146）。

第三个历史阶段：从海陵王完颜亮贞元元年（1153）到正隆六年

（1161）亦即金世宗完颜雍大定元年。这是金源内地（包括哈尔滨地区）城市文化遭到严重破坏阶段。

完颜亮是以发动宫廷政变弑熙宗而登上皇帝宝座的。他是一位欲主江南、一统天下的皇帝。完颜亮登基之后就开始着手为迁都做各种准备，天德三年在金上京修筑御苑，并开始下诏扩建燕京城和修筑皇宫。海陵王完颜亮曰："上京僻在一隅，转漕艰而民不便"，"莲花为何能在燕京开放，而在上京却不能成活？其原因就是因为：盖地势然也，上都地寒，惟燕京地暖，可栽莲"。① 他以此为由，于天德四年下诏迁都燕京，正隆二年（1157）八月，"罢上京留守司"。② 并"削上京之号，止称会宁府"。③ 十月，又命毁会宁府旧宫殿诸大族第宅。至此，作为在阿什河中下游流域所建立起来的金朝都城共历时38年，此后再没有恢复其国都的地位。从某种意义上说，海陵王迁都燕京实际上是对阿什河流域刚刚形成的古代文明的严重破坏。从动态上看它是一次文化移动现象，这种移动的方向与金朝初期都城营建时的文化北移的方向相悖。其结果是破坏了金源内地的城市文明，加快了女真文化与汉文化的融合，使刚刚发达起来的白山黑水文明向南移动。哈尔滨地区的莫力街古城和小城子古城作为当时的金上京的京畿之地的城市文化也可能受到了不同程度的削弱和打击，因为完颜亮在迁都时所采取的措施是非常严酷的。为了打击迁都的反对派，他命令捣毁上京城皇城宫室及女真贵族的宅第和宗庙，并将山陵宗庙一并迁往燕京（今北京）的房山地区。由于迁都的影响，哈尔滨作为原金朝首都上京城的门户城市，则随着政治中心、经济中心、文化中心的南移而渐渐失去了昔日的繁荣。

第四个历史阶段：金世宗完颜雍即位（1161）后到金宣宗兴定元年（1217），几位皇帝都十分重视金上京会宁府的恢复与重建工作。

大定二年（1162）世宗命于庆元宫址建正殿九间，仍其旧号。大定五年（1165）重新建成太祖庙，大定十三年（1173）七月，恢复了上京之号。大定二十四年（1184）五月初，金世宗巡幸上京，直到世宗晚年，上京的宫殿修复仍在进行。金上京名号恢复的实际意义是，从一般的府州一级升为金国的陪都地位。金世宗还以"实内地"为名，将居住在胡里改路

---

① （元）脱脱：《金史·海陵本纪》卷五，中华书局，1976，第107～109页。
② （元）脱脱：《金史·海陵本纪》卷五，中华书局，1976，第107页。
③ （元）脱脱：《金史·海陵本纪》卷五，中华书局，1976，第108页。

及速频等路的猛安谋克女真户近 3 万人迁到了阿什河的中下游流域。可见金世宗统治时期的哈尔滨地区无论从政治地位上还是人口数量的增加上看，都有了很大的恢复和发展。

综上所述，由于金朝的哈尔滨地区是当时上京的京畿之地，上京的兴衰则直接影响着哈尔滨地区金代城市的浮沉，哈尔滨地区金代城市文化走向衰落阶段，就是从金朝末年开始的。金朝末年，金帝国的辽东宣抚使蒲鲜万奴割据咸平等地，并于贞祐三年（1215）建立了"大真"（不久改称"东夏"）政权。兴定元年（1217）初，上京行省完颜太平与蒲鲜万奴勾结发动兵变，焚毁了上京城的部分建筑。金上京再度受到破坏。1233 年前后，蒙古汗国平定了整个金代的东北地区，金上京城可能也就是在此时被蒙古军占领。如从上述的金源内地及金上京发展的四个历史阶段分析，金代哈尔滨的城史纪元当在金熙宗统治时期的 1146 年前后，或许有人要问，哈尔滨地区的金代根本就没有城市，何以有城史纪元呢？由于文献无征，古籍难寻，在茫茫的"史海"中要想找到哈尔滨城史纪元的确是件很困难的事。然而，我们若能够认真而谨慎地思考哈尔滨地区目前所发现的金代考古资料，就不难看出金代哈尔滨地区确实已经跨进了古代城市文明的门槛。

四 金代哈尔滨地区灿烂的城市文化遗存是确定哈尔滨城史纪元的重要依据

1. 从哈尔滨地区金代古城遗址的分布看人口的数量

金朝建立后，哈尔滨地区的政治、经济、文化都得到了迅猛的发展。尤其是阿什河下游及松花江两岸的商业贸易达到古代社会空前的繁荣阶段，不仅加速了这一地区的封建化进程，而且推动了这一地区城市化的发展。历史上有关哈尔滨地区城市发展的文献记载很少见，然而考古资料却极为丰富。据不完全统计，仅在哈尔滨市区和近郊区内已发现的金代古城就有 7 座之多。

（1）小城子古城，位于哈尔滨市东郊的阿什河畔，古城周长约 1600 米，略呈正方形，城墙为夯土版筑并附设有瓮门、马面、护城河。城内的街道、房屋、官衙、店铺、兵营等建筑的基础遗迹犹存，城外居民居址以及各类建筑遗存广泛分布在靠近阿什河的右岸岗地上。城内外的遗址上分布着大量的布纹板瓦、筒瓦、滴水、兽面瓦当、绳纹青砖、壁砖、陶器、瓷器、货币等遗物残片。古城之西侧 400 米处，就是金代齐国王完颜晏的夫妇合葬墓（此城当为阿勒锦村之所）。

（2）莫力街古城，位于哈尔滨市东南郊，成高子火车站北 6 里的幸福乡莫力街村所在地。东濒阿什河与俗称高台子金代遗址紧邻，南距城高子、香坊金墓 2 千米左右。古城略呈正方形，周长 3 里有余，城墙残高 1~2 米，为夯土版筑而成。护城壕、瓮门、马面、角楼、城门清晰可辨，城内外出土的金代文物甚多，有青砖、铜钱、铜镜、铜锅、铜勺、铁箭镞、布纹瓦、北宋五大名瓷器、房屋建筑基石等。此城金初为冒离离纳之地，熙宗以后将迷离迭河谋克置于此地。

（3）万宝古城，位于哈尔滨市道外区万宝乡后城子村，周长 1500 米左右，呈长方形。为一座金代古城，出土文物与上述两地同。

（4）平乐古城，位于哈尔滨市平房区东方红乡平乐村西约 1.5 千米，城周长 1350 米，略呈方形，为金代古城（20 世纪 80 年代末期在古城附近曾发掘金墓一座）。

（5）松山古城，位于哈尔滨市道里区太平乡松山村西 500 米松花江右岸台地上，周长 1000 米，略呈方形，为金代古城。

（6）四方台古城，位于哈尔滨市西郊四方台所在地濒临松花江的台地上，此处出土过课税银锭等各类金代遗物，古城周长近 1000 米。

（7）半拉城子古城，位于今道里区顾乡屯正阳河附近，古城周长 500~700 米，是一座金、元两代沿用的古城遗址。

上述古城不同程度地保留在哈尔滨市区和近郊区内，它们是研究金代哈尔滨城市发展史纪元及城史的最可靠的依据。除此之外，在这些古城的周围以及"运粮河""正阳河""马家沟河""松花江""阿什河"两岸还分布着更多的金代各类遗址。如墓葬、寺院、平民居址、交通驿站、榷场（贸易场所）、码头、陶窑、砖瓦窑等几百处金代遗址。从哈尔滨地区的古城面积及遗址分布的范围看，金代哈尔滨地区的人口数量已达 3 万人以上。

其一，周长在 1 千米以上的古城共有 4 座。根据金代古城的建制规律可知，3 里以上的古城应是金代"谋克"级别的建制。"谋克"又称作"毛克"，为女真语，汉译为百户长，据《金史》记载：一谋克领 300 户，如按每户平均 8~10 口人计算，一谋克的人口数量当在 2400~3000 人。然而，这是女真人按谋克编制的正常人口数，除此以外，在女真户中（特别是贵族）都有各类仆人或奴隶，一般是契丹人或汉人充当。女真谋克户在其最发达时期可达 4000 人左右。哈尔滨地区共有 4 座相当于谋克级的古城，每座古城如按 4000 人计算，共有约 16000 人的数量。

其二，周长在 400 ~ 1000 米的古城有 3 座，每座古城周围如按 50 户计算，每户平均 8 ~ 10 人，每座古城平均人口数量在 400 ~ 500 人之间。3 座古城平均居住人口共计 1200 ~ 1500 人。

其三，除古城之外的金代遗址共有一百处之多，如每处按 10 户计算，总人口数量约计 1000 人。

其四，由于哈尔滨地区处在金上京的交通运输中心和商业贸易门户的位置上，其流动人口的数量也可能在 3000 人以上。

总计金代哈尔滨地区的人口约近 3 万人。

另外，对于哈尔滨地区金代人口分布的密度，从古城和遗址的空间分布范围上看，则主要分布在阿什河下游、注入松花江之地的阿什河两岸及松花江南岸。如从其地理形势上分析，这一地区正是由运粮河（金代为肇州至上京的漕运航路，人工疏通的河流之一）、阿什河、松花江这三大河流冲积形成的"三角洲"地区。从地图上看，运粮河从今天的哈尔滨市（在松山古城地方接通松花江）西北流向东南在城高子及新华乡附近注入阿什河，而阿什河则从东南流向西北在今哈尔滨东郊注入松花江。松花江则由西向东流过哈尔滨城北，这三条江河构成了哈尔滨这块肥沃的"金三角"地区。

我们知道，金代哈尔滨地区的人口（指今市区和近郊区而言）之所以能够急速增长的主要原因（金朝全盛时期估计人口数字突破 3 万），是由于女真人入主中原并统一北方之后，为巩固和发展金朝的肇兴之地所进行的有计划、有组织、有目地的移民而造成的。然而，我们不能因此理解为，哈尔滨地区的金代人口迁移只是从中原向北迁移，事实上女真人还把黑龙江流域的其他民族也向这里迁移。就民族成分来说，除女真族之外还有汉族人、契丹人、西夏（党项）人、渤海人、高句丽人、乌德盖人、室韦人、乌惹人、铁力人等。实际上，这是哈尔滨地区古代历史上一次空前的民族大融合大迁移时期。

金代向哈尔滨地区移民主要有两次高潮，一次是金初对辽、宋战争的胜利，有关这方面的历史文献记载很多。如《平燕录》《北征纪实》《建炎以来系年要录》《大金国志》以及宋人的一些小说笔记中均有明确记录。另一次则是金世宗完颜雍统治时期，采取了所谓的"实内地"政策。哈尔滨地区的这些金代古城，正是在上述两次人口迁移的高潮中兴起和形成的。第一次兴起的时间是从 1115 年女真建国到 1150 年金熙宗被杀。第二次兴起则是金世宗登基到金章宗末年。前一阶段主要是围绕着金上京城的修建，在一定的范围同时出现了拱卫金上京城的卫星城市；后一阶段则主要是由于金代商品经济的发展和文化的繁荣而出现了一些带有商业性质的城市。

2. 从哈尔滨地区的金代古城看其城市经济的发展

金代哈尔滨地区城市经济的发展大致表现为以下几个方面。

（1）货币与商业。

哈尔滨地区金代古城内和遗址中曾出土了数万枚金代流通的铜质货币，以及金代的课税银和承安宝货银币。这些实物的出土表明，当时哈尔滨地区城市中的商品经济是非常发达的。现将详细资料介绍如下：哈尔滨地区出土的金代货币均为金属货币，包括铜质和银质两类。这些货币按其流通手段可分为三种。

①圆形方孔铜钱。这种货币出土的数量最多，大部分是窖藏的，所以又称为窖藏铜钱。这一概念是金代考古学中所特有的名词。哈尔滨地区出土的金代窖藏铜钱的种类很多，上限为"汉半两钱"，下限为金代"大定通宝"及南宋"建炎元宝"等。

②砝码形银锭。据目前所知，哈尔滨市郊区已出土了两枚银锭（不包括上京城故址出土的），一件出土于哈东滨市西南郊区 20 千米处的正红旗四一屯，另一件发现于哈尔滨西郊的四方台。前一件银锭正面加盖有"使司"二字，故而名之为"使司款银锭"。这枚银锭，呈砝码形，扁平束腰，边缘为水波纹状，银锭长 14 厘米，首宽 8.5 厘米，腰宽 5.5 厘米，厚 2.5 厘米，银锭上刻有"伍拾两""行人唐公原""□□称"的錾文，并加盖上"使司""赵思义"等戳记符号。后一件银锭的正面錾有"大定路课"字样，故名为"大定路课银锭"。此外，还有"临纳于□、库使李□、库副魏□"、"丙辰年"及"银匠王□、银匠刘□、银匠□□、银匠李□"、"秤子李秀、秤子陈下、秤子孙义、秤子田春"等錾文，并有"□□库""库"的戳记。

③"承安宝货"。这是 1982 年黑龙江省人民银行在哈尔滨收到的几枚金代银质货币，其形状与上述银锭样式基本相同，亦呈砝码形，束腰，边缘处錾以水波纹，正面錾有"承安宝货壹两半，库立部"字样，重量是银锭的五十分之一，背面无文字，沙眼较多。银币长 48 厘米，首宽 3.7 厘米，束腰宽 2.1 厘米，厚 0.5 厘米，重 58.8 克。

哈尔滨地区发现的"使司款银锭"和"大定路课银锭",证明了这一地区的金银行会组织早在金朝就很发达。"使司款银锭"上錾有"行人唐公原"字样,所谓"行人"就是参加同业商行的工商行户。官府为了确保银锭铸造的技术和重量,在使用支付前必须在银锭上錾出有关行人、银匠、秤子的姓名及刻重,即使在流通中,也要有银匠和秤子的同时錾名,否则不能支付。"大定路课银锭"上錾有四个银匠的錾文和对等的人錾文,就说明了这一点。这两枚银锭刻重"伍拾两",与《金史·食货志》中关于"银每锭五十两"的记载相符。使司款银锭的出土地点是哈尔滨市西郊的运粮河,这条河上通松花江,下达阿什河,是通往金上京的一条重要漕运线,肇州所产的食盐就是通过这条河流运抵上京的。20世纪80年代哈尔滨市文物管理站及松花江地区文物普查队,对这条河流进行了考古调查,结果在河流两岸发现了排列有序的金代古城址和遗址。运粮河与松花江相接的河口之西北与金肇州故址(肇东县东八里古城),遥遥相对。据《金史》所载,肇州曾设漕运司。漕运专指从水道将所征粮食、食盐等运往京师。肇州盛产食盐,故从肇州运往金上京的主要是食盐。"大定路课银锭"上的"大定路"即为大定府路,也就是北京路,说明了地处东北边陲的哈尔滨地区在800年前的金代即与中原地区发生着频繁的经济贸易往来,证明金代哈尔滨地区城市的货币流通与商品经济是十分发达的。

上述这些金代哈尔滨地区商品经济的发展与存在,说明了该地区的城市经济的发达。哈尔滨地区还出土了许多与商业活动有关的遗物,如出土的铁叉、铜叉,刻有商业店铺名字的铜器、银器,如上京翟家、邢家字样的银镯、铜镜等,还有负责管理商业、手工业的政府机构,如"警巡院验记官"等。中原地区生产的各类瓷器的发现,也说明了中原与此地商品流通的关系。另外,在这一地区还发现了西夏、高句丽铜制货币,证明了哈尔滨地区与西夏、高句丽也存在着商品交换的可能性。

(2)手工业。

我们知道,手工业产品的生产与城市居民生活密切相关,它是古代城市经济最重要的部门之一。城市手工业,大多数是为统治阶级贵族服务的。官办手工业作坊有制衣、绫锦、瓷器、酿酒等,而专为城市居民服务的私人手工业作坊有金银铺、药铺、裁缝店、工匠铺、屠宰场、锻铁铺等。

①铁器锻造业。哈尔滨地区的古城周围出土过大量金代铁器，其种类繁多，大多为生活用具，有剪子、锅、菜刀、熨斗、杈、门鼻、拉手、钥匙、铁钉、刀子（小刀）、锁、铺手、门枢等。生产工具，有锹、镐、镰刀、铁锤、锄、杈、铧、镬、铡刀、堞叉、凿、斧、锯、锉、抹泥板、铁钩、铲、刮皮刀、钳子、马镫、烙马火印、车钏、车辖、马嚼子。兵器有刀、矛、镞、铠甲片、铁蒺藜等。金代哈尔滨地区铁器的广泛应用，为我们探讨这一地区生产力的发展水平对城市经济所起的作用，提供了不可多得的重要资料。先进生产工具的使用，必然会推动农业耕作技术的明显进步。大量铁制品的出土，说明在城市经济中为农村生产及城市居民生活用具的制作与加工的技术已经达到了很高的水平。

②陶瓷制造业。陶器和瓷器是古代城市居民生活中的必需品之一。从哈尔滨地区古城出土过大量金代陶器和瓷器的现象上看，当时的城市居民生活用具主要是使用陶器和瓷器。不过瓷器和陶器的使用似乎有着严格的规定和等级的划分。例如，古城内较大的宫殿建筑遗址上北宋"五大名窑"产品的瓷器残片俯拾可得，而在一般的居址上则以陶器残片居多，即使是偶尔发现有瓷器残片，往往也是粗糙不洁的民间产品。瓷器在哈尔滨地区出土很多，近些年来由于基本建设的开发，在全市区内经常出土瓷器的窖藏。20世纪80年代末，香坊区一次就出土金代窖藏瓷器几百件。笔者认为，如此众多的瓷器（而且没有使用过的痕迹）拥有者，很可能是经营瓷器店铺的老板。陶器和瓷器的种类十分丰富，陶器有陶盆、陶杯、陶碗、陶钵、陶缸等；瓷器有盘、瓶、钵、枕、罐、碗、碟等，在成高子火车站和黄山附近还发现了金代烧制陶器的窑址。

③有色金属加工业。哈尔滨地区的金代古城附近还出土了大量精美的有色金属制品。有纯金、镀金带镑，纯银、包银制品，也有铜镜、铜印。哈尔滨市的香坊地区金墓和小城子金墓及平房金代墓葬中出土了大量的金耳坠、金指环、金花饰、金列蝶（腰佩）、金带镑、金盖顶。银器有银杖（骨朵）、包银铜带镑、镏金银质马鞍等。铜器有铜锅、铜盆、铜盘、铜勺、铜筷子、铜嘎拉哈、铜镜、铜壶、铜人、铜像生、铜牌饰、铜带镑、铜扣、铜象棋、铜佛、铜马具等。这些文物的出土说明哈尔滨地区城市有色金属加工行业也是非常普遍的。

④纺织业。在哈尔滨地区的金代古城附近还出土了纺织用的石制、铜

制、骨制的纺锤。根据《大金国志》记载，哈尔滨地区的女真人"土产无桑蚕，唯多织布，贵贱以布之粗细为别"。哈尔滨地区巨源乡小城子村发现的金代齐国王完颜晏夫妇合葬墓中，出土了女真人制作的服饰。其中有头（巾）锦袍、绢衣、夹袜、套裤、棉裙、腰带、接针、套针、钉针等。由此可以看出，金代哈尔滨地区的女真人服饰与纺织精品的发现，证明了当时城市经济与文化正处在繁荣阶段。

⑤骨石工艺加工业。哈尔滨地区的王岗金墓及香坊、南岗、小城子、一曼街等地的金代墓葬中还出土了大量玉器雕刻和骨雕、石雕产品。玉雕品有青玉镂空衔莲天鹅、玉柄佩刀、玉带、玉嘎拉哈、玉鸟、玉双鹿、玉双凤。石雕有石羊、石虎、石人、石灯幢、石望柱、水晶石嘎拉哈、赤铁矿石饰、玛瑙珠。骨雕有骰子、骨嘎拉哈等。这些精美的玉石雕、骨雕产品显然是出自城市手工业工匠之手。

⑥城市建筑业。在哈尔滨的莫力街古城和小城子古城、平乐古城、松山古城等地散布有许多金代城市建筑饰件的残品。其中有兽面瓦当、筒瓦、板瓦、青砖、滴水、望兽、琉璃瓦、牡件纹墙壁砖等。可以想见，哈尔滨地区的金代建筑在当年一定是殿阁崔嵬，一片壮丽的景象。古城的营造法式和建筑饰件都说明了当时建筑业的技术水平之高。除此之外，哈尔滨地区的农业及家畜饲养业以及饮食服务业，人力车、马车及造船业等都十分发达。

综上所述，金代的哈尔滨地区已经具备了古代城市的各种条件，并形成了金上京近畿之地北部的城镇网络。丰富的考古资料证明了哈尔滨地区的金代城镇文化已经形成。

第一，大量金代窖藏铜钱的出土和发现，说明了哈尔滨地区古代历史发展阶段中商品经济的发达，并达到了空前繁荣的局面。尤其是银锭课税银和"承安宝货"银币的发现，都深刻地表明金代哈尔滨地区是金上京京畿之地重要的大宗贸易集散地。

第二，各种金、银、铜、铁、玉、石、木器、陶器、瓷器、青砖、大型板瓦、筒瓦及其各种铁制生产工具和生活用具的出土，以其不可否认的历史真实说明了当时手工业异常迅猛的发展，并与商业的繁荣并驾齐驱，手工业与商业的繁荣是城市经济与城市文化生活的主要标志。

第三，从古城规模和城镇布局上看，阿勒锦城与莫力街古城均有高大的城墙，城墙是按照非常标准和营造法式建筑而成的。在城门处用了大量的青砖和各种瓦。城墙上面还附设有雉堞和角楼，城垣外面附有宽而深的城壕，并引阿什河水入护城河。城内的青砖、碎瓦遍地皆是，说明当时城内有雄伟而高大的建筑和宽阔而整齐的街道，规整的城市街道布局至今仍清晰可辨。城外分布有连成一片的遗址，说明当时的城市已不仅局限在城垣之内，而是打破了城垣的限制。繁华的商业区和集市及古码头分布在城址的西部靠近阿什河一带，显然这与河道码头的位置紧密相关。这一带曾出土了数千枚货币，表明交易的发达和商品经济的繁盛。1982 年笔者在考察这座古城时，据当地的群众介绍，在阿什河附近还出土过大量的粮食。这很可能是仓库区或专为储运漕米的地方。

古代的"城"与"市"并不是一个统一的概念。关于"城"，在《管子·度地》中说："内之为城，城外为之郭"。古代的城是指在一定的地域上围起来用作防御的城垣。"筑城以卫君，造郭以守民"。从哈尔滨地区金代古城内外均分布有大量的遗址看，说明当时的城市贸易场所已打破了城垣界限。所以在计算哈尔滨古代城市规模时不能仅仅以城墙的范围为准，而应该把与城墙连在一起的遗址全部包括在内。其实，宋代以后我国城市变化的一个普遍规律就是城与市之间打破了城垣的概念。

第四，金代哈尔滨地区的交通已经形成了地方性的交通枢纽。以阿勒锦城为例，由此向南沿阿什河由水路和陆路可直达金上京城。从阿勒锦城沿阿什河顺松花江而下可直达五国城。当时金上京地区所食用的鱼，均是从五国城运来。从陆路向东沿松花江渡蜚克图河可直达乌河河口古城的金代曲江县。由此向北渡松花江从呼兰河口入呼兰河（金代称呼刺浑水）可通往金代北部的边疆重镇——蒲与路（今克东县境内）。再从此地入松花江溯流而上可直达金肇州，还有通往金泰州的路线以及通往中原地区的水陆并用的交通线。通往胡里改路的交通线均可以从此地出发通往各地。

归纳起来，金代哈尔滨地区的交通特点有二：一是发展水路和陆路联运交通，并充分利用哈尔滨地区自然环境的特点发展交通事业，为商业的繁荣和城市经济生活的需要提供了便利条件；二是交通工具发达，除马匹外，还有马车、牛车、人力手推车、舟船、狗拉爬犁、滑雪板等。尤其是造船业十分发达，据《金史》记载，一次运往肇州的粮食就达"三百余艘"。

五　确定哈尔滨城史纪元起始于金代的直接证据——建元收国四象石尊发现的学术价值与重要意义

金代"建元收国"四象铭文石尊于 2006 年 6 月出土于哈尔滨市阿城区金上京附近小城子村东约 300 米处的阿什河的河床内，现收藏于黑龙江省龙江龙企业集团的博物馆。这是近百年以来，在黑龙江省乃至全国所发现的众多金代文物中弥足珍贵的一件重器。最近，许多学者对这尊石尊进行了多角度的研究。因其形状如尊，又采用了玄武岩石的材料，经人工凿刻而成尊器，并在石尊的下部（接近底部的位置）刻有"承命建元收国子日典祀"十个铭文汉字，故许多学者将这一石尊称为"建元收国"铭文石尊。笔者认为，这种称谓并未能反映出石尊所代表的全部内容，因为人们只是对上面的 10 个汉字铭文给予了特别的关注，却忽略了石尊上面的具有四象、四神、四灵意味的图案。石尊上面的四象、四神、四灵图案，不仅说明了中原传统文化对东北古代民族的深刻影响，而且表达了东北地区古代民族女真人或渤海人在文化理念上全面接受了中原传统文化的四象、四神、四灵思想，并且在四象、四神、四灵的主题内容方面完成了创新与嬗变。因此，我们应该重新修订对此石尊的称谓，它的正确称谓应修订为"金代'建元收国'四象铭文石尊"。此外，石尊出土的地点与金上京城，祖庙，朝日庙，亚沟石刻，金太祖，太宗合陵，按出虎水与海古勒水的发源地均在同一条中轴线上，这种神秘的现象透视出石尊背后更多惊人的文化内涵。本章根据这件代表着金源文化的瑰宝和圣物所表现出来的神秘文化内涵进行深入探究，以其使各位目睹石尊者，对逝去的渤海文化与女真文化，乃至金源文化引起思索和记忆的兴趣，故作抛砖引玉之文。

1. 金代"建元收国"四象铭文石尊出土地点的考察

据收藏者黑龙江省龙江龙企业集团总裁、著名收藏家刘国仁先生介绍，金代"建元收国"四象铭文石尊于 2006 年 6 月出土于哈尔滨市阿城区阿什河街小城子村附近的阿什河左岸河道中。石尊出土的直接原因，并非考古发掘所导致的结果，而是小城子村民在挖掘阿什河河道中的淤沙时偶尔发现。当时与石尊同时出土的还有一个玄武岩石的石座，村民们认为那个石座既没有文字也没有纹饰，便被村民当场推到了阿什河里，只保留了这尊带有文字和纹饰的石尊。他们认为，这尊石尊可能是一件重要的历史文物，随即将石尊送到了黑龙江省龙江龙企业集团的博物馆，经过著名的历史文物收藏家刘国仁先生初步鉴定为重要的金源历史文物，并以重金收藏了这件石尊。那件被村民推到阿什河里的方形石座很可能就是置放这件石尊的石座。

石尊的出土地点看似平常，但是如果把石尊出土地点与其周边的地貌特征和历史遗迹的分布相联系，这件石尊出土的方位和地点则显示出极不寻常的奥秘。笔者根据金源文化的地方史学者丛国安、高大鹏先生对石尊出土地点考察后所绘制的"金代建元收国铭文石尊出土地点方位示意图"，对其石尊出土地点的重要意义及其邻近周边地区的金源文化遗存进行了深入的研究。2009 年 4 月 28 日，笔者与黑龙江省民族研究所所长都永浩研究员，在金源文化学者刘国仁、丛国安、高大鹏先生的陪同下对金代建元收国石尊出土地点进行了实地考察，并得出如下几点看法。

其一，石尊出土地点与小城子古城址的关系。

从阿什河流域金源文化遗存的分布图上看，石尊出土的准确地点濒临阿什河中游的左岸，恰好在阿什河的古河道中，并被河床的淤沙所掩埋。石尊的正西方向约五六百米处就是金代小城子遗址，石尊出土地点恰好与小城子金代古城遗址唯一东南门相对，并与小城子东门处在同一条中轴线上。众所周知，小城子金代古城距离金上京城南城（皇城）东墙仅 1000 米左右，并且恰恰处在南北二城之间的接合部。如果出皇城北门向东，有一条直接通往金上京城南城东墙体中部城门的土路，直达小城子城下。小城子古城仅有一处城门开辟在古城的东南角处，从保存的遗迹上观察可以推测城门是由夯土版筑而成的瓮门结构，瓮门结构的遗迹非常鲜明，在进入城中两侧的墙体上建有高大城阙。小城子遗址与其他金代古城或金源地区的古城遗址最大的不同，就是此遗址中虽然出土了大量金代的砖瓦和黄、绿色琉璃瓦等皇家高等级的建筑饰件外，几乎不见一般的生活用具与生产工具，并且这座古城仅开东南一门，城门建筑颇为壮观和规整，这是目前金代古城中仅见的唯一开辟东南门的古城，说明这座古城具有特殊的功能和作用。目前从城门两侧存留的高大土阜上看，可以推断出这是一座具有皇家宗庙式的封闭式建筑。小城子古城呈长方形，南北长而东西窄。古城内排列着东西向的宫殿式遗址多处，并且面向东方。出土的琉璃瓦、琉璃砖和大型的布纹板瓦、筒瓦及各种饰以兽面纹、人面纹的瓦当非常规范，完全不同于金源地区其他古城所见的同类金代建筑饰件。20 世纪 80 年代，居住在小城子内的村民为了大搞农田基本建设和便于耕作，用推土机平整了小城子古城内的宫殿式遗址的高大土丘，在这些土丘里出土了大量的金代建筑饰件与各种龙纹砖等。此外，在小城子古城中还出土了许多高品级的金、银、玉器等金代礼俗文物。总之，学者们一致推断小城子古城的性质属于金代皇家宗庙或太庙之类的建筑具有一定的道理。同时，2006 年 6 月在小城子古城遗址正东五六百米处发现的这件"金代'建元收国'四象铭文石尊"，更进一步证明了小城子古城属于皇家宗庙一类建筑的推断是非常正确的。笔者在考察小城子周边历史遗迹时，发现石尊出土地点与小城子之间有一处较大的楼阁式（或亭台式）建筑遗迹。这处遗迹距小城子古城约 300 米，并正对小城子东南门的城阙正中央位置。遗址上出土了大量的布纹瓦青砖、绿色琉璃瓦等遗物。村民房屋附近还有大量从遗址中出土的沟纹青砖砌成的砖墙，地面上散落有花岗岩方型柱础等遗物。遗址的面积约在 50 米 × 50 米，遗址上很少见生活用品与生产工具，更不见金代古城遗址中常见的灰陶罐、瓷器残片、铜钱以及滴水等。从出土的琉璃瓦残片来推断，这处亭台式建筑当与小城子古城或石尊出土地点有关。由此处遗址继续向东约行 200 米就是阿什河的古河道，也就是石尊出土地点所在地。我们推测这处遗址很可能就是置放"金代'建元收国'四象铭文石尊"的亭台式建筑。从小城子遗址东南门，经由亭台式建筑，直到阿什河畔石尊出土地点的大地上均分布着大量的金代布纹板瓦、筒瓦等遗物，说明从小城子到阿什河畔均有金代的建筑，可能是专供皇帝出皇城施行祭祖朝拜的回廊式建筑。如果小城子古城是金代祖庙（或称太庙）的建筑，那么这处遗址就是专门置放在祖庙东侧祭祖朝拜石尊的亭台。

其二，石尊出土地点与金上京城南城（皇城）及其胡凯山、亚沟石刻的关系。

这件石尊很可能就是专门设置摆放在祖庙之东侧阿什河畔的一件祭拜祖先创业之功的重器，石尊当为盛水或盛酒之类的礼器。因为，女真人有在江河侧畔酹水（酒）而拜的习俗。每年金朝皇帝举行祭祖祭天大礼之时，首先以酹水（酒）祭天、地后，再从石尊的出土地点步行至小城子内供奉的祖先神像面前焚香祭拜。那么，石尊的正东方向当有与之礼俗相关的重要遗址。考查今天阿什河流域的金源文化遗存中，石尊出土的正东方向正是金代早期皇陵区——帝王谷（笔者认为金代早期的山陵当称为帝王谷）的所在地，即今天的松峰山金代道教圣地和老母猪顶子山，亦即金太祖完颜阿骨打与金太宗完颜晟乞买的合陵胡凯山的所在地。我们可以明显地看出，从金上京城的南城经过小城子古城和石尊出土地点向东，有一条垂直的通往金代帝王谷之最高陵位的太祖太宗合陵的中轴线。在这条中轴线上由西向东分布着金上京南城（皇城）—小城子（祖庙）—石尊（典祀礼器）—刘秀屯（金代朝日殿遗址）—金代亚沟石刻（进入帝王谷的先祖神像）—大型金代陵墓区—胡凯山（合陵与金代著名道教圣地）。多年来，我们对小城子古城的性质、亚沟金代石刻的用意，以及老母猪顶子山上的金代大型合葬陵墓、松峰山金代道教圣地一直都存在着无休止的争议，石尊的出土可以把这些遗址存在的相互地缘关系并列在一起进行新的思考和研究，得出的结论显然令人吃惊！我们知道，今天的松峰山和胡凯山既是金代皇陵区，又是阿什河的河源所在地。阿什河就是金代的按出虎水，又称安春水、阿出浒等，"安春"女真语意即为"金"，安春水发源于金代建国的王陵之地，河水之源与女真肇兴发端于此，二者合而谓之，乃"金源"之本意。石尊作为祭祖祭天的重器置放在阿什河畔当属必然。建元收国，国号大金还有应对中国传统文化中的五行德运相生相克的含义。所以，《金史·太祖本纪》载有：

> 收国元年正月壬申朔，群臣奉上尊号。是日，即皇帝位。上曰："辽以宾铁为号，取其坚也。宾铁虽坚，终亦变坏，惟金不变不坏。金之色白，完颜部色尚白。"于是国号大金，改元收国。

这里，阿骨打所说的金能克铁的含义喻指为金（女真）能克辽（契丹）国。此外，金，在五大金属"金、银、铜、铁、锡"中，以金为首，不易变坏变色，并把这种金子的耀眼光芒与女真族的崇尚白色相联系，故取"金"为国号，至此"大金"与"金源"之意甚明。石尊的位置既符合女真人崇东拜日和尚白之俗，也有典祀金源之地及女真先祖山陵之意，当为敬天、敬地、敬祖之三者合一的思想理念的完整表达。笔者推断，石尊出土地点很可能就是阿骨打当年起兵反辽，祭祖敬天、酹酒而拜之地。金代的朝日殿，即今刘秀屯北侧的一处重要遗址，是设置在阿什河右岸的崇东拜日的专门场所。由刘秀屯遗址向正东即亚沟镇所在的山地，由亚沟镇出发的东侧山地就是金代亚沟石刻的所在地。亚沟石刻为一对女真族男女的夫妇像，可能是女真人先祖的石刻画像，由此向东直到金代王陵的胡凯山之间，分布着女真早期贵族或先祖的大型墓地。亚沟石刻当为女真人进入祖陵区祖先图腾的标志性石刻画像，其寓意表示着对先祖的无限崇敬之情。由此向东则是大岭镇的大型金代古墓、料甸乡金代古墓、金代胡凯山合陵大型墓葬、金代大型道教遗址松峰山太虚洞遗址、小岭乡的金代大型炼铁遗址等。

其三，石尊出土地点与阿什河右岸的半拉城子遗址的关系。

在石尊出土地点的偏东北方向上，还有一处重要的遗址与"铭文石尊"隔河相对，即所谓半拉城子遗址。这是一处建于辽代女真族的早期城址，不规则的城垣和出土的具有早期女真时期的文物，向人们昭示了此城当建于女真人"建元收国"，国号大金（以前的历史）。20 世纪 40 年代伪满洲国阿城县长周家碧先生曾对半拉城子进行过考证，他认为："半拉城子可能是女真建国前政治统治中心。金代四世祖绥可最初从居海古勒水之所。"也有专家认为此城为会宁府的前身——会宁州，还有学者推定此城为契丹旧城会平州。但是，究属金初何城？确切结论尚待新的考古发现和深入研讨。但是，由于金代四象铭文石尊的发现，小半拉城子的地理位置，以及其所显示的重要性尤为特殊。小半拉城子位于金代石尊出土地点的东北方 1500 米的阿什河畔的半拉城子，西濒阿什河（即按出虎水），西南距金上京城故址近 4 千米。此城址极不规则，多转折弯曲，南北长约 800 米，东西宽约 600 米，周长为 3000～3500 米，是金上京城周边较大的一座古城址。该城损毁严重，城墙大部分被夷为耕地或为公路、铁路所占用。西部城墙大半被阿什河水冲毁，"半拉城子"的称谓即由此而得名。这座城池虽然偏离了从上京南城—小城子—石尊—亚沟石刻—胡凯山的这条重要的中轴线，但仍然属于离这条中轴线最近、最大的一座城址，应是女真人较早修筑的城寨之一。由此城向东便是连绵起伏的张广才岭余脉，小城子的南、北、西三面均被大、小海沟河与阿什河环绕，形成了三面临水、一面靠山的地势，城址就坐落在这三条河流汇聚的冲积性平原上。当时的阿什河曾经是作为半拉城子的屏障而阻隔着从松嫩大平原方向的来犯之敌，女真人越过阿什河把政治中心从阿什河流域的右岸移动到河流的左岸则是一场重要的革命性飞跃。一方面显示了女真人军事力量的强大，另一方面则代表着女真人走出金源的半猎、半牧、半渔、半采集的森林生活，而进入一个具有高度农业文明的都市生活状态。这种经济方面的转型直接导致女真社会的巨大变化，那就是直接接受辽与北宋王朝所留下的所有政治、经济、文化、军事遗产，变家为国、变臣为君、变奴为主的一场空前的转变。在半拉子城址中，出土了一些金代的砖、瓦及石雕和建筑构件，而且历年来都有辽、金、元等重要遗物出土，如金代的铜镜、官印、金银器、农具、玉石雕件、金代宝相花纹黄金带铐、铜火铳等。说明这座城址的品级具有不可忽视的重要性，以及距离金代"建元收国"四象铭文石尊如此之近的关系。

其四，石尊出土地点与刘秀屯发现的金代朝日殿遗址的关系。

2002 年，为了配合绥芬河与满洲里之间高速公路的扩建工程，黑龙江省文物考古研究所对哈尔滨市阿城区至尚志市沿线进行了文物普查，结果在金上京城东侧小城子正东方向的阿什河对岸的刘秀屯发现了一处金代大型建筑遗址，随即对这处遗址进行了考古发掘。经初步考古发掘和探查发现，这是一处重要的具有宗教意义的大型郊祭殿址。经发掘与钻探得知，殿基址朝向正东南，并由主殿（前殿）、过廊、后殿、正门及回廊组成，占地面积达 5 万余平方米。考古工作者对主殿、过廊、后廊和东北角回廊进行了发掘，揭露面积达 1 万平方米。正门位于东北回廊正中；主殿与正门对称，位于西北回廊正中；后殿位于主殿之后；过廊为连接主殿和后殿之通道；回廊呈正方形，边长 184 米。主殿台基全部夯筑且高于地面，四周以多层青砖包砌，墙基宽约 1.3 米。其规模庞大，面积 3823 平方米，结构复杂，由正殿、露台、两侧夹屋和后阁组成，总体布局呈对称多边形。正殿呈长方形，面积 2100 平方米。表面清晰可见、排列有序的刘秀屯殿基址是我国传统礼制建筑的罕见实例，它的发现与发掘，对研究宋金时期政治体制、宗教信仰、风俗习惯以及建筑风格等，提供了不可多得的第一手资料，在中国建筑史上亦占有重要的地位。最近有专家推断，刘秀屯发现的金代大型殿基址可能是金代设置在金上京城东郊的朝日殿遗址。金代石尊的出土地点恰好在这处朝日殿遗址的阿什河支流的对岸，石尊与刘秀屯遗址当属同一种性质或金代礼俗文化。石尊属于建元立国典祀祭祖的重器，而刘秀屯遗址则是金代实行拜天行礼的朝日殿的场所，二者隔河相望并与小城子金代祖庙遗址在同一中轴线上，更显示出石尊出土地点的不同寻常。

其五，石尊出土地点与阿什河的支流海沟河的关系。

海沟河即《金史》中记录的女真人最早定居的海古勒水的谐音，今阿城区内有大、小海沟河均发源于东部大青山山区和老母猪顶子山，并与金代合陵的所在地同处一个山脉，均为阿什河与大、小海沟河的发源地。在石尊出土地点附近，除了阿什河的干流外共有三条阿什河的支流在此汇合，即大、小海沟河与发源于金上京城南部山区、今五常市境内的阿什河支流。这些河流的冲击作用形成了今天阿城市阿什河流域两岸的丘陵式的原野，女真人依靠这些纵横交错的河流与发达的水路交通选择了在这一地区修建他们的都城、祖庙、山陵、朝日殿，以及各种礼俗完备的设施建筑。金代"建元收国"四象铭文石尊是一件女真人先祖传承下来的重要礼器，它不同于一般意义上的九鼎之尊，它是渤海靺鞨人与女真人经历了数百年的努力变家为国的历史见证。如果从民族谱系上说，这件石尊不仅是渤海人、女真人的重器，也是历史上女真人传承给今天满族人的圣物。

总之，从金代"建元收国"四象铭文石尊出土地点的周边重要遗址遗迹上观察，石尊出土并非偶然，尤其是出土地点正是辽代女真与建国后女真人祭祖、祭天的重要场所之一。更为重要的是，石尊与金上京南城（皇城）祖庙、朝日殿、亚沟石刻、金太祖与太宗的合陵等遗迹同处在一个中轴线上，石尊是女真人在举行开国典祀时"酹酒（水）祭拜天地与祖先"的重要圣物。尤其是这条中轴线，几乎把女真人的都城、祖庙、拜天、山陵、崇东拜日排成由东向西的序列，则是非常值得研究的文化现象。

2. 金代"建元收国"四象铭文石尊的主题思想与文化内涵

金代"建元收国"四象铭文石尊通体呈青灰色，在阳光下闪烁着浑厚的绿色包浆，并带有玄武岩气孔的锈蚀和斑驳。石尊为圆形直筒式，通高为 63 厘米（7×9 的乘积数，七的数字与四象二十八宿中单象的方位七宿之数相合，而九的数字则与九鼎之尊的天子典祀所用九鼎的数字吻合，此数当是设计者别具匠心的设计）。石尊的口径为 64 厘米（为 8×8 的乘积数，此数恰与易经中的八八六十四爻，以及中国传统文化中的八方、八宇、八卦的思想巧合）。石尊的底部直径为 57 厘米，缘厚 7 厘米，底厚 8 厘米，口沿部略微外敞，并带有唇边，唇边的厚度约为 6 厘米。从石尊唇边的缘底到石尊的底部高度为 57 厘米。由此可见，石尊的制作在尺寸和技术上的要求是非常考究的，它的通高与口径尺寸仅仅差 1 厘米，几乎相等，口径的尺寸略大于通高的尺寸，这是较为罕见的现象。说明在取用石材时，工匠按照严格的规定在近乎方形的石材上进行的制作。石尊的底部与石尊唇部底缘到器物底部的尺寸也恰好相等，均为 57 厘米。这种精确的计算更说明了这一石尊的用途非同一般。

石尊所采用的石材，为暗灰色的密度较高、质地坚硬的玄武岩石，由于使用日久和历史年轮的冲刷，致使石尊的表面呈现出一抹青绿色。这种岩石多产于今黑龙江省牡丹江地区的宁安盘地、牡丹江流域以及镜泊湖附近。此地域是火山喷发后形成大量的玄武岩石的重要地区，蕴藏有丰富的玄武岩石块。女真之先民靺鞨人在建立渤海国时期曾经创造了玄武岩石之文化，并将其发展到鼎盛。其极具代表性的文物，就是渤海人用玄武岩石雕刻而成的石灯幢，现藏于黑龙江省牡丹江市渤海镇，渤海国上京龙泉府的遗址内。玄武岩石具有透水性强、抗打磨、有韧性、不易断裂和脆碎等特点，尤其是在密度较高的玄武岩石上便于施展高浮雕式的凿刻和雕刻技术。这件石尊在选材上，至少具有女真人承继靺鞨先民的传统文化和技术含量的因素。

石尊周身外部的前、后、左、右，按照中国传统文化中的四象、四神、四灵、四方的理念，雕刻有代表着"玄武、朱雀、青龙、白虎"的四方之神像的尊位。值得深思的是，在此石尊上所凿刻的四象形态和具象的四神，则与以往汉唐风格的四象和表现手法的四神有着极大的不同。首先，玄武的神态和表现手法，一改汉唐以来的龟蛇合一的神体，而是用一只神龟做攀爬前行之状，回首吐出一缕祥云，在空中回旋渐变为如意云朵之状。这种以祥云代替蛇身而表现出的玄武之神，不仅具有鲜活能动的艺术感染力，更具有一种特殊的直接表达保佑国家富强、民族昌盛和吉祥如意的象征。从神龟口中脱颖而出的一缕由细渐粗的祥云缥缈的拖带来看，那条代表着玄武神象的蛇身已被这条祥云飘带所替代。此外，我们还可以从玄武岩的材料名称和四象之神体的"玄武"名称相一致的称谓中，看出女真人或渤海人当时之所以选择玄武岩的直接用意，是不言而喻的。这种玄武之神与玄武岩石恐怕不是一种偶然的巧合。神龟口吐如意香云的图案直接表达了"神"的寓意，并于神龟图案下方的十个铭文汉字"承命建元收国子日典祀"的含义相合，预示着由女真人建立的大金王朝不仅是承天之命收复故国，而且具有永葆大金国如意昌盛之意。

石尊上与玄武相对应的正面则是一只做金鸡独立之式的鹤鸟。鹤鸟的整个身体面对东方亦作趋步向前回首凝视状，鹤鸟的神态自然、飘逸、洒脱，傲视远方。在鹤鸟头部长喙的右上方有一朵祥云悬挂在空中，并与鹤鸟形成一体，给人一种鹤鸟如临仙境的意味。在鹤鸟长喙的下方则是表示山川或水波纹的高浮雕图案，显然鹤鸟是趋步于山川之间、飞翔于祥云之下、挺立于天地之间的神鸟，其寓意具有神圣意义的灵禽之躯。尤其是鹤鸟的头上还特别用写实手法刻画出丹顶鹤的头顶红，表现出丹顶鹤的那朵头顶红的突出形态。当然，以鹤鸟来替代南方神灵之躯的朱雀，则是女真人或渤海人对四象、四灵、四神的重新理解和定义。作为中国传统文化中的四灵中的南方之神鸟的朱雀，在这里完全变成了北方民族所尊奉的头上带有顶红的斑纹、象征着朱雀的鹤鸟。众所周知，朱雀亦称"朱鸟"，是中国古代神话中的南方之神，又可称为凤凰或玄鸟。朱雀是传统文化中的四灵之一，和其他三灵一样，是属于南方七宿的总称：井、鬼、柳、星、张、翼、轸。把这几个星座用线连接起来就是朱雀鸟的形状。朱，顾名思义，即为赤色，似火、红色。按照传统的五行德运之说来推演的话，南方属火命，具有火里重生的意境，又有火凤凰鸟之称。在汉唐和高句丽的古墓壁画的四象中的朱雀形象，则往往表现为红色的太阳之中有一只三足乌。《梦溪笔谈》卷七："四方取象，苍龙、白虎、朱雀、龟蛇。唯朱雀莫知何物，但鸟谓朱者，羽族赤而翔上，集必附木，此火之象也。谓之长离……或云，鸟即凤也。"《楚辞·惜誓》曰："飞朱鸟使先驱兮。"王逸注："朱雀神鸟，为我先导。"总之，不管朱雀究竟是怎样的形象，但是有一点就是火鸟、朱、赤、红的色彩则是朱雀或玄鸟的主题。由此可见，渤海人或女真人之所以选择鹤鸟为南方之灵禽，则主要是选择了经常光顾北方的具有象征意义的丹顶鹤作为替代朱雀的象征。当时，渤海人控制的牡丹江下游以及兴凯湖附近的大片湿地均有大量迁徙的鸟类，诸如天鹅、大雁、野鸭、丹顶鹤，以及各种鹳鸟在这里生存繁衍，可能渤海人早已熟知丹顶鹤的习性或被丹顶鹤这种特殊的飞禽所感动，并把它们作为一种图腾信仰加以崇拜，久而久之，丹顶鹤便被渤海人作为一种文化符号固定在四象、四神、四灵的内涵中。把丹顶鹤作为玄鸟或朱雀的象征放在四象中加以崇拜，既说明了东北古代民族对玄鸟或朱雀重新定位和认识，也充分显示了女真人或其先民将中原传统文化中一直以来对朱雀或玄鸟的具象不确定性予以确定和固定。丹顶鹤，又称仙鹤，是我国传统文化中和民间文化中一种象征着延年益寿，长保国泰民安、家族兴旺的含义，在这里则是表达了女真人或渤海的先民对其国家祈福长久不衰之意。

石尊左右两侧的图案更为奇特。我们知道，在传统文化四象中的左青龙、右白虎的神象，在这里被两个雕刻精美的头尾倒悬的摩羯纹浮雕替代。左侧的摩羯浮雕倒悬于石尊左侧，头下尾上犹如悬在波涛之中，头如蛟龙，尾部与身躯均为鱼身。在摩羯的身上有水波纹饰横向漫布周身，犹如在汹涌的波涛中做腾翻之势，这是唐代与渤海国时期较为流行的摩羯戏水的图案。石尊右侧的摩羯图案与左侧的摩羯图案完全相同，所不同的就是与左侧的摩羯图案相反，摩羯呈头上尾下之势。左、右两侧的摩羯图案的躯体上还带有伸展的两翼，一左、一右，上下翻腾，犹如两条硕大无比的神灵，相向洄游在波涛汹涌的海中。这种摩羯戏水之状也可以看作摩羯在云中腾飞之态，因为摩羯虽然在波涛中做翻腾之状，且摩羯图案中又明确的设计出展开双翅的姿态。硕大的翅膀伸展出飞腾的姿势，表现出摩羯这种神物不仅是水中的大神——能够翻腾于波涛之中，而且能够翱翔于天空之上。

摩羯图案又称"摩伽罗""摩羯鱼"。在印度神话中本是河水之精、生命之本，其形象为凶猛无比的"海中大鱼"，又称"鱼中之王"。这种摩羯图案出现在中国古代，可能与佛教的东传有关。东汉至北魏前后佛教随着石窟艺术的逐渐东传，摩羯鱼或摩羯纹的雕刻艺术也随之进入中国内陆。今天我们依然能够在敦煌石窟、麦积山石窟、云冈石窟、洛阳龙门石窟等北魏—隋唐时期开凿的石窟中找到摩羯鱼和摩羯纹的雕刻作品。《阿含经》中形容摩羯为"眼如日月，鼻如泰山，口如赤谷"。摩羯纹在唐代金银器和唐三彩纹样中已经普遍被采用，尤其是北方民族建立的渤海国与辽代的金银器、铜镜、大型建筑用的石雕制品等器物多采用摩羯图案。特别是渤海国时期，还在宫殿建筑上采用了大量的摩羯石雕水口来作为皇权的象征。最近几年，在渤海国上京龙泉府和中京显德府的考古发掘中，还发现了大量修饰在宫殿顶部的摩羯鱼样式的琉璃鸱吻，并与《阿含经》中所描述的摩羯形象极为相似。这说明渤海人已经把摩羯鱼或摩羯纹的图案作为渤海国的皇家建筑、社会生活、宗教信仰、祖先崇拜、文化传统中最为重要的精神意志的象征物固定下来。摩羯图案在唐墓的壁画中、辽代墓葬和渤海国墓葬出土的铜镜中，以及贵族和皇家所用的金银器，如手镯、耳环等也有充分的反映，后来摩羯纹在辽代金银器和辽三彩中也均有表现，说明摩羯图案在那个时代是非常流行的。宋金时期以后这种摩羯纹的装饰却很少再见到。

隋唐与渤海国时期摩羯图案的特点，为长隆嘴，利齿，突睛，鱼身鱼尾，用来象征大海中水族的权威，装饰题材多为"摩羯戏水"和"水波摩羯"。成双或单个的摩羯鱼，在波涛翻滚的水浪之中，或追逐嬉戏，或遨游腾翻，水波与摩羯鱼均具有鲜明的动感。石尊上的这对摩羯，一只倒悬于汹涌的波涛中展开双翅劈波斩浪，另一只则引颈翱翔于空中。为了表现出摩羯的这些灵禽特征，工匠们特意把祥云和山岳置于摩羯的上、下，以表现天地相衬。如从摩羯纹的特点观察这件石尊，其风格和具有的时代特征均有唐、渤海之遗韵。值得一提的是，中国的传统文化中也一直保留着鱼化龙和鲤鱼跳龙门的传说，唐代为李氏王朝，李氏与鲤鱼的"鲤"字谐音，鲤鱼化龙的故事蕴含着李氏王朝为君权神授的意义，因此从唐朝开始流行鲤鱼图案，这种鲤鱼化为龙的含义与摩羯的龙首鱼身的图案具有千丝万缕的联系，更何况摩羯图案是随着佛教的东传而进入中国呢。它的宗教含义与中国固有的"君权神授"思想相互碰撞融合，而成为一种流行的文化图案。皇家采用了龙首鱼身的摩羯图案来装点宫殿和皇家的建筑，而民间则采用鲤鱼化龙的故事来装点自己的生活，并期盼子女沾染龙气以求富贵。在这件石尊上摩羯头部的图案几乎就是龙首的形象，这是一种深受中原文化影响的摩羯图案。

从艺术的角度看，石尊上的四象无论是从构图、造型，还是表现出的工艺手法，以及雕刻的技法都属于精湛之作。神龟、祥云、仙鹤、摩羯，以及用夸张的表现手法所凿刻的水波纹和山脉的每一刀法，均呈现出圆润、简洁和婉约，表现出工匠的高超技艺。尤其是灵禽、动物的神态和悠然的肢体动作，都在这种技法下表现出栩栩如生的灵动之美。

石尊上的10个汉字铭文凿刻的技法与四象图案的技法相比，显得十分不协调，文字显得粗犷而拙笨，而图案则精雕细琢，刀法细腻而流畅，显然不是同时代的产物。石尊四象图案与石尊当是同时代的产物，尤其是"承命建元收国"六字铭文是凿刻在玄武图案之下，而"子日典祀"则是凿刻在代表朱雀的仙鹤下方。可见这件石尊上的10个汉字铭文被分成两部分，刻在四象前后玄武和朱雀的下端，其寓意非常明显的是重北轻南。"子日典祀"是刻在前朱雀的下方，是说明登基大典的时间，而"承命建元收国"则是刻在石尊的后玄武的下方，所表达的主要内容是建立国家的年号，说明了女真人把北方作为最尊崇的地位，"建元收国"的寓意非常明显，就是要收复女真之先祖靺鞨人创立的渤海之国。渤海国是被长期压迫女真人的辽于公元926年所灭，距离女真人1114年建国的时间为98年，近一个世纪。然而，女真人并没有忘记渤海国被辽王朝所灭亡的事实。女真人之所以要强调"收国"的寓意，显然就是想把渤海人拉进其灭辽联盟的大军之中。这是女真人的精英们在全面分析了反辽战争能否取得胜算的重要因素之一，当然女真人采纳了包括渤海人杨扑在内的一些谋士的建议而最终确定下来"渤海女真本同一家"的政治联盟策略。

3. 确定石尊为金代建国重要礼器的主要依据

这件文物出土于 2006 年 6 月，此石尊已有许多国内外专家给予高度评价，并确认为金代开国典祀的重要文物。尤其是著名国际辽金史、契丹文、女真文字专家乌拉熙春教授，对石尊铭文"承命建元收国，子日典祀"的综合考证所得出的确凿结论，是判定该石尊为金代开国典祀的重要依据。乌拉熙春教授对石尊铭文由来的考证精当到位，并从契丹文与女真文字的比较研究中得出了令人信服的结论，本章所做出的所有结论和推论都是对其研究结论的补充和延伸。归纳起来，判定石尊的年代和此件文物的价值，大致有如下几条。

其一，笔者认为，"金代'建元收国'铭文石尊"的称谓，应改为"金代'建元收国'四象铭文石尊"，因为在此石尊上除了刻有 10 个铭文汉字"承命建元收国，子日典祀"之外，更为重要的是石尊周身的外表刻有四象、四神、四灵的特殊图案，并与石尊上的铭文同等重要，应引起学术界、博物馆界、收藏界的高度重视，故建议将其名称改为"金代'建元收国'四象铭文石尊"。

其二，"金代'建元收国'四象铭文石尊"周身所雕刻的四象、四神、四灵图案的内容，与汉唐以来的四象、四神、四灵图案有着很大的不同。其中的玄武已由龟蛇合一的图案演化为神龟回首吐祥云的图案，而神鸟朱雀则被北方民族喜欢的丹顶鹤所替代，左青龙、右白虎已被相向倒悬的龙首鱼身、鱼尾的摩羯图案所替代。这种四象、四神、四灵的变化，是东北古代民族女真人或其先民靺鞨人在接受中原汉唐文化的同时，根据自己的生活环境与文化理念和图腾崇拜的特点，最终完成了对传统四象、四神、四灵图案的嬗变，其中蕴含着丰富的文化内涵和具有十分重要的学术研究价值。四象图案所显示的年代特征，是典型的流行于唐朝或渤海国时期、辽初年的一种图案，因此可以推断这件石尊的产生年代当属女真建国前100 年前后的渤海人的遗物。

其三，石尊上的雕刻艺术和工匠的技法，反映出唐代、渤海、辽三代流行的高超技艺之法。不仅属于精湛的艺术品，更为重要的是石尊的通高、口径、底部、厚度等尺寸的数字，具有非常神秘的文化含量。如通高 63 厘米之数，当为 7×9 乘积的总和，7 寓意为四象、四方的四七二十八宿的星位，9 则预示着九鼎之尊。石尊口径的 64 厘米之数，是 8×8 的乘积数，则蕴含着八方、八宇、八卦的思想。石尊作为一件神圣之物，其尺寸数字与易经中的八卦四象正合，因此定其为重要的礼器或重器当无疑义。

其四，"金代'建元收国'四象铭文石尊"制作的石材，选自黑龙江省牡丹江流域渤海国的上京龙泉府附近的玄武岩石块，利用玄武岩雕刻的技法，以及创作具有深厚主题思想的标志性文化作品，早在渤海国时期即臻于成熟。目前在渤海国上京龙泉府内仍然保存着渤海国时期靺鞨人用玄武岩雕刻而成的石灯幢，说明利用玄武岩石雕刻成重要的礼器和宗教意味的作品是女真先民的一种传统工艺技术和成熟的思维定式。

其五，石尊周身雕刻的四象图案与石尊上的铭文，不是同时代产物的迹象已经十分鲜明。由此可见，金朝建元收国的用意非常明显，即寓意在于收复女真先民靺鞨人所创立的渤海之旧国。从四象图案的时代特点上看，石尊当为渤海国立国之重器，女真人之所以选择此石尊作为开国典祀的圣物，其用意就是在于神化女真灭辽的决心的同时，要广泛地建立起灭辽的联盟。由此也可以看出，渤海国虽然被辽王朝灭亡了将近 100 年，但是渤海人的复国之心是非常强烈的，而女真人则是抓住了渤海人的这一心理，打起了渤海女真本同一家、收复故国的大旗。此石尊中的铭文是女真人建立灭辽同盟这一思想和政治目标的重要体现。

其六，石尊的皮色与呈青灰色并泛有青绿的包浆，向人们昭示了"金代'建元收国'四象铭文石尊"经久的历史记忆，尤其是玄武岩上的点点斑驳更是石尊历经千年风雨剥蚀的重要痕迹。从文物的历史悠久的特点所显示出的"老件重器"的特点上看，当属千年之物无疑。

其七，石尊的出土地点明确，且临近金上京会宁府和金朝初年开国典祀所在地的祖庙所在地。这一出土地点与金上京城址、祖庙遗址、朝日殿遗址、亚沟祖先石刻画像、山陵、合陵、胡凯山等重大金代金源文化遗址，均同处在一条中轴线上，证明石尊出土地点并非偶然，很可能这一地点就是当年女真人"承命建元收国，子日典祀"，行"崇东拜日""酹水（酒）祭拜"之礼的地方。

据上述诸条依据，笔者认定此石尊当为渤海国靺鞨人的遗物，后经女真人之手作为金朝开国典祀，建元"收国"的重器。这一石尊重器的发现证明了女真人在哈尔滨地区建元立国的事实，如果从城史纪元的角度去思考这一问题，那么哈尔滨的城史纪元之日当源于金代建国的 1115 年正月。

六 清代《黑龙江舆图》《黑龙江舆图说》与哈尔滨地名

《黑龙江舆图》（以下简称《舆图》）绘制于清光绪十六年（1890）至光绪二十五年（1899）期间，是清朝末年对黑龙江地区首次系统勘测的重要成果，在中国舆图史中占有一席之地，对黑龙江边疆史地研究也具有很高的学术价值和历史价值。

据《黑龙江将军衙门档案》等晚清档案文献记载可知，《舆图》的绘制缘起可追溯到光绪十五年（1889）。清会典馆于是年上奏称：

> 恭查嘉庆会典，其典、例、图为三，相辅而行……惟舆地一门，今昔情形稍异，关系至切，为用尤宏，亟应重绘。
>
> 惟是各省、府、厅、州、县分并升降改隶，职官增减移驻，盛京、吉林增设州、县，新疆建省，台湾驻扎巡抚，与旧制既多同异，河流迁徙，中外疆界亦屡更定，又会典原图未标经纬线及开方，有省、府、直隶州、厅图，无州、县图，不可不及今详考另绘。

这说明当时的国家局势与嘉庆会典舆图绘制之时相比业已发生了很大变化，边疆形势日益严峻；嘉庆会典舆图体制也亟待完善。因此，清朝政府要求黑龙江将军开始着手对其辖区进行测量绘图。黑龙江将军在光绪十五年十一月接到清会典馆咨文后，于同年十二月拣派候补员外郎、堂主事英寿总办舆图测绘之事，并于光绪十六年在省城设立了总理会典局。继而开始着手对黑龙江流域的地貌、山脉、河流、城镇、驿站、交通沿革等进行调查。特别是光绪二十年（1894）四月，天津武备学堂四名学生对呼兰城进行了科学测绘。但由于黑龙江极度缺少舆图测绘方面的人才，因此前期工作在进行过程中困难重重。屠寄担任总纂后，舆图的绘制工作逐渐有了起色。屠寄，字敬山、静生，江苏武进人，清末民初史学家、教育家、社会学家。光绪十八年进士，曾入两广总督张之洞幕僚，任广东舆图局总纂，主修《广东舆图》，具有丰富的舆图绘制经验。调入黑龙江将军衙门后，开始全面负责《舆图》的编纂工作，任总纂。他就任后，对舆图绘制工作进行了全面部署和分工，并集中培训了十六名学生，分派往各地进行协助勘测。所有地方上呈的绘制成果，再由他对所有内容进行统一整合和汇总。至光绪二十五年，《舆图》在历时九年之后正式绘制完毕，可以说期间历尽了波折和艰辛。① 随后屠寄对《舆图》中绘制的山川、疆域、古城、驿站等地名予以详细考订和说明，遂撰成了晚清黑龙江边疆的重要著作——《黑龙江舆图说》。在该书《总图说》中，屠寄全面系统地阐述了《舆图》中所涉黑龙江的地域范围、山川分布及走向，继而分《齐齐哈尔城》《黑龙江城》《墨尔根城》《布特哈》《呼伦贝尔》《呼兰城》《呼兰厅绥化厅》《入发库门道》《入喜峰口道》等各章节，对《舆图》中绘制的重要城市和交通要道进行了初步研究，具有很高的学术价值。

据《舆图》所绘制的内容可知，在 19 世纪末，今哈尔滨地区已经存在了三个被冠以"哈尔滨"的地名，分别是"大哈尔滨""小哈尔滨""哈尔滨"。据《舆图》标注的里程计算："大哈尔滨"屯距江岸"哈尔滨"渡口约 30 里，"小哈尔滨"距江岸"哈尔滨"渡口约 40 里。其地望当在今成高子及新香坊附近。清宣统辛亥年（1911）由黑龙江调查局绘制的《黑龙江全省舆图》则已明确出现了"哈尔滨"。不仅如此，在清代众多文献档案中，如《黑龙江将军衙门档案》《阿勒楚喀副都统衙门档案》《吉林通志》《黑龙江志稿》等地方志文献中均已出现了"哈尔滨"地名，且知该地名至晚在清乾隆年间业已出现。值得注意的是，来源于黑龙江省图书馆藏《清代黑龙江将军衙门档案》中的珍贵文献档案《清代黑龙江通省满汉文舆图图说》近年被列入了《中国档案文献遗产名录》，该文献是咸丰八年（1858）中俄《瑷珲条约》签订之后，对黑龙江将军衙门及其所属各城、旗舆情况进行核验后形成的原始册籍，以满汉文图说的形式详尽记载了当时黑龙江及哈尔滨地区的山脉河流、民族分布、人户情况、驿站关卡、道路交通、森林植被、文物古迹等内容，于清同治三年（1864）编修完成。② 该文献年代比屠寄的《黑龙江舆图》还要早近 40年，对研究黑龙江及哈尔滨地区历史、地理、考古、人口、民族、军事、交通、自然环境等诸多内容提供了有价值的信息。遗憾的是该文献至今尚未面世，其所绘制的有关今哈尔滨地区的详细情况还有待进一步探究。

虽然目前还未出现今哈尔滨地区在清朝初期的行政建制，但清代黑龙江档案及地方志文献中已多次出现"哈尔滨"地名，清代档案曾记载了松

---

① 张凤鸣、高晓燕、刘刚：《屠寄和〈黑龙江舆图〉的测绘》，《北方文物》1987 年第 1 期。

② 魏黎：《省档案馆馆藏〈清代黑龙江通省满汉文舆图图说〉、〈清代黑龙江地方鄂伦春族满文户籍档案文献〉入选〈中国档案文献遗产名录〉》，《黑龙江档案》2010 年第 2 期。

花江哈尔滨段作为专事为朝廷捕捞贡鱼的场所。不仅如此，自清康熙年间始，为有效管辖东北地区、抗击沙俄入侵，清朝政府在吉林至黑龙江城（即瑗珲）沿线广置驿站。① 哈尔滨正是这条交通要道的重要节点，是连接松花江南北两岸及松花江上游、下游的交通枢纽。哈尔滨地区在当时很可能就是一座重要的驿站。清中期后，随着京旗文化的兴起及周边非农业人口开始大量涌入和聚集，哈尔滨逐渐繁荣起来，并由村屯聚落向城市过渡。清同治五年（1866）七月十三日的《黑龙江将军衙门档案》记载了沙俄军官西尔年瓦斯克等人曾驻泊于松花江南岸的哈尔滨之地。晚清重臣吴大澂在光绪年间督办东北边务期间，亦曾乘船泊于哈尔滨。这说明晚清的哈尔滨已是能够停靠大船的港口。截至 20 世纪以前，近代哈尔滨已经初具城市雏形和规模，而非许多人认为的仍是村屯和荒野。中东铁路的修建则加快了哈尔滨的近代工业化和都市化进程，使其在一二十年间迅速成为一座铁路和河运的交通枢纽城市及国际大都会。

有人曾试图否认《黑龙江舆图》测绘成果的真实性。② 其实《舆图》是一部绘制精确的晚清官修地图，受到清朝最高领导层的关注和批准，并在后期调派经验丰富的史地学家屠寄担任总纂，其真实可靠性不容置疑。透过当时《中俄密约》签订、中东铁路开工在即等国际局势，可知屠寄等人在绘制《舆图》时将标注有"哈尔滨"地名的地图放置于开篇第二页，必有深远的考虑。屠寄在《舆图·序》中讲述了绘图的经历及开销：

> 图凡六十一幅，每方十里，径始于丁酉（1897）六月，告成于己亥（1899）三月。用经费白银三万二千余两，其测绘考订之艰难详……会典馆原颁格式太小，山川地名不能一一详载，则阙略惜，比据第三次底稿详校，付之石印。缩小十分之七……此图详于江左而略于江右。是图凡车马可通之地，则步步详测，呈车马难通而人迹犹可至者，莫不穷幽凿险，而探绘之。

凡此种种，足以证明《舆图》绘制的艰辛和严谨，一些学者质疑其价值是毫无根据的主观臆断，这也说明了"哈尔滨"地名出现的可靠性。

---

① 许铭：《清代黑龙江驿站的特点》，《齐齐哈尔师范高等专科学校学报》2006 年第 1 期。
② 纪凤辉：《〈黑龙江舆图〉与哈尔滨地名》，《学习与探索》1990 年第 4 期。

地名具有活化石一般的重要意义，是人们长期接触自然、观察自然和作用于自然的结果，是沉淀在人们心理上的一种多元的文化复合现象，往往反映着复杂的人群心理和文化传承。清代黑龙江档案及《黑龙江舆图》中出现的"哈尔滨"地名，正是对金代"阿勒锦"及"合里宾忒"、"哈儿分"、"哈剌场"、"哈勒费延"等历代"哈尔滨"地名序列的沿袭，是自觉承续金代历史文化的重要体现。"哈尔滨"地名的出现正反映了人们对自金代以来哈尔滨地名文化背后的历史传承和文明积淀。因此，从地名学的角度来审视哈尔滨的城史纪元，哈尔滨地名的出现无疑说明了哈尔滨城史纪元应始于金代。哈尔滨在清中后期的发展并迈入城市的门槛，实为哈尔滨地区在沉睡了数百年之后，对金代金源地区上京都市文明的复兴。

结　语

由上可知，金代哈尔滨地区是松嫩平原上的交通枢纽，这是由自然地理环境和当时的政治、经济、军事、文化等社会条件和历史条件长期相互作用的结果。哈尔滨地区当时的阿勒锦城以及迷里迭河谋克等城镇，凭借四通八达的水陆交通网络，形成了较强的综合性的物资集散能力、商品交换能力和信息传递能力及军事活动能力的中心，并为拱卫金上京起到了重要作用。

无论从当时哈尔滨地区的人口规模、古城性质、考古发现、交通发展、民族形态、都市文明、地方文献、黑龙江舆图，还是城市手工业和商品经济规模的角度看，都说明金代的哈尔滨已步入都市文明的发展阶段。作为都市文明形态的金上京会宁府遗址的存在，已经充分说明了金上京城的建置年代就是哈尔滨古代城史纪元的标志。

哈尔滨地名"天鹅论"的专家
鉴定及社会反响

1999 年 6 月 6 日,《哈尔滨日报》"社会时空"版著名记者王涤尘对笔者进行了专题采访。6 月 8 日,《哈尔滨日报》"社会时空"版全文发表了王涤尘同志的采访记录,并分别以《十载求索 破八百年之谜》《哈尔滨地名含义有新说 哈尔滨——女真语"天鹅"——著名地方史学者王禹浪向本报记者公布 10 年研究成果》为标题,向社会公布了哈尔滨地名含义为"天鹅论"的考证经过。

继而,关于哈尔滨地名含义的"天鹅论"一时成了热门话题。世界著名女真语言学家金启孮先生和中国著名东北历史地理学家李健才先生、著名金史女真史学家《历史研究》主编宋德金先生、北京考古研究所所长著名金史学家齐心女士,以及省内外的专家学者对"天鹅论"给予了特别的关注。哈尔滨市委宣传部与市社会科学院为此举行了两次省内外专家学者关于"天鹅论"的专家论证会和鉴定会。经过专家组全体同志的讨论和科学的论证,最后确定"天鹅论"为哈尔滨地名含义的"通说"。市委副书记王华放同志对此给予了科学的肯定,并亲自到会参加了专家论证的全部过程。本章主要以纪实的方式将《哈尔滨日报》于 1999 年 6 月 8 日公布"天鹅论"以来的专家鉴定、论证会的过程、结果以及最后确定为通说的依据,以明示各位读者。

一 《哈尔滨日报》"社会时空"版 1999 年 6 月 8 日的整版报道

1999 年 6 月 8 日,在《哈尔滨日报》的头版刊登了以《家乡名称究竟是何含义,一专家研究认为"哈尔滨"原来是"天鹅"》为题目的简讯,并在第 5 版的"社会时空"栏用整版进行了详细报道，现将原文转录如下。

哈尔滨地名含义有新说 "哈尔滨"——女真语"天鹅"
著名地方史学者王禹浪向本报记者公布 10 年研究成果

本报讯（记者王涤尘）第 10 届哈洽会召开在即，众多中外宾客将云集我市。如果外地客人问起哈尔滨地名的含义，您将如何解释？近日，市社会科学院地方史研究所所长王禹浪接受本报记者独家采访，公布了自己的最新研究成果——"哈尔滨"，是女真语"天鹅"。

王禹浪这项历时 10 年的研究，首先从语言学和语音学的角度对金、元、明、清等朝代史料进行分析；在研究了有关"哈尔滨"地名的记载后，得出推论，又从地理学、文献学、地名学、考古学等方面细致考证，获得相应佐证。

当然，作为学术研究，"天鹅"说仅仅是一家之言。但他相信这一最新研究成果不仅会引起学术界的重视，而且会引起广大市民的极大兴趣，从而使大家对我们居住的这个城市更关心，更热爱，更有信心把她建设好。

十载求索 破八百年之谜

本报记者王涤尘

疑团初现

王禹浪涉足哈尔滨地名研究，是由于一个偶然机会。

1989 年，我省一位旅游业人士在东京，与日本《读卖新闻》社著名记者砂村哲也先生会面时被对方提出的"哈尔滨这个名字的意思是什么"这样一个既简单又高难的问题问住。他想到了在此留学的好友王禹浪。砂村先生请他立即联系，并急不可待地约王禹浪次日见面。一见面，砂村先生就单刀直入地请教："哈尔滨地名的含义是什么？"

原来，这位日本友人几乎每年都来哈尔滨旅游观光，却为始终没能弄清楚"哈尔滨"的神秘含义所困扰。

王禹浪对这位心急的日本朋友讲，据当时的市社科所副所长关成和先生研究，"哈尔滨"是女真语"阿勒锦"的标音，含"荣誉""名誉"之义。

砂村的问题，引起王禹浪的深思。这个看似简单的问题，其实却有无数谜团尚未解开。身为哈尔滨人，不知道家乡名称的含义，实在令人难堪。作为一名历史研究工作者，更有揭开这个谜团的责任和义务。从此，他开始了对"哈尔滨"地名的研究。到 1991 年，他的研究已经系统化了。

解读语音

王禹浪认识到，要想解读"哈尔滨"之迷，应从语音学和语言学上有所突破。但这又涉及到档案学方面的问题。因为从《黑龙江将军衙门档案》《黑龙江舆图》《吉林将军衙门档案》等清代档案中，除发现了大量用汉字记载的与哈尔滨有关的地名外，还发现了用满文书写的哈尔滨地名。但这只能证明清代时已经有哈尔滨这个地名的存在，那么，自清代上溯，明代、元代、金代有没有与哈尔滨相关的名称呢？

王禹浪找到金代以后的哈尔宾、哈儿边、哈拉宾、河尔滨、哈儿必、合里滨、库尔滨、哈儿分、哈里宾、科尔芬、哈儿芬、哈勒宾、刺尔滨、合儿滨、喀里宾等一长串与哈尔滨语音相近的名字。

他发现，无论"哈尔滨"一词在历史上呈现多么复杂的字符形态，其语音音素都保持相对稳定，尤其是最后一个字"芬""分""边""宾""温"之间，有惊人的相同之处——韵尾都是"n"。根据语音学的元音合谐律和重音发生律，他得出结论：这是当时标音的人，用带有韵尾"n"的不同汉字来标注同一地方的名字。这正反映了地名语言在时间和空间上的变化与不一致性。他找到了串联珠链的丝线。

破译真意

古老的"哈尔滨"早在金代就以女真语出现，也就是说，满语及汉语都是女真语的注音。那么，女真语中"哈尔滨"的本意是什么呢？

一个发现令王禹浪兴奋不已。权威的女真语翻译工具书《女真译语》及《女真文辞典》中，都表示天鹅在女真语中发音标写成汉字是"哈尔温"！

由于当时中原音韵中没有北方少数民族常发的"嘎"音，所以，在地名中出现的"嘎""喀"等音，基本都写成"哈"、"合"或

"阿"。即使现在，有些口音较重的蒙古族人及满族人，也把齐齐哈尔念成"齐齐嘎鲁"。"尔"则更是具有特色的北方少数民族发音。这个音，在汉字中一般被写成"勒""鲁""尔""拉""里"等。

如果哈尔滨就是女真语"天鹅"的发音，那么，"哈儿温"这一原始发音又有什么内涵呢？通过研究，王禹浪发现了一个奇怪现象：古日语、古朝鲜语及阿尔泰语系的民族中，也都称天鹅为"嘎鲁"。黑龙江流域及松花江流域叫科尔滨、哈拉宾这样名字的地方很多，而阿留申群岛原文的发音，也就是"嘎鲁金"，这许多"嘎鲁"的聚合说明了什么呢？从一个美国人写的书中，王禹浪找到了多年百思不得其解的答案。这本书中写道，迁徙的天鹅像大雁般在天空排成"一"字形或"人"字形时，共同发出一种响亮的鸣叫"Kaloun-kalou！"啊，原来天鹅的鸣叫声就是"嘎鲁—嘎鲁"！原来，这许许多多的"嘎鲁"，都是北方语言中最具鲜明特点的摹声词，"嘎鲁"原来是摹仿动物的声音所起的名字。而黑龙江、松花江流域的广阔湿地与河流两侧，正是天鹅迁徙时的必经之地，而阿留申群岛至今还是天鹅的栖息之地。

多方考证

打那儿起，王禹浪迷上了天鹅。他找遍了图书馆，令他非常遗憾的是，没找到一本国内有关天鹅的专著。他只好见到有天鹅的资料，就马上抄下来。到了有天鹅出没的地方，他也从不忘带照相机，发现心爱的天鹅，马上拍下来，回去研究。看到天鹅的画也要买下来。去年他去日本讲学，顺道去了富士山。与其他游人不同的是，他主要目的不是看山，而是要"探望"一下栖息在海拔200多米的高山湖中的天鹅。

在国内，王禹浪也没放弃搜寻天鹅的努力。最近，他去呼兰请教一位老者，这些年有没有看到天鹅。老者回答说，早年间多的是，现在过路天鹅都是晚上飞，可能怕人打，漆黑的夜色中，只能听见它们的叫声"嘎鲁—嘎鲁"。

看来，从地理环境及动物学角度讲，从前，我市附近的松花江两侧曾有大量天鹅栖息。即使今天，这里仍是天鹅们迁徙的必由之路。

辽金两朝均有"春水秋山"的习俗。意思是，春天的山林中，万物生发、百兽交配。此时只能在水边抓捕天鹅与大雁。"春水"，就是指在松花江沿岸用海东青捕天鹅及大雁的狩猎活动。"秋山",就是指秋天时正是各种果实成熟,动物肥美时进山狩猎。由此看来,黑土先民们早就懂得保护生态资源了。

据王禹浪考证,松花江与阿什河交汇处,地势平坦。这段松花江水势平稳,水域开阔,江水落差较小,缓缓东流。两岸河流纵横,泡泽遍野,适合飞禽鱼虾息居繁衍,是历史上辽金两朝理想的"春水"之地。

从地理学上,王禹浪同样找到了哈尔滨从前是天鹅栖息地的佐证。获得了语言学、语音学、地名学、文献学等一系列的旁证后,"天鹅"说无疑越发具有可信度。不过,王禹浪认为,最宝贵的证据来自我省考古学方面的突破。

1984年,省博物馆在今成高子火车站北侧发掘了一批罕见的金代墓葬。出土文物中引起王禹浪注意的是,几件用白玉雕琢成的形象逼真的天鹅玉饰。此后,我省又发掘了有北方马王堆之称的金代完颜晏夫妇的合葬墓,从这里又出土了镶在帽子上的玉天鹅饰品,王禹浪还对一些个人收藏的金代天鹅玉雕进行了研究,其中一件玉饰雕着一只海东青扑向飞翔的天鹅,这正是史书记载的"春水"的真实写照。玉雕珑玲剔透,刀工精细绝伦。

王禹浪曾预想,既然天鹅曾在哈尔滨附近大量存在,而"春水"在女真人的生活中又如此重要,那么,女真人的生活中必然会有大量天鹅造型的图腾。考古发现验证了这一点。大量的玉天鹅出土,反映出哈尔滨当年天鹅成群、野鸭遍地的情况。

魅力永远

在找到大量证据的基础上,王禹浪认为,现在是将"'哈尔滨'即天鹅"的观点向社会介绍的时候了。但是,他对自己的研究成果仍保持着十分清醒的认识。他知道,研究只能为我市神秘的地考增添一种新的诠释。"哈尔滨"这一地名,也许永远不会有结论性的破解。但是,作为一名历史研究者,王禹浪要求自己应尽可能地接近于历史的真实。

但是,与其他市民一样,王禹浪又迫切地希望家乡拥有悠久的历史家乡的名字有丰富的内涵。"天鹅"说的形成,就是他对美丽的家乡哈尔滨做出的一大贡献!

在同版的"社会时空"栏，还刊登了作者的小传以及"哈尔滨"地名含义的九种说法、哈尔滨出土的金代天鹅玉佩、女真文"哈儿温"、清代哈尔滨地图照片。

二 《哈尔滨日报》公布"天鹅论"后的社会反响与专家鉴定

1999 年 6 月 16 日，哈尔滨市社会科学院、市旅游局和哈尔滨日报社联合组织省内的考古学界、民族语言学界、历史学界、新闻界、文学界、教育界、社会科学界的二十余位专家学者，齐聚哈尔滨曼哈顿酒店，召开了第一次哈尔滨"天鹅说"学术鉴定座谈会。会议由哈尔滨市社会科学院副院长鲍海春同志主持。在听取了各位专家的论证后，由市社会科学院院长贾云江同志作了总结性讲话。

1999 年 6 月 17 日，记者王涤尘又全文发表了各位专家在座谈会上的简短发言，题目为：《学者纵谈"天鹅论"，我省部分专家学者座谈认为"天鹅论"极具历史和现实意义》。同时公布了笔者提出"天鹅论"的主要依据与论证思路。现将全文照录如下。

我省部分专家学者座谈认为
"天鹅论"极具历史和现实意义

这一最新学术研究成果，对提高哈尔滨知名度，推动旅游业发展有重要作用

本报讯（记者王涤尘）本报 8 日以《"哈尔滨"——女真语"天鹅"》为题，独家报道了地方史学者王禹浪 10 载求索，提出了哈尔滨地名含义新说的全部经过，引起社会广泛反响。昨天我省部分专家学者聚集一堂，对"天鹅论"进行了座谈，认为它对推动我市经济和旅游业发展将起到积极作用。

学者们评价说，"天鹅论"是多学科综合研究得出的结论，是哈尔滨地名研究的最新成果，是几代人对此探索的最新阶段。在众多关于哈尔滨地名含义的解释中，"天鹅论"可信度最高，论据最充分，也最具有现实意义。

与会学者一致认为，"天鹅论"对塑造城市形象，增加哈尔滨知名度，提高市民文化品位将起到很大作用，所以极具普遍意义和宣传价值。此次座谈会由市社会科学院、市旅游局和本报联合举办。

学者纵谈"天鹅论"

哈尔滨"天鹅论"及开发我市旅游业学者座谈会纪要

张碧波（著名北方民族文化史专家、黑龙江省社科院研究员）："哈尔滨"一名源于女真人的灵禽崇拜

我完全同意王禹浪"天鹅论"的观点。与哈尔滨地名的其他解释相比，它更具科学性，也更加严密。

这里我只想补充一点，女真族、满族都来自肃慎族。北方少数民族，包括肃慎族和女真族都有灵禽崇拜，也就是崇拜鸟图腾的习俗。他们除了崇拜海东青外，还崇拜天鹅。

张泰湘（著名辽金历史考古专家、黑龙江省考古所研究员）：天鹅玉饰十分有说服力

王禹浪在考证"天鹅论"时，从考古学的角度，引用了大量女真人制作的精美的天鹅玉饰作为证据，这的确能说明当时天鹅在女真人生活当中的重要地位。

辽金时就有"四季纳钵"之制，"纳钵"就是行围打猎。女真人有春天到江边打天鹅的习俗，打天鹅的地点，就在今天的嫩江和松花江交汇处，包括今天的哈尔滨一带。

附：张泰湘《关于哈尔滨为女真语"天鹅"之我见》

哈尔滨为女真语"天鹅"之说系青年学者王禹浪经过10年刻苦钻研得出的科学论断，禹浪同志利用古代文献、考古资料，更重要的是利用比较语言学的材料，在前人探索的基础上得出了科学的结论，它在学术界引起了强烈的反响，对今后哈尔滨的旅游开发、学术研究必将起到推动作用。我认为"天鹅论"最重要的依据有如下几点：

1. 《女真译语》系明代政府为了和东北的女真族进行交往而制定的一本字典，它具有权威性和科学性，在《女真译语》中"天鹅"女真语发音汉文注音为"哈儿芬"，关于这一点王禹浪论文中已有详细论述，此不赘述。

2. 金代在黑龙江下游设有合里宾忒千户所，元代为哈洲，据考证此地应在俄罗斯远东伯力边区黑龙江下游处，附近有一天鹅岛，天鹅经常栖息于此，因而得名"合里宾"，此音最接近"哈尔滨"一词，这也是一条有力的佐证。

3. 辽代、哈尔滨以西松花江大曲折，嫩江下游一带史称"鸭子河"系辽金两代皇帝"春水捺钵"之地，春天，天气转暖，天鹅由南方飞来，皇帝利用"海东青"捕捉天鹅，吃头鱼宴，宴请群臣。哈尔滨一带也应包括在春水捺钵之地。哈尔滨四周的沼泽地正是天鹅栖息生活之所，因此，这也是哈尔滨"天鹅"之说的有力论证之一。

因此，我同意禹浪这一科学论证，他在今后的科学探研中将会越来越完善和充实这一结论。

李东（社会人文学者、哈尔滨工业大学教授）："天鹅论"深藏历史文化底蕴

在城市名称的背后，深藏着丰富的历史文化底蕴。探索和发掘这种文化底蕴，无疑具有十分重要的学术价值。

通过向全社会宣传"天鹅论"，必将对我市的社会、经济、文化发展产生很大的推动作用。现在市场经济日益呈现出文化经济的特征。历史凝聚着文化，文化承载着历史。如何借助本地区、本民族的历史文化养料，培育社会和经济发展的果实，是当今任何有远见的地区和民族都不能不深入思考的问题。我认为，"天鹅论"正是我们可以凭借的培育我市社会和经济发展的历史文化养料。

"天鹅论"的出现，必将为我市的社会心理、城市形象、经济发展等诸多方面，做出极大的贡献。

附：李东《哈尔滨"天鹅"说的文化意蕴》

我认为，作为一个严肃的史学工作者，王禹浪先生的这项研究成果，不仅对于人们认识哈尔滨这座城市的历史具有重要的学术价值，而且对于我们从历史和文化的层面上推动哈尔滨的建设和发展，具有不可低估的现实意义。

在城市名称的背后，深藏着丰富的历史文化底蕴。这一点在我们这个具有几千年文明历史的国家，应当说是一个十分普遍的现象。探索和发掘这种历史文化底蕴，无疑具有十分重要的学术价值。我确信，王禹浪先生的这项成果的学术价值非常大。对此，我不想多说什么，给我的冲击最强的一点是：通过在广大市民中，在全社会的各个方面宣传王先生的这项成果，将会对我们这座城市的社会、经济、文化发展产生很大的推动作用。现代市场经济日益呈现出文化经济的特征。文化已成为推动社会经济发展的最重要的推动力。历史凝聚着文

化，文化承载着历史。如何借助本地区、本民族的历史文化养料，培育这项历史文化研究成果，是当今任何一个有远见的地区和民族不能不深入思考的问题。我认为，王先生的这项历史文化研究成果，正是我们可以凭借的培育我市社会和经济发展丰硕果实的历史文化养料。"天鹅"，这是一个多么美丽的名字！如果说，历史上我们的先人用"天鹅"的鸣叫声形象地称谓这方土地的话，那么今天，我们完全可以从文化的意义上，用"天鹅"这一美丽的名字生动地象征我们这座同样美丽的城市。我认为，从借助历史文化推动城市发展的角度来说，王先生的这项研究成果的意义，可以归结为如下几点。

1. 社会心理学方面：一个迷离的城市名称及其承载着的历史文化底蕴，能够强烈地影响、作用于城市市民的心理，并由这种心理效应出发进而影响到市民的精神面貌、思想意识、性格品质乃至行为与方式。久而久之，便会凝结成城市的文化传统。为什么在外地人眼里，哈尔滨人这么时髦？这么"洋气"？这同我们这座城市习惯上被自己称为"东方小巴黎"、"东方莫斯科"有着十分重要的关系。这是一种社会心理上的暗示效应。这种暗示效应的影响是潜移默化的，并且力量极为强大。如果用"天鹅"这个美丽的名字象征性地隐喻我们这座城市，当它习惯化之后，我相信，在这种社会心理暗示效应的作用下，将会对我们市民的心灵起到极大的净化和升华作用。

2. 从城市形象方面：一个城市的名字也能代表一个城市的形象，尤其是城市的别名，这种形象功能是极强的。现在我们已经有了"东方小巴黎""东方莫斯科""冰城"等一些代表城市形象的别名，但是"巴黎"也好（无奈还得加上一个"小"字）、"莫斯科"也好，那都是借用人家的名字，并且殖民化色彩（文化殖民）太浓。"冰城"虽说也较恰当地反映了城市的形象，但毕竟给人的第一感觉是"冷"，并且是一种地理环境上的形象。"天鹅"是一个多么充满浪漫诗意、尽显雍容华贵的名字！用这种美丽的意象名称称谓我们的城市，将使我们的城市形象显得多么高贵、多么具有绅士风度！这种美丽的城市别名也可以看作我们城市的品牌。在这上面做文章，必将极大地促进城市文化的发展。

3. 从经济发展方面：在人类即将迈入 21 世纪的今天，在世界经济日益全球化的今天，一个地区、一个民族独特的历史文化已经成为振兴这个地区和民族经济的重要资源。越是独具特色的历史文化，潜在的经济价值越大，这一点对旅游业来说更是如此。目前我市已经将旅游业作为振兴地方经济发展的支柱产业来发展。既然"天鹅"就是哈尔滨的历史含义的话，那么，我们正可以此为基点，循着这一历史文化的轨迹，深入挖掘我们先人的历史文化遗迹，丰富我们的历史文化旅游资源，推动哈尔滨旅游事业的发展为振兴地方经济和社会发展做出更大的贡献。

李述笑（著名地方史专家、黑龙江省社会科学院副研究员）：到目前为止，"天鹅论"最能自圆其说

看到《哈尔滨日报》上刊登的王禹浪发现"天鹅论"的报道，感到很兴奋。王禹浪经过 10 年艰苦探索，涉及民族学、民俗学、地理学、动物学等诸多学科外，最重要的，还是语言和语音学方面的发现。我认为，还有必要与这方面的专家合作，将"天鹅"一词的女真语语音转换这个问题进行更深入的研究。

通过研究满文辞典，我认为有一点很值得哈尔滨地名研究者注意：《黑龙江将军衙门档案》是 1864 年记录的，几乎与满文档案同时的 1875 年出版的《满俄辞典》中，满语的天鹅就是"嘎鲁"。

孟烈（著名作家，黑龙江省一级作家）：地名学的内涵和外延都很大

关于天鹅这种珍禽，历史上曾有许多动人故事。无论是柴可夫斯基著名舞剧《天鹅湖》中四个美丽的小天鹅，还是赫哲族民间传说中变成天鹅的美丽少女，还是神话中被玉帝贬到瑶池中当天鹅的缟衣少女，都充满了浪漫的想象。从古至今，人们都把天鹅看成纯洁、善良、美丽的化身。

我完全赞成王禹浪的"天鹅论"。我认为，他的证据很充分，不是穿凿附会之说。"天鹅论"的内涵和外延有利于树立我们城市形象，发展我们的城市旅游业。从这点看，地名学的研究对于我们今天的服务价值很大，一个地方名字的内涵极其重要。举例来说，珍妃井，单从外观看，它不过是一口普通的井。但由于有了这个名字，就会使人联想起光绪与珍妃缠绵悱恻的爱情，联想起慈禧和光绪的帝党、后党的残酷斗争。

刘兆民（哈尔滨市社会科学院研究员）："天鹅论"是巨大的无形资产

"天鹅论"的发现是我市的一件大事。从研究角度看，"天鹅论"经过了分析、考证，很有说服力。我认为，不管学术界今后如何讨论，把美丽的天鹅作为我市地名的解释，会获得哈尔滨人的认可。

我认为，根据"天鹅论"，我市应当发展具有天鹅特色的旅游文化，如有可能可以造一个人工湖，放养一些天鹅。有朝一日我们的环境改善了，再飞回来一些野生天鹅就更好了。

"天鹅论"对历史和现实的意义都非常重大。从社会科学，尤其是地方史的角度看，它能够直接对现实和未来的经济发展产生作用。我们应该以此为契机，设计一个哈尔滨天鹅旅游的发展战略，其中包括旅游纪念品，旅游标志，旅游宣传等一系列步骤，肯定会取得很好的效果。

都永浩（黑龙江省民族研究所常务副所长）：应把"天鹅"定为我市吉祥物和城市象征

以前对我市地名的解释有不少观点，但都存在许多不足。"天鹅论"的出现，为我们重新树立哈尔滨的城市形象提供了一个非常好的机会。对"哈尔滨"含义的研究，不单纯是学术问题。它不仅关系到哈尔滨的历史，还将影响到哈尔滨的未来。

建议有关部门以此为契机，作为一种政府行为把"天鹅论"确定下来，把天鹅作为我市的吉祥物、城市象征。旅游部门可以设计天鹅形象，制作旅游产品。为我市对外开放创造更有利的条件。（补充：另外在我省的世居民族的达斡尔与鄂温克语中称哈尔滨为"嘎鲁滨"，这种现象证明禹浪发现的哈尔滨古音是有道理的。）

戴准明（哈尔滨出版社编辑）：应出版天鹅文化系列丛书

目前，我市介绍城市历史方面的书还很少，从旅游文化的发展角度考虑，我们应当出版一套"哈尔滨旅游文化系列丛书"。

以前哈尔滨出版社曾经策划过"火狐狸系列"。如果当时定名为"天鹅系列"，我相信，会比"火狐狸系列"更容易为广大读者接受。

暴鸿昌（黑龙江大学历史系教授）："天鹅论"是旅游与文化的契合点

前些年看过讨论哈尔滨地名出现在什么时候的文章。一些人认为

"哈尔滨"一词出现在清代,是满语。但我所见到最早记载哈尔滨称谓的文字是在元代的《经世大典》中,这证明元代就有哈尔滨这个词。所以,我认为研究哈尔滨地名必须得上溯到清代以前。

王禹浪把哈尔滨地名上溯到金代的思路是完全正确的。如果再有更多的证据就会更有说服力。

"天鹅论"的发现,不但有学术价值,更有实用价值。现在很多旅游业开展得好的城市,都把许多历史知识、文物与旅游紧紧地结合在一起。我市旅游业要搞上去,应尽量与文化结合。

鲍海春(哈尔滨市社会科学院副院长):今后我市重要地点命名有了依据

一个城市的发展,尤其是旅游业的发展,与城市的地名、别称以及人文条件有很大关系。

"天鹅论"为将来我市一些重要地点的命名提供了依据。上海机场叫"虹桥机场",广州机场叫"白云机场",听起来很美。我市原有的机场叫"阎家岗机场",与地名紧密相连,新机场因为毗邻太平庄,所以叫"太平机场"。如果用"天鹅"命名,既是城市象征,又充满美感。再如,市人大西侧的广场也可以叫"天鹅广场"。

"天鹅论"一旦和哈尔滨城市建设联系起来,必将产生巨大的经济效益。因此,应当把我市地产的名牌产品,冠以"天鹅"的名字,推出天鹅系列品牌。这样,既有地理与人文历史的特点,又有现实意义。

王阿城(著名一级作家,哈尔滨市文联副主席):为作家提供了素材和灵感

看了报纸,得知王禹浪发现了"天鹅论",非常兴奋。以前,我在一篇作品中曾涉及到哈尔滨地名的解释,当时也搜集了一些有关资料及一些解释,但感觉都不是很准确。当时觉得,我们有那么多学者,弄不清我们城市的含义,可以说是一个遗憾。

最近,王禹浪公布了他用10年精力研究出来的"天鹅论",它比从前的一些解释更富有诗意。这种诗意,又源于多年的考证,大量实物以及史料记载。我个人认为,它十分可信。应该说,它是我们哈尔滨的一件值得大书特书的大事。我认为"天鹅论"也为作家提供了创作素材和灵感。

牛德林（著名社会经济学家、哈尔滨师范大学教授）："天鹅论"可以鼓舞市民精神

"天鹅论"是历史学、地名学上的重大发现。在学术上有非常重要的价值，很有说服力。王禹浪的发现，比起有关我市地名的其他解释，更接近真实。它将对发展哈尔滨的文化起到作用。

一个城市的名称，关系到城市在全中国、全世界的形象。老市长吕其恩曾在一篇文章中写道，哈尔滨是天鹅项下的一颗珍珠，文章经《哈尔滨日报》发表后，市民都非常高兴。外地人听到"天鹅项下一颗珍珠"的名字，对我们城市自然产生一种向往。对于市民认识、研究、热爱、建设哈尔滨，都将起到极大的作用。我想，"天鹅论"对市民在精神上的鼓舞力量是很大的。

宋魁（黑龙江省社会科学院研究员）："天鹅论"是我市树立新形象的良好开端

旅游业是未来我国加入世贸组织后，在世界经济中能占重要地位的产业。正值我市制定第十一个五年计划，准备把旅游业作为未来支柱产业进行培育的时候，"天鹅论"的提出非常及时。自此，我市地名找到了一个有魅力的解释。

我认为在"天鹅论"的基础上，还应有新的发展。亚冬会时的吉祥物是"豆豆"，虽然也有特点，但没有天鹅的诗意和生命力。应将天鹅与市花丁香形成一个系列，把天鹅作为城市吉祥物，把天鹅的洁白定为哈尔滨市的主色调。白色还可以和冬季的冰雪相呼应。

刘啸霆（哈尔滨学院教育发展研究所所长、教授）：城市之根的再发现

哈尔滨地名的含义，近百年来一直是个争论较大的问题。"天鹅论"的发现表明，哈尔滨在成为城市之前有很长一段"城前"史，它对城市最后的形成起了重要的作用，它反映了哈尔滨由地域到乡村再到城市的连贯历史进程。"天鹅论"真实揭示了古代哈尔滨的地质地貌特征。

"天鹅论"为市名的语义增添了新底蕴和内涵。哈尔滨市名诠释中的许多说法都包括了个人对城市的希冀和追求，而"天鹅论"恰恰满足了这一点，它可以说是城市精神的一种再现。

赵阿平（黑龙江大学满语研究所所长）：地名承载着我市悠久历史

近一个世纪以来，诸多学者涉足哈尔滨探源考释，所获结论莫衷一是。各家大多从语言学入手，试图对"哈尔滨"的语源、语音和语义进行解释和考证。而在此基点上结合民族学、历史学、考古学、民俗学等方面的深入考证分析，才能寻其根源，昭示含义。"天鹅论"是令人较为信服的论证观点，接近于历史客观性，因而，可视为学术研究的一项重大收获。

哈尔滨地名经历了金、元、明、清历代的演变，承载着悠久浓厚的历史文化。哈尔滨地名含义的破译，不仅使人们认识了解家乡悠久文明的历史，更能激发以更大的热情来热爱家乡、建设家乡。

附：赵阿平《哈尔滨地名的含义》

地名是一种语言符号，其借助语言中的词汇表示一个地理部位。

地名也是一种民族文化现象，因为地名真实地反映了民族的地理、历史、语言文化，同时也反映出民族的心态和风俗等。因此，地名研究乃是集地名学、语言学、民族学、考古学、历史学、地理学于一体的综合分析与科学求证。

在语言中，地名是文化词汇学的研究对象，也是文化词汇的重要内容。英国语言学家帕默尔（L. R. Pamer）曾指出："地名的考察实在是令人神往的语言研究工作之一，因为地名本身就是词汇的组成部分，并且地名往往能提供重要的证据来补充并证实历史学家和考古学家的论点。"而由于地名是民族性、语言性、地理性、历史性、社会性综合文化的复合现象，我们的研究便不能局限于语言学的语音、语法单层面分析，而应将地名研究置于文化背景的整体，进行语音、语法、语源、语义的科学论证与全面分析。

关于哈尔滨地名的含义，由于其纵横交错的复杂历史文化背景，而使探讨研究困难重重，近一个世纪以来，诸多学者涉入哈尔滨地名探源考释，所获得结论莫衷一是。细辨各家之言，多从语言学入手，试图对"哈尔滨"的语源、语音、语义进行解释和考证。此为基点，是为人们所共识的，而在此基点上结合民族学、历史学、考古学、地理学、宗教学等多方考证分析，方能寻其根源，昭示含义。王禹浪同志作为哈尔滨地名的探源者之一，历经 10 年研究，采用方法正是由语言学切入，上溯历史语源，又以地理学、文献学、地名学、考古学、民俗学、民族学等方面的深入考证，从而提出"哈尔滨"——女真语"天鹅"说。这是令人较为信服的论证的观点，接近于历史的客观性，因而可视为学术研究的一项重大收获。

哈尔滨地名的破译不仅具有重要的学术价值与历史意义，更具有重要的社会价值与现实意义，哈尔滨地名经历了金、元、明、清历代的演变，承载着悠久浓厚的民族文化，亦透射出自然壮美的民族精神。哈尔滨地名"天鹅"说，不仅能使人们认识了解家乡悠久文明的历史，亦能激发人们热爱家乡、建设家乡的更大热情。

诚然，作为学术研究，哈尔滨地名"天鹅论"仅为一家之言，并尚待更为深入全面的分析考证。而此治学态度与研究方法确是值得提倡的。

（本报记者王涤尘根据录音整理）

在当日的"社会时空"版上同时刊载了"天鹅论"的主要依据与论证思路以及公布了出席这次座谈会的学者名单。

1999 年 6 月 22 日和 24 日，在《哈尔滨日报》的"社会时空"版的"天鹅论"新闻追踪专栏中，分别报道了时任北京考古研究所所长齐心女士以及著名东北历史地理学家吉林省考古所研究员李健才先生的意见与观点，现将原报道照录如下。

1999 年 6 月 22 日《哈尔滨日报》"社会时空"版"天鹅论"新闻追踪专栏

北京考古研究所所长认为"天鹅论"的发现意义重大

本报讯（记者王涤尘）昨天，北京考古研究所所长、研究员、著名金史和女真史学家齐心女士向地方史学家王禹浪表示："天鹅论"的发现意义重大，她完全赞同这一学术成果。齐心说，北京正式成为我国的政治、经济、文化中心，就是从金代在北京建立中都城开始的。如果详加考证，北京包括金水河等一些地名，也许都与女真文化有关。哈尔滨市作为国际知名城市，应该从文化底蕴上寻找更厚重的历史含义。从这一点看，王禹浪关于"天鹅论"的研究意义重大。

齐心说，目前考古方面发现的天鹅玉雕非常重要。这是不可争议的第一手资料，为"天鹅论"提供了重要佐证。从历史语言学角度看，哈尔滨地名出现的年代应该是很久远的，王禹浪把哈尔滨地名的年代尽量往前追溯的思路是正确的。

齐心女士是在看到《北京晚报》转载本报《"哈尔滨"原意是天鹅》一文后打来电话的。

1999 年 6 月 24 日《哈尔滨日报》"社会时空"版"天鹅论"新闻追踪专栏

著名东北史学者、吉林省考古所研究员李健才先生认为："天鹅论"的发现意义深远

本报讯（记者 王涤尘）吉林省考古研究所研究员、著名东北史学者李健才先生评价说："'天鹅论'的发现具有重要的国际和历史意义。"

李健才先生认为，历史上每当外寇入侵时，为满足帝国主义的野心，个别外国人常把侵占的领土地名含义强加上自己的解释。哈尔滨的地名含义也曾被别有用心的外国人歪曲。王禹浪经过考证，得出哈尔滨地名含义是女真语"天鹅"的结论，具有很强的政治意义和国际意义。

李健才指出，"天鹅论"以大量考古新发现的玉雕天鹅为依据，是十分可信的。从考据学角度看，考古文物的发现，远比单凭文献推论更有说服力。建国以来，我们的考古发现，就订正过一些文献记载方面的错误。

李健才先生是在长春看到本报刊载王禹浪发现"天鹅论"的消息后，给王禹浪打电话祝贺时说这番话的。

三　哈尔滨市委宣传部与市社会科学院联合召开哈尔滨地名"天鹅论"学术论证鉴定会

自"天鹅论"在《哈尔滨日报》公布以来，引起了社会各界的强烈反响，同时也引起了市委书记王宗璋，副书记王华放，市委常委、宣传部部长姜明等同志的高度重视。市委书记王宗璋，副书记王华放，市委常委、宣传部部长姜明，市人大副主任富亚洲等同志都对"天鹅论"作了批示。

1999 年 7 月 6 日，市委副书记王华放同志在给市社会科学院院长的批示中写道：

> "天鹅论"的关键问题在科学考证，要站住脚，然后才能说到地名资源的利用。况我市地名含义又可谓争议几十年，不慎重考虑，会进一步引发不必要争论。请将专家们的具体意见收集一下，特别注意不同意见。

1999 年 8 月 5 日，市委副书记王华放再次做出批示："请市委宣传部、社科院尽快拿出'天鹅论'论证的意见，并对已经出现的利用'天鹅论'的资源的建议进一步归纳整理。"

根据王华放副书记的批示，1999 年 10 月 14 日，由哈尔滨市委宣传部、市社会科学院联合召开第二次专家学术论证鉴定会，并在大会上宣读了国际著名金史女真语言专家金启孮先生的鉴定书，与会的省内专家充分发表了意见。最后，由大会组成专家评审组，哈尔滨师范大学博士生导师傅道彬教授担任组长。根据与会全体专家意见，由傅道彬先生起草了鉴定书，根据与会专家意见，决定把哈尔滨地名"天鹅论"确定为通说。市委副书记王华放同志代表市委、市政府接收了专家评审组把哈尔滨地名"天鹅论"定为通说的意见，并代表市委、市政府作了重要讲话。

现将金启孮先生的鉴定书以及专家组的意见鉴定书转载如下。

《"哈尔滨"含义新说》读后

早在 70 年代哈尔滨地方史研究所所长关成和先生，著有《哈尔滨考》一文，考证"哈尔滨"一语，出自女真语"阿勒锦"，所论极为精辟，我曾撰文赞成此说。

20 年后的今天，黑龙江满学新秀、同为地方史研究所所长王禹浪先生，又提出"哈尔滨"一语源出女真语"天鹅"（哈尔温）说，同样具有说服力。在迄今为止的"哈尔滨"一语的释义中，只有关、王二氏认为源出自女真语。深佩服黑龙江地方史研究之兴旺及人才之多士也。

盖女真语乃满洲语之祖语，因时代关系及方言关系，金代女真语与清代满洲语之语言，仅十同其七。盖女真语保持女真族北部方言之特点，满洲兴起则在东北偏南之地，此其所以相异。

"天鹅"说，已经诸家鉴定，从民族、民俗、地域、方言各方面看，都具有说服力。且与关氏说并不矛盾，乃其延伸和发展，在今天看，可为定论。

金启孮
1999 年 8 月 15 日于北京梅园

专家组鉴定意见书

哈尔滨市社会科学院研究员王禹浪同志经过多年的研究考察，提出了哈尔滨这一地名源于女真语即天鹅之意的学术观点，并从语言学、历史文献学、考古学、民俗学等多方面进行了科学论证，其立论新颖，资料翔实，论证有力，专家组认为"天鹅论"是一种可靠的有科学依据的学术观点。

1. "天鹅论"有重要的语言学基础。天鹅，女真语及满语读作 Galou，读作哈尔温，汉语转译成哈尔宾、哈尔边、科儿宾、哈里芬、科儿芬、哈尔浑等多种写法，这些都是同音异写的现象。而"哈尔"与"嘎鲁"是语言学上的音转现象，已被阿尔泰语系的各族语言所证实。

2. "天鹅论"有现实的历史文献依据。《蒙古秘史》将天鹅群写作"合鹅兀别"，《女真译语》则写作"哈儿温"。元代文献写作"合里宾"或"阿剌浑"。这与满语是极为接近的。

3. "天鹅论"有广泛的考古证明。80 年代以来哈尔滨市以及近郊区的金代墓葬中和遗址中出土了数量众多的天鹅玉雕及天鹅佩饰，为天鹅论提供了实物证明。

4. "天鹅论"有地域及生态学方面的证明。事实证明，哈尔滨自古以来是天鹅的栖息和繁衍地，这里水草丰美，河流纵横，为天鹅的生长繁衍提供了良好条件，也是每年天鹅的迁徙过程中的息居之地。

5. 目前，黑龙江省的在住民族鄂温克等族仍称"哈尔滨"为"科鲁宾"，证明"哈尔"与"嘎鲁"之间的音转关系。

6. 此外，黑龙江下游地方有金代地名"合里宾特"，"特"为复数，即天鹅群之意，元代称"合里宾千户所"或"哈洲"和"嘎楼"。1808年，间宫林藏在黑龙江下游调查时也记录了"喀里姆"和"喀里宾"的地名。

7. 女真人崇尚白色的习俗也当与对天鹅的图腾有关，金代的阿勒锦一词的荣誉之意也可能与"哈尔滨"有关，当由名词衍生出来的形容词。

8. 辽金两朝的皇帝于春天之际在松花江流城有"春水纳钵"（春天狩猎）的活动。即是"海青攫天鹅"的活动，哈尔滨正处在"春水纳钵"之地，金初的"冒离纳钵"即今天哈尔滨香坊区的莫力街古城，此为天鹅活动之地域无疑。

9. 金代的阿勒锦、元代的哈剌场、明代的哈尔分、清代的哈尔滨均为哈尔滨地名的不同时代的同音异写地名，不过地名在哈尔滨至阿什河之间的松花江畔的历代地理位置略有变化和移动。

综上所述，目前关于哈尔滨地名的含义虽然已有十余种说法，但专家组认为"天鹅论"所用的材料最丰富，论证最严谨，最具科学性，较之各家学说尤长。天鹅这一美丽的形象对我市经济发展、形象设计均具有重要的现实意义，是我们有效利用的主要地名资源。建议市政府把"天鹅论"作为一种通说予以采用，并建议作者进一步丰富自己的观点。

哈尔滨市委宣传部　哈尔滨市社会科学院

"天鹅论"专家鉴定组

组长：傅道彬

1999年10月19日上午

全体与会专家通过

中共哈尔滨市委副书记王华放在"天鹅论"鉴定会上的发言

首先，非常感谢大家对地名考证的科学、严谨的态度，这也是我们市委、市政府比较关注的问题。我们研究地名的前提要建立在科学考证基础上，有这样一个基础，我们才能把其充分利用起来。当然，这种利用并不会无限扩大。我认为，开发利用地名资源是可能的，我们应注意其现实意义，给予其充分重视、支持。既然它是建立在科学基础上，那我们就可以充分利用它的现实价值。我想，在会后市委、市政府会准备作一个结论性意见。这样有助于地名资源的利用、开发。但是，同时也绝不能终止对哈尔滨地名考证研究的继续，我们主张百花齐放，百家争鸣，地名研究还要继续深入。由于我们有这一科学基础，建议继续扩大学术意义宣传，便于形成社会舆论。我们专家把"天鹅论"作为"通说"有其一定的社会群众基础。其他学说要不要继续发展？对于一些严肃、科学的理论可以发展，没有界限，任何报刊、记者在发表的同时也必须从科学角度出发，与"天鹅论"相比较，然后确定是否发表。要扩大宣传，形成影响。形成共识后，结合各方面专家、学者的方案利用地名资源，进一步开发。市委对各位专家参加本次会议表示深深感谢，也希望大家对哈市的科研活动给予大力支持，这也是哈尔滨市科研部门营造一种科研气氛所必须的。

哈尔滨"天鹅论"学术论证会邀请专家名单

金启孮：国际著名金史、女真语言学家

波·少布：黑龙江省民族研究所研究员，阿尔泰民族历史、语言学家

傅道彬：哈尔滨师范大学博士生导师，中文系主任，教授，历史哲学学者

刘啸霆：哈尔滨师范专科学校科研处处长，教授，历史哲学学者

李　东：哈尔滨建筑大学社会人文系副主任，教授，硕士生导师

张泰湘：黑龙江省考古研究所研究员，著名辽金史学家

孟广耀：黑龙江省社科院历史研究所研究员，著名辽金史学家

李述笑：黑龙江省社科院历史研究所副研究员，著名地方史学家

赵阿平：黑龙江省满语研究所所长、副研究员，满族语言学者

刘敏中：黑龙江大学中文系教授，著名文化语言学家

黄锡惠：满语研究所副所长，副研究员，满族语言学者

阚　明：哈尔滨市民政局地名办主任

方世军：哈尔滨市地方志办公室原主任

鞠兴久：哈尔滨市松北开发区管委会副主任

都永浩：黑龙江省民族研究所常务副所长、副研究员

四　哈尔滨"天鹅论"公布以后的社会反响

1999 年 6 月 8 日,"天鹅论"在《哈尔滨日报》"社会时空"版公布以后,引起了国内外的重大反响。

首先《北京晚报》等国内几家报纸进行了转载,中国台湾的《中央日报》也进行了报道。

1999 年 7 月,《生活报》还用了整整一版的版面发表了《哈尔滨地名"天鹅论"概论》。

尤其是中国国际广播电台曾于 1999 年 8 月特派俄语部主任记者黄铁骥先生对笔者进行了专访,并在 1999 年 9 月 20 日"文化生活"栏目中向俄罗斯及独联体国家播出了"天鹅论"。"天鹅论"一经播出后,立即引起了国外听众的浓厚兴趣。

哈尔滨市社会科学院还组织科研人员,围绕着如何利用"天鹅论"这一无形资产问题进行了系列研究,并先后写出了多份《调研报告》和《决策参考》。

此外,"天鹅论"公布后,也引起了哈尔滨市民的强烈反响,甚至在哈尔滨市的文物市场上与"天鹅论"有关的"春水玉"价格突然上涨。有些市民纷纷给笔者打来电话求购"天鹅论"一书,并积极撰文赞扬"天鹅论"这一全新的观点。由于笔者收到的信件太多,限于本书篇幅,只好择几篇发表于下。

1. 中国国际广播电台俄文部主任记者黄铁骥先生的来信并附中国国际广播电台对俄罗斯及独联体国家俄文广播的内容

禹浪同志:

你好!自哈市 8 月份见面已过去三个月。知道你在我们会见后即要长期出差,加上我的《二省三市文化行》系列报道(由 12 次广播节目组成,每周一次)刚刚结束,因此今天才给你寄出我对你的采访稿。尽管此稿已于 9 月 20 日向俄罗斯及其他独联体国家播出,陆续已有听众来信反映这次节目,并回答节目中向我们提出的问题,尤其对"天鹅论"感兴趣。现随此信将广播稿寄给你,作为纪念。可让你所里懂得俄文的年轻人用中文给你说说。也望多提意见,为下次再写这个题材的节目时好有所改进。明年夏天我争取再回哈,到时也许咱们再见。也望你能把最新研究成果及时来信告之,以满足俄语听众对哈尔滨市的历史及现状、发展等方面的浓厚兴趣。

中国国际广播电台俄语部

黄铁骥

1999.11.16

附文:中国国际广播电台对俄罗斯及独联体国家播报的俄文内容——《二省三市文化行》系列报道之五

哈尔滨地名寻根

1999 年 9 月 20 日"文化生活"节目

尊敬的听众朋友们:

中国的东北城市哈尔滨闻名全世界,它的历史已有 100 年之久,但是相对来说,在这较短的时间内,这个城市的生活水平发展是非常迅速的。在哈尔滨历史存在的前 50 年里,许多俄罗斯人在这里居住,他们已经习惯于称哈尔滨为自己的第二故乡。而"哈尔滨"在俄语里的发音不仅完全属于俄语语言体系,而且还符合俄罗斯地名学的规律,也就是说,它符合地名起源的科学范畴。朋友们,你们是否想过"哈尔滨"这个地名源于何处?它具有什么含义?我从书面上得知,在哈尔滨居住的俄罗斯学者曾经研究这个问题,这些学者不仅研究哈尔滨的历史,还研究伪满洲国的历史,但是他们始终没有得出结论。关于"哈尔滨"地名的含义,长期以来满语"晒网场"说一直被人们所公认,同时与其共存的还有 10 种说法,每一种说法的提出者都竭力证明自己的正确性。在这里应该强调的是,"哈尔滨"在汉语标音里是由三个汉字组成的,从金代开始,在不同历史阶段的书写也是不同的,但发音是相似的。

90 年代初,哈尔滨和其他城市一样实行了改革开放,与此同时,哈尔滨人开始思考地名起源的问题。在《哈尔滨日报》与其他报纸上都刊登了和这个问题有关的文章,当此类文章大量出现以后,报社开辟了一个专栏,其中刊载了每种学说提出者的文章以及他们的依据。在 90 年代中期掀起了地名研究热,不仅吸引了哈尔滨人,还有外国人,其中有的曾在哈尔滨居住过,有的对哈尔滨怀有特殊的感情。

从那时起，有人开始对哈尔滨地名是满语"晒网场"这一学说提出异议。在众多的学说中，哈尔滨市社会科学院地方史研究所的年轻的历史学家王禹浪先生的观点是最科学的。他出生于1956年，1978年毕业于黑龙江大学哲学系。在80年代末赴日本留学，主要研究12至13世纪女真人在中国领土上建立的金国历史。他作为一名哈尔滨人，对"哈尔滨"地名起源很感兴趣，作为一名历史学家，他利用近10年的时间研究哈尔滨及所辖区域的历史。王禹浪专门研究"哈尔滨"地名起源，他认为，这一地名语言的存在可以一直追溯到清代以前。这一词经常出现在明、元、金代的档案中，从某种程度上说，这一事实本身就驳斥了"哈尔滨"为满语这个观点。的确，在女真人掌握政权的金代时期文献记载中，我们可以看到，"哈尔滨"发音为"哈尔温"，还有其他几种满语形式。换言之，这些词的中、满文书写来源于女真语。"哈尔温"的女真语意为"天鹅"，现在哈尔滨市内的很多地方都以此命名。80年代在现今哈尔滨地区出土了许多金代的天鹅玉饰，这就证明当时在哈尔滨这个地方有很多天鹅生存。

王禹浪先生认为，任何一个地名语言都是有其特殊含义的，人们通常根据这一地名和城市的特征与标志为其命名。由此可见，哈尔滨地名的由来也是如此。王禹浪先生所提出来的这一新的学说很快就引起了史学界、政府和市民的注意，由此召开了专家学者座谈会，会上他们指出此说的优势，并强调"天鹅论"是迄今为止最可信、最具说服力的。事实如此，王禹浪先生在十余年的探索过程中，从语言学、历史学、地理学、民族学、地名学、考古学和翻译学各个角度进行多方论证，得出"哈尔滨"为女真语"天鹅"这一学说。学者们认为，"哈尔滨"地名之谜在当代已经具有很大的现实意义，它能培养哈尔滨人的文化美，使他们更加热爱自己的城市，把这座城市建设得更加绚丽多彩。而且，如果把天鹅作为城市的象征，它将会使哈尔滨作为旅游城市在全国、全世界更具有知名度，将会促进旅游业的发展。城市发展建设也进入了新的阶段，展现在世界面前的哈尔滨完全是另外的一番风采，要知道在此之前，有"哈尔滨是天鹅项下的一颗璀璨的明珠"这样的说法，因为黑龙江省在地图上看很像天鹅的颈和躯干。

当然，这个结论决不是最终的结果，"哈尔滨"地名含义永远是个谜，在今后还会出现很多新说，但这并不妨碍人们去努力把哈尔滨变成全国性的旅游城市。哈尔滨正准备在明年采取一系列与中国旅游业紧密相关的措施，那时会有很多中外游客来到哈尔滨。毫无疑问，年轻学者王禹浪的新说将会促进哈尔滨市的进一步繁荣。

（注：上文为哈尔滨市社会科学院地方史研究所梁爽同志据俄文原文翻译）

2. 中国台湾地区《中央日报》的报道

1999 年 12 月 6 日　星期二

哈尔滨源自女真语"天鹅"

（中央社/台北讯）争论了百余年之久的哈尔滨地名起源之迷，最近被破解。哈尔滨市地方史学者王禹浪经 10 年研究后认定"哈尔滨是女真语天鹅之意"。

据报道，"天鹅论"在最近举行的哈尔滨地名天鹅论学术论证鉴定会上，获与会的地方史、民族史学者及语言学家的肯定。一名国际著名金史专家、女真语言学家认为，"天鹅论"从民族、民俗、地域、方言各方面看都有说服力，可为定论。

女真是中国古代北方少数民族之一，由女真族建立的少数民族政权金王朝，曾在哈尔滨附近的阿城建都，金王朝强大后一度统治了华北大部分地区，与南宋王朝长期对峙。

3. 《哈尔滨日报》"社会时空"版的"天鹅论"新闻追踪的报道
（1）外地媒体关注"天鹅论"

《北京晚报》转载《"哈尔滨"原意为"天鹅"》一文

（本报讯记者王涤尘）本版 8 日刊登了《"哈尔滨"原意为天鹅"》一文后，引起首都媒体的关注。《北京晚报》对该文进行了转载。

连日来，一些身在外地的哈尔滨人打来电话询问"天鹅论"的具体情况，一些外地新闻媒介也与记者联系，希望了解有关"天鹅论"的最新进展。一位南方记者在电话中说，像哈尔滨这样地名含义没有最终认定的大城市在全国还不多见。这给哈尔滨又增添了不少神秘感。

（2）曼哈顿多元集团副总裁林子敬的建议

用"天鹅论"包装哈尔滨

（**本报讯**记者王涤尘）曼哈顿多元集团副总裁林子敬认为，"天鹅论"的发现，是我市旅游业腾飞的一个契机，应当用"天鹅论"来包装我市。

林子敬说，云南开世博会时，曾考证本省地名的含义，结果查出云南原意是"彩云之南"，这是利用地名文化对本地的包装。南方一些新兴城市，没有文化就制造文化，搞了一些微缩景区吸引旅客。我们具有浓郁北方特色的金源文化，应很好利用。既然我市准备把旅游业作为支柱产业来抓，就应当以"天鹅论"为切入点，利用金源文化推动旅游业发展。

（3）"天鹅论"传播　　"春水玉"涨价

（**本报讯**记者王涤尘）连日来，随着"天鹅论"的传播，作为证据之一的天鹅玉雕引起收藏界的格外关注，我市收藏市场上与天鹅有关的玉雕、邮票等收藏品行情看涨。

据史书记载，800年前的女真人有春天到江边打天鹅的习俗，这种活动叫"春水"。女真人"春水"活动时规模盛大，大批士卒身着绿衣，埋伏在茂密的芦苇中，见到排成行的天鹅飞过，立即将海东青放出。体态较小的海东青冲天而起，以强劲的翅膀拍打天鹅的头部，体形硕大的天鹅翻滚着跌落地面时，士卒立即快马将天鹅献给远处等候的帝王。刻画天鹅形象或海东青捕天鹅情景的玉雕被考古界和收藏界称为"春水玉"。

据了解，自从本报独家报道哈尔滨"天鹅论"后，铁路文化宫、南岗海城街等收藏市场的 "春水玉" 或仿 "春水玉" 价格立即看涨。随之看涨的还有带天鹅图案的邮票和字函及根雕、树皮函、贝雕函等工艺品。

（4）贾洪波投书建议：给本市天鹅雕塑配说明

本报讯（记者王涤尘）读者贾洪波在来信中写道："天鹅论" 这个最新研究成果意义重大，赋予了我市美丽的内涵，为我市的文明增添了光彩。

贾洪波建议，为使我市对国内外游客更具吸引力，应当让 "天鹅论" 伴随哈尔滨跨入 21 世纪。应在市内各公园、江畔等旅游景点的天鹅雕塑下用文字说明 "天鹅论" 的发现，并附女真文 "天鹅" 字样，同时在冰雪节内多搞些天鹅造型的冰灯。

（5）哈尔滨联宝经贸公司驻俄商务经理葛丛林说

我将把 "天鹅论" 告诉俄罗斯朋友

本报讯（记者王涤尘）"我要把《哈尔滨日报》带到国外"。这是哈尔滨联宝经贸有限公司驻俄罗斯商务经理葛丛林读了本报 "天鹅论" 的报道后，打电话向记者说的第一句话。葛丛林高兴地说，以前出国，常有俄罗斯人问起 "哈尔滨" 的含义，他一直没有找到比较确切的答案。这次终于找到了满意的答案。此次出国，他要把这张《哈尔滨日报》带到俄罗斯，骄傲地告诉外国朋友：我的家乡有个美丽的名字。

总之，人们对哈尔滨地名 "天鹅论" 的关心程度，已经超过了这一地名本身的研究意义。众多的人们渴望对自己的家乡的名称有个美丽的解释。"天鹅论" 从某种意义上说，使关心哈尔滨的人们有了自信，增强了自豪感。所以，有许多学者倡议，哈尔滨市应以 "天鹅" 为品牌，打出 "天鹅" 系列。一些学者从 "天鹅论" 出发写出了一批有价值、可操作性的研究报告。如市社会科学院刘兆民同志提出的《关于哈尔滨 "天鹅论" 与哈尔滨天鹅城形象创新的发展构想》，杨华提出的将《江北 "太阳桥" 改为 "天鹅桥"》，市社会科学院副院长鲍海春《关于哈尔滨国际机场更名为"天鹅"机场的建议》，黄澄、张竞《利用"天鹅论"这一无形资产》以及开辟"天鹅广场"、设计制作"天鹅"系列旅游纪念品、工艺品，改名黑龙江电视塔为"天鹅塔"等，都提出了行之有效的好建议。值得一提的是，2000 年 1 月 1 日，哈尔滨电视台新台标就象征着一只天鹅在环绕地球飞翔，它是 21 世纪人类对和平的向往以及面对未来的主题：人类与自然的和谐，保护环境、保护生态，让绿色充满人间。"哈尔滨"作为"天鹅"的代名词，将使这座城市的魅力永存。

后 记

自从我的哈尔滨地名"天鹅论"在《哈尔滨日报》"社会时空"版公布后，转眼之间，已十载有余。原计划去年交付出版社的书稿，因诸事缠身而迟至今日。在新旧千年及世纪之交，我的《哈尔滨地名含义揭秘》一书终于搁笔了。从1990年我悉心钻研哈尔滨地名含义到2000年12月30日，为研究哈尔滨地名含义并撰著成书，整整花费了十个春秋！人生，可以不断地接受着四季的交替，岁月的流逝，但是，历经十年研究一个历史地名的过程则是很难想象的！我不想说此刻的我有多么的感慨万千，因为这些感慨都已经沉淀，变成了我对家乡地名含义之谜的不懈求索。此时此刻，唯一令我感到欣慰的是，在这新旧世纪交替之际，我终于为家乡的父老献上了这份特别的礼物——《哈尔滨地名含义揭秘》！

我站在"当代"的码头，驾驶着用热情和真挚铸成的最坚固的舢板，开始义无返顾地去追寻迷失的哈尔滨地名，用执着撑起船帆航行在历史地名的神秘之海。

我曾在探索的海洋中遇到过无数次潮起潮落、暗礁险滩。其实，我真正追寻的既不是那波澜壮阔的潮汐，也不是到达彼岸的颖悟和畅快！

我曾经扪心自问，我究竟在追寻些什么？我究竟为何偏爱去做历史地名研究的搏浪勇者？直到今天，当我放下手中的笔，才终于发现学海泛舟的我又回到了"当代"的码头。或许这种往复与契合就是我所追寻的终点。

我之所以在逆转的时空隧道中，能够利用采集到的迷失的地名证据叠筑成我的这部专著，实际上凝聚了众多师长和朋友的心血。因此，我更觉得这份沉甸甸的成果应该属于每一位热心关怀、帮助和支持我的人！

在此我要特别感谢的是：时任黑龙江省政协副主席谭方之，黑龙江省委宣传部原副部长陈凤翚，哈尔滨市委副书记王华放，哈尔滨市委常委、宣传部部长李延芝，哈尔滨市委宣传部副部长卢国惠，哈尔滨市社会科学院院长贾云江、副院长鲍海春，哈尔滨日报报业集团副总编、哈尔滨出版社副社长陈春林，感谢国际著名金史女真史专家金启孮，著名东北历史地理学家李健才，《历史研究》原主编、著名金史专家宋德金，国家档案馆满学档案学家屈六生，全国政协常委、著名清史专家夏家骏，黑龙江省社会科学院历史所研究员李兴盛，黑龙江大学中文系教授刘敏中，黑龙江大学历史系教授暴鸿昌，时任哈尔滨师范大学副校长、博士生导师傅道彬，中俄关系史专家郝建恒，哈尔滨地方史学者李述笑，北方民族史专家张碧波、魏国忠、孟广耀、波·少布，金史专家许子荣，辽金考古学家张泰湘，满学专家刘小萌，满语学者赵阿平、黄锡惠，黑龙江省博物馆副馆长刘晓东、保管部主任田华等先生，以及我的好友哈尔滨出版社副编审戴淮明，黑龙江省民族研究所常务副所长都永浩，《学习与探索》编辑部历史编辑崔广彬，哈尔滨工业大学教授李东，哈尔滨学院教授刘啸霆，哈尔滨曼哈顿多元集团副总裁林子敬，新加坡大酒店副总经理孟瑜磊，哈尔滨市社会科学院地方史研究所的伊葆力、黄澄，哈尔滨日报社记者王涤尘，《生活报》副主编袁院光，以及黑龙江电视台、哈尔滨电视台等新闻单位的记者朋友。

尤其值得感谢的是我的妻子和女儿，我的女儿王天姿帮助我反复校对书稿、设计插图，并在书中的每一章前配有她精心设计的小诗在我的专著最终完成的过程中，她们都付出了极大的心血和劳动。

最后，我还要衷心感谢我的恩师砂村哲也先生和著名的世界满学家细谷良夫先生，如果没有他们在日本期间的亲切关怀和悉心指导，我不可能对哈尔滨地名产生如此强烈的好奇心，同时也不可能花费十年的时间来研究它的含义。在本书的写作过程中，我参阅引证了大量的书刊文献，只能择其要者列布于书后的"主要参考文献"，不可能一一详述，在此一并向给我以极大启迪和帮助的作者们表示诚挚的谢意。

十年的探索，我与"天鹅论"结下了深厚的情缘。在苦苦探索的日日夜夜，我一直被天鹅的高贵、典雅、温和以及媚人的姿态所折服。我为我的家乡能够拥有世界上如此美丽动听的名字而感到自豪。其实，"天鹅"是我们哈尔滨人最应该引以为荣的具有灵性意味的标识。

今天，我已经无法准确地描述出 800 年前的哈尔滨地区是怎样的繁华。然而，我可以肯定地告诉每一位读者，800 年前的哈尔滨地区正是大金帝国初期都城的京畿之地。那时候生活在这块土地上的女真人及其后代就世代传承着对哈尔滨地名的挚爱，从金代的"阿勒锦"到元代的"哈剌场"、明代的"海西哈尔分"，一直到清代的"哈尔滨"。正因为有了如此的传承力，哈尔滨才会从历史的演进和发展过程中，由村屯到集镇，又变成大都市。

历史虽经历了沧桑巨变，哈尔滨却依然昂首挺立在松花江畔，而今我可以自豪地告诉每一位远方来的客人，我的家乡哈尔滨有一个美丽的含义——天鹅城！我让自己的思绪定格在为哈尔滨地名含义新的诠释中，当我回首往事告别已经经历的三十年的甘苦时，抬头仰望振翅高飞的天鹅，它们正在齐声鸣叫着，把我引领到流光溢彩的新时代！

2016 年 12 月 29 日，在哈尔滨市人民政府主办的"哈尔滨城市标识专家论证会上"，专家们一致通过哈尔滨的标识应该采用王禹浪的学术观点"哈尔滨——天鹅说"，这是继 20 多年前由哈尔滨市委宣传部在专家讨论的基础上，认定哈尔滨即天鹅论通说之后的又一大进步。天鹅作为哈尔滨这座城市的重要标识，已经距离我提出天鹅说以来整整过去了 27 年。2015 年夏季，哈尔滨市委宣传部与阿城区政府组织的哈尔滨城史纪元专家论证会上，我详细报告了哈尔滨城史纪元研究的重大突破。与会专家一致赞同我提出的学术观点，即哈尔滨的城史纪元不是始于中东铁路，而是金王朝创立之时。因为，金朝第一座都城金上京会宁府就坐落在哈尔滨市阿城区内，阿城区已经成为哈尔滨市的直属管辖区。金上京会宁府始建于 1115 年，其建城之日就是哈尔滨市城史纪元的开始。中东铁路是哈尔滨城市进入工业文明的开端，这是历史的近端与远端的区别。

《哈尔滨地名含义与城史纪元研究》由社会科学文献出版社出版，承蒙社长谢寿光、编辑吴超的精心设计、鼎力相助。大连大学人文学部马列主义学院于占杰博士帮我审校书稿。我的研究生马振祥、翟少芳、王俊铮同学在核对文献方面也付出了劳动。还有在我的学术生涯中一直支持我的恩师张碧波、魏国忠、魏存成、王绵厚、齐心先生。此外，我的日本友人古贺克己、藤井一二、服部志都给予了我的研究莫大的支持。特别是大连市政协副主席王乃波，原大连大学党委书记赵亚平，黑河学院党委书记曹伯英、校长贯昌福、副校长丛喜权、车永红、徐海深，以及我的亦师亦友的齐木德·道尔吉教授、李廷江教授、田广林教授、赵永春教授、程妮娜教授、刘晓萌教授、戴淮明研究员、黑龙教授、谢春河教授都给予了我极大的帮助。在本书即将付梓之际深表诚挚的感谢。

最后，我要深深地感谢我的妻子王宏北女士，她长期以来为了我钟爱的事业默默无闻地做出了巨大的牺牲。

王禹浪

2017 年 7 月 16 日星期日于黑河

图书在版编目（CIP）数据

哈尔滨地名与城史纪元研究 / 王禹浪著. -- 北京：
社会科学文献出版社，2018.1
ISBN 978 - 7 - 5201 - 1615 - 2

Ⅰ.①哈… Ⅱ.①王… Ⅲ.①地名 - 研究 - 哈尔滨②
哈尔滨 - 地方史 - 研究 Ⅳ.①K923.51②K293.51

中国版本图书馆 CIP 数据核字（2017）第 257501 号

哈尔滨地名与城史纪元研究

著　　者 / 王禹浪

出 版 人 / 谢寿光
项目统筹 / 吴　超
责任编辑 / 周志宽

出　　版 / 社会科学文献出版社·人文分社（010）59367215
　　　　　　地址：北京市北三环中路甲 29 号院华龙大厦　邮编：100029
　　　　　　网址：www.ssap.com.cn
发　　行 / 市场营销中心（010）59367081　59367018
印　　装 / 三河市尚艺印装有限公司

规　　格 / 开　本：787mm × 1092mm　1/16
　　　　　　印　张：15.5　字　数：256 千字
版　　次 / 2018 年 1 月第 1 版　2018 年 1 月第 1 次印刷
书　　号 / ISBN 978 - 7 - 5201 - 1615 - 2
定　　价 / 89.00 元

本书如有印装质量问题，请与读者服务中心（010 - 59367028）联系